QUARANTE ANS

DE

MINISTÈRE PAROISSIAL

ET

D'AUTORITÉ ÉPISCOPALE

EN ANJOU

QUARANTE ANS

DE

MINISTÈRE PAROISSIAL

ET

D'AUTORITÉ ÉPISCOPALE

EN ANJOU

ÉTUDE

PAR J. SUBILEAU

CURÉ DE MONTREUIL-BELLAY

ET CHANOINE HONORAIRE DE SAINT-DENIS

M DCCC LXXXVI

NOVEMBRE 1885

Cet écrit était depuis deux ans et demi renfermé
dans mon secrétaire. De longues réflexions m'a-
vaient déterminé à en différer la publication après
mon décès, et mes dispositions testamentaires
étaient formelles. Mon but principal étant d'apporter mon faible appoint à tous les motifs qui sollici-
tent le clergé de France à rentrer dans le droit
commun pour le plus grand bien des âmes et la
paix de l'Église, en exposant simplement les abus
de pouvoir des deux prélats sous le gouvernement
de qui s'est écoulée ma vie sacerdotale : j'avais compris que le lecteur serait plus impressionné des raisons ressortant des faits, quand il ne pourrait
absolument pas supposer dans l'auteur intention
de se recommander.

On verra pourquoi j'ai changé d'avis.

Je laisse mon travail absolument tel qu'il est sorti
de ma plume en 1883. Cependant, en le relisant,
après l'avoir laissé longtemps scellé à l'adresse de
mon exécuteur testamentaire, j'y trouve des défauts
considérables dont le plus choquant est le ton, qui
fera croire chez moi à un caractère altier, à un
esprit dépourvu d'humilité, à une sotte manière de

me donner l'air de régenter ceux à qui je dois soumission. Cela vient non seulement de la rapidité avec laquelle j'ai écrit ce livre, mais surtout de l'amertume de mes impressions, de la disposition d'esprit que m'infligeait le sentiment forcé des iniquités dont j'étais abreuvé.

Si l'on s'étonne que je jette le blâme sur presque tous les personnages que je mets en scène, je répondrai que je n'ai à mettre en scène que ceux dont j'ai trop justement à me plaindre; que, très affectueux pour tous mes confrères, et surtout très respectueux pour tous mes supérieurs, je ne puis l'être pour les *hommes* faisant armes de leur autorité pour me traiter avec injustice et indignité. Dans mes relations de prêtre avec mes confrères, et spécialement avec mes supérieurs, je n'ai jamais abandonné les formules, le ton, le *sentiment* soit de l'amitié, soit de la soumission et des plus strictes convenances Mais quand un supérieur passionné, volontairement et obstinément aveugle, tend à m'écraser, je me défends avec les armes de la vérité, je fais la lumière pour montrer l'homme tel qu'il est. Et si le supérieur commet contre moi des actes monstrueusement abusifs, et dont les conséquences sont publiques, emportent scandale et me couvrent d'infamie, je m'attribue le droit d'apprécier cet homme, pour prémunir contre le mal qu'il peut faire autant que pour me défendre du mal qu'il me fait.

Si je vois et si je juge Monseigneur Freppel, évêque-député, relativement aux fonctions qu'il a briguées et qu'il remplit au Parlement, c'est qu'ici le jugement appartient à tous, la critique est du domaine de tous. Si moi, prêtre angevin, je dis ce que je pense des faits extérieurs, publics, relatifs à l'administration matérielle du diocèse d'Angers, tout en me soumettant aux ordres de l'évêque et de ses représentants, tout en les respectant dans les fonctions et dans les droits de l'épiscopat, reconnaissant pleinement et vénérant leur autorité, mais relevant l'abus qu'ils en font quand je suis victime de cet abus, qui peut me condamner? On m'opposera les exemples des saints, leur humilité, leur esprit d'abnégation et de sacrifice! Parce que les saints, *le devoir* rempli, ont porté à la perfection l'accomplissement des *conseils* évangéliques, l'Église leur rend un culte et leur érige des autels; mais qui peut me condamner si je n'accomplis que mon devoir? Et ceux qui me condamneraient seraient-ils bien sûrs, s'ils étaient depuis cinq ans écrasés sous un déluge d'épreuves et de peines semblables aux miennes, de n'y pas faire naufrage?

Certaines brochures puisent une partie de leur importance de l'à-propos de leur publication. Il y a trente mois bien des choses étaient de saison et le sont moins aujourd'hui. L'opinion publique sur certaines questions et pour des raisons diverses,

n'est plus au même point. Le gouvernement, hélas!
a accentué sa défiance en regard du clergé, puis en
regard de l'Église. Il est si difficile de demeurer
ferme dans la sûreté de son jugement, et de ne pas
charger les institutions des passions et des erreurs
des hommes! Je ne saurais dire combien je suis
attristé comme prêtre, de l'abandon, des appréciations fausses, du discrédit dont est victime la sainte
Église que Notre-Seigneur Jésus-Christ nous a
léguée pour le représenter en ce monde, nous communiquer ses enseignements et ses grâces, et
lui transmettre nos hommages et nos prières; et
comme Français, en voyant que les bases de toute
autorité sont ébranlées, que le flot des passions
monte, que les appétits malsains réclament, à mesure
que l'on délaisse la plus grande et la plus respectable institution qui soit au monde! Et c'est en
partie cette tristesse, cet accablement que j'éprouve
comme prêtre et comme Français, qui m'ont déterminé à publier dès maintenant ce livre, où je m'efforce de démontrer le péril religieux et le péril
social résultant de l'attitude, de la direction de certains membres du clergé et de quelques organes
importants de publicité.

AVANT-PROPOS

Ce présent écrit a pour but la révélation d'un état de choses : Le pouvoir que se sont attribué et qu'ont exercé depuis 40 ans deux évêques d'Angers sur leurs prêtres, et l'abnégation avec laquelle leurs prêtres s'y sont soumis, quelle que en ait été souvent l'exagération.

Cette situation demande à être éclairée et démontrée par des faits ; et je m'abstiendrai, crainte d'erreur ou de désaveu, d'en citer d'autres que ceux qui me sont personnels.

C'est un désavantage pour celui qui écrit, car on suspecte naturellement son témoignage, parce que c'est le témoignage d'un mécontent. C'est un désavantage encore, parce que, étant toujours en scène, il fatigue le lecteur de sa personnalité, et donne une triste idée de son jugement et de sa modestie.

D'autre part, c'est une garantie de vérité, parce que celui qui se donne en preuve ne peut commettre d'erreur, ni volontaire, ni involontaire, dès qu'il appuie ce qu'il avance de pièces authentiques.

J'expose, je rapporte, je raconte.

Je ne conclus pas. Les conclusions sont réservées à qui est au-dessus des prêtres et des évêques.

Serait-il téméraire de penser que dans la confection du Concordat, le Pape et l'Empereur se sont trompés dans quelques-unes de leurs prévisions ?

Le Pape : qui laissait aux évêques, vu l'état si malheureux de l'Église en France, un pouvoir presque sans limites sur le clergé à former, en se persuadant que les diocèses une fois pourvus et consolidés, les évêques s'empresseraient de revenir aux règlements canoniques, et de se décharger d'une responsabilité personnelle effrayante.

L'Empereur : en reconnaissant aux évêques un pouvoir discrétionnaire sur leurs prêtres, surtout avec une législation qui ne laissait guère à ceux-ci de rapports avec l'État et de droits dans l'État, que par les évêques, dans la pensée que par une soixantaine de prélats choisis et nommés par lui, il tiendrait dans sa main tout le clergé de l'empire ; et que, sans cette Église nationale qu'il avait rêvée et à laquelle il avait dû renoncer, il n'aurait pas moins une autorité souveraine sur les deux grandes puissances auxquelles ce monde a été donné, la puissance spirituelle et la puissance temporelle.

Le Pape comptait sur des saints, et ses prévisions se sont en grande partie réalisées, là au moins où les évêques n'ont pas tenu à faire prévaloir sur toutes choses leur personnalité.

L'Empereur comptait sur des hommes ; mais il oubliait peut-être que les hommes, même quand ils sont évêques, sont exposés à des influences diverses, et que celle du gouvernement, tant fort soit-il, n'a pas toujours raison d'autres plus rapprochées, plus séduisantes, et dont le triomphe est assuré près d'un chef spirituel faible et timoré, quand elles s'offrent pour l'aider à résister aux empiétements de l'État, et près d'un prélat ambitieux, quand elles lui font espérer, après le renversement d'un gouvernement qui ne le satisfait pas, une situation éclatante et glorieuse.

Après un travail d'idées incessant, de grandes fluctuations dans les esprits, des hésitations dans les consciences, quel est aujourd'hui, en ce qui est des préoccupations religieuses, la situation exacte du diocèse d'Angers?

Le clergé, les fidèles, les âmes pieuses, les congrégations, tous ceux que Monseigneur Freppel domine comme évêque, sans compter ceux qu'il subjugue par son audace et par son talent, ne se groupent-ils pas dans une idée de défense, et ont-ils un autre but en le suivant, que de garantir contre les persécutions, contre la destruction en France, l'Église, asile de salut spirituel pour les uns, asile de salut social pour tous? Et pour atteindre ce but, ils se cramponnent à des partis politiques qui leur sont montrés comme les seuls remparts de la religion et de la patrie. La patrie ne leur apparait plus dans son ensemble, dans sa personnalité complète. C'est une France dans la France. La patrie est ce petit groupe d'enfants qui, dans les troubles de la famille, se sont séparés de leurs frères irrespectueux, pour vivre près du tombeau du père et de la mère, s'inspirer de leur souvenir, et finir leurs jours dans les regrets, les espérances, les déceptions, ne voulant pas de part d'héritage, prétendant au tout ou à rien, mais toujours prêts à le défendre contre les étrangers.

Si je ne me reconnais pas le droit de conclure, je retiens celui d'apprécier les personnes en raison de leurs actes, comme je me reconnais le devoir d'obéir à mes supérieurs dans toute l'étendue de leur droit à me commander. Je ne m'arrêterai devant les noms propres qu'autant que le récit les couvrirait de trop d'infamie, et que je ne reconnaîtrais pas la nécessité de les faire juger, non sur les postes qu'ils occupent, mais sur leurs mérites et qualités. Autrement, je les remplacerai par l'X anonyme. Quant aux personnes que je nommerai, je déclare tenir à leur disposition les preuves de ce qui les aurait blessées, et être en mesure de fortifier, au besoin, ce que j'aurai dit, par ce que je tiens en réserve.

Je n'ai jamais failli, et j'espère ne faillir jamais au devoir d'obéir à mes supérieurs. Mais l'obéissance du prêtre séculier à son évêque n'est pas, comme celle du religieux ou du militaire, passive, aveugle et absolue. Et quand l'évidence, claire comme le plus pur rayon de soleil, me montre qu'on veut m'entraîner au delà du cercle des obligations de mon sacerdoce, sur un terrain compromettant pour ma charge pastorale, sur le terrain où s'agitent, se combattent les intérêts politiques, si spécieux que soient les prétextes, si éloquents que soient les orateurs du paradoxe :

Quand sous couleur de la défense de l'Église, on nous convie à substituer à un gouvernement qui est debout, un gouvernement renversé, parce que le premier est représenté par des ennemis de la religion, et que le second est entrevu escorté de ses amis :

Je m'arrête et je résiste.

Car de tels ordres ne s'appuient sur aucun des droits, sur aucun des degrés hiérarchiques qui marquent ma dépendance à mes chefs spirituels;

Car ce que je vois, ce que je lis, ce que je sais, a formé une conviction ancrée au fond de ma conscience, et qui

me montre que la voie où l'on veut m'engager est fatale
à l'Église.

Pour cela on me déclare *révolté*.

Et comme je demeure, selon l'idée que j'ai de mes devoirs, respectueux envers les autorités constituées que
mon évêque affecte de ne pas reconnaitre,

On m'appelle *Renégat*.

Je refuse de croire que le bien de l'Église résulte, en
aucun temps, du mépris de ses ministres pour le gouvernement et les hommes qui le représentent.

Je refuse de croire que les intérêts de la religion catholique commandent de la cantonner dans un monde
à part, où se concentrent aujourd'hui la plus grande portion du clergé paroissial qu'on affaiblit de plus en plus, les
congrégations religieuses, les âmes dirigées par elles, les
œuvres récentes, les partisans trop affichés et conséquemment dangereux, d'opinions politiques tranchées : si l'on
affecte de tenir comme suspects, et à plus forte raison
comme ennemis, tous ceux qui répugnent à faire partie
d'une catégorie, et qui entendent aller à Dieu comme
leurs ancêtres, sous la seule bannière de son Église.

Des faits contenus dans cet écrit ressortira, pour le
lecteur, la constatation que, dans le diocèse d'Angers, l'é-
vêché exerce depuis 40 ans sur le clergé, une pression
continue et puissante qui a déterminé un courant d'idées,
formé des convictions, établi des pratiques, constitué
un état de choses auquel je résiste ; et je résiste parce que
mes réflexions, mes observations, mon expérience, mon
jugement, ma conscience m'imposent la résistance.

Ceci n'est pas un livre, c'est le rappel de faits, d'é-
vénements contemporains, la publicité donnée à des
correspondances, la mise en ordre, par dates, de notes
prises pour constater des impressions, garder des sou-

venirs. J'ai pris pour faire ce travail depuis environ trois mois, et en m'aidant d'un copiste, tous les instants que me laissait l'accomplissement d'un ministère paroissial -excessif. Évidemment mon écrit est incorrect comme style, et se ressent de mon extrême fatigue. Beaucoup de répétitions s'y rencontreront, parce que les mêmes impressions notées résultent de faits successifs. Ces défauts au point de vue littéraire caractériseront la situation et la permanence de la persécution.

Peu m'importe du reste l'idée qu'on se fera de mon infime personnalité. Ce qui m'importe, c'est de montrer quels sont dans le diocèse d'Angers (je serais extravagant d'aller au delà) l'esprit, les dispositions, les convictions, l'attitude imprimés depuis de longues années par l'Évêché à toute personne soumise à son influence, et quels moyens ont été employés. Car je crois que le péril religieux et social peut venir parfois, et dans des proportions diverses, de ceux qui font les plus grands efforts pour le conjurer, et de ceux qui en ont reçu spécialement la mission.

I

L'autorité supérieure ecclésiastique trouvera peut-être dans la situation du diocèse d'Angers, un argument de plus pour recommander à certains évêques de ne pas mettre l'Église au service des intérêts politiques, et pour les obliger dans l'exercice de leur autorité, à se décharger d'une responsabilité qui n'est point nécessairement attachée à leur titre, et qui ne vient que de leur entêtement à soumettre toutes choses à leur appréciation personnelle immédiate.

L'Église a gradué les moyens d'informations; elle a voulu qu'elles fussent prises d'abord à la source des faits, en face des préoccupations et des influences locales; puis transportées et élevées par degré, pour permettre à la vérité de se dégager des scories de l'exagération et de la passion, jusqu'à la sereine et indépendante conscience de l'archidiacre et de l'évêque.

Dans les cas tout particuliers où les amours-propres trop engagés menaceraient de troubler les esprits, et de nuire au triomphe de la justice, l'Église réserve la sentence de ses congrégations désintéressées, lointaines, savantes et modérées.

L'État, lui-même, n'a-t-il pas recours à la sagesse, à la modération paternelle du souverain pontife, du chef suprême de l'Église, pour calmer souvent le zèle trop ardent, les allures trop vives de quelques prélats, qui compromettent la paix et la bonne entente sans lesquelles le véritable bien peut être apparent, mais jamais réel et durable?

L'État, auquel le clergé paroissial aujourd'hui n'est guère relié que par les évêques, ne regretterait point d'avoir prêté la main pour constituer une hiérarchie fondée sur la loi canonique, dont les titulaires agréés par lui selon le texte du Concordat, plus indépendants, plus instruits si on les astreignait à des grades suivant l'esprit de l'Église, relèveraient plus librement de leurs consciences, de leurs appréciations personnelles sur les hommes, les institutions, les progrès ; seraient plus en rapport avec le siècle où ils vivent ; s'identifieraient plus facilement et plus profondément aux intérêts du pays ; vivraient dans une intimité plus grande avec leurs paroissiens, seraient d'autant plus attachés à la patrie qu'ils comprendraient mieux les enseignements de l'Église universelle, et seraient plus pénétrés de son esprit, deviendraient une force non à redouter, mais à encourager et à utiliser. Est-ce que le patriotisme n'est pas fortifié par le sentiment religieux? Quelle force l'État démocratique, et sympathique à la religion qui a fait la France, trouverait-il dans un clergé qui ne se recrute que dans le peuple, qui a toutes les aspirations du peuple, qui vit au milieu du peuple, qui est le produit le plus intelligent, le plus pur, le plus héroïque de la grande masse du peuple? Quelle aberration que cet antagonisme si funeste à la patrie, entre le clergé paroissial et l'État démocratique! Le plus éminent service à rendre à l'Église et à la France serait : 1° En affranchissant le clergé paroissial de toute pression qui tend à partager son attention et ses intentions, de le mettre en face de sa mission unique, la propagation et l'affermissement de la doctrine évangélique dans sa paroisse, et de le soutenir en raison de la pureté de son zèle ; 2° De protéger les liens de la hiérarchie ecclésiastique qui attache le prêtre à l'évêque, l'évêque au pape ; tout en surveillant ces rapports et en évitant qu'aux points de jonction ne s'intercalent des intérêts et des directions qui ne seraient pas l'expression nette et pure des enseignements de l'Église.

Comprenez donc bien que la force morale incontestablement la plus grande que vous ayez, c'est le curé ; s'il n'existait pas, il faudrait l'inventer. Qui et quoi lui substituerez-vous pour consoler et maintenir dans l'ordre les victimes d'injustices vraies ou supposées ; arrêter la main des assassins ; retenir les désespoirs et prévenir les suicides ; recevoir les confidences des découragés de ce monde ; transformer en résignation leurs projets criminels ; maintenir dans les familles le calme, en y injectant à doses proportionnées au possible la foi en l'autre vie, où la patience, l'accomplissement du devoir trouveront une compensation divine aux peines de celle-ci. Vous ne voyez et connaissez le curé que dans son ministère apparent ! Vous ne savez pas combien lui sont secrètement reconnaissants, des hommes de toute situation, souvent aux allures frondeuses et même impies, qui, aux jours sombres de leur vie, épiant et fuyant les regards, souvent la nuit, ont franchi à petit bruit la porte du presbytère, et y ont trouvé l'ami que leur infortune avait infructueusement cherché partout...

Quand vous aurez assuré, par des mesures fortes et sages, sa place au milieu du peuple, au prêtre enfant du peuple, Français de cœur, ivre d'amour pour la patrie, lié à son évêque par l'obéissance *dans ce que son évêque a droit de lui commander*, et que par vos justes égards par un traitement convenable et digne, vous l'aurez soustrait aux ennemis de la démocratie chez qui seuls il trouve aujourd'hui sympathie et secours, et que les représentants de la religion et ceux de l'État marcheront en face du peuple, unis et amis, vous aurez rendu à la France sa force, et préparé le retour de sa gloire.

II

Un prêtre qui donne de la publicité à des plaintes contre ses supérieurs, fait préjuger tristement de ses vertus sacerdotales.

Et encore parler de soi, toujours de soi, c'est pour lui une autre manière étrange de se recommander à la sympathie des âmes honnêtes.

Quoi qu'il fasse, il sera, avant examen, jugé, frappé d'indignité, tenu pour un *mauvais prêtre*.

Cette appréciation sommaire, ce jugement de ceux dont je suis inconnu, j'aurais d'autant moins de raison d'en être surpris que, dans mon diocèse, je suis signalé comme révolté contre mon évêque, et méritant l'excommunication à laquelle je n'ai échappé jusqu'à ce jour que par la miséricorde de celui que j'outrage.

Mes confrères ont reçu le conseil, puis l'ordre de briser toutes relations avec moi, de s'éloigner de moi, de faire le vide autour de moi.

Les personnages de l'entourage et ceux du conseil de Monseigneur me déclarent tombé dans la profondeur de l'abime, d'où rien ne peut me tirer. « En lui prêtant le secours de votre ministère, disait-on de moi dernièrement à un curé de mon voisinage, vous ne pourriez lui faire aucun bien, et vous vous compromettriez dans l'esprit de Monseigneur. »

Si j'étais un saint, j'achèverais peut-être ma vie sans chercher à en éclairer les chocs nombreux, dans la profondeur de l'humiliation. J'immolerais peut-être à Jésus-Christ, crucifié, mon honneur d'homme et la gloire de mon sacerdoce.

Depuis près de deux ans, je doute de ce que je dois faire. J'incline tantôt du côté du silence, et du mérite que j'aurais devant Dieu à boire jusqu'à la lie le calice des opprobres : et tantôt je me dis que j'ai charge d'âmes ; que je dois aux fidèles dont je suis le pasteur, aux enfants spirituels dont je suis le père, à la sainte Église dont je suis le ministre, une réputation intacte, un nom honoré qui soit la justification de la confiance et du respect de mes paroissiens, ce nom que les livres saints recommandent : *curam habe de bono nomine.*

J'ai plusieurs fois demandé conseil à des prêtres éminents, à des hommes honorés dans l'Église. Je leur ai lu à peu près tout ce qui fait la matière de cet écrit. Aucun d'eux n'a pris la responsabilité de m'engager à le publier ni à ne pas le publier ; les raisons et les conséquences de l'affirmative, et celles de la négative leur ont paru d'une telle gravité qu'ils m'en ont laissé la charge.

Quelque incroyables que puissent sembler certains faits que j'aurai à relater, je me tiendrai dans une réserve relative ; je ne dirai pas tout, j'éviterai d'y rattacher des circonstances qui en feraient apprécier la moralité et en donneraient le caractère complet et direct. Je ne mettrai en lumière que ce qui sera essentiel à ma thèse et aura un rapport direct à ce qui me regarde et m'importe.

Il me sera souvent impossible de dégager ma phrase de l'émotion trop naturelle de mon esprit, dans l'exposé et le commentaire d'actes et d'écrits que je mettrai en vue. Le défaut de calme et de placidité dans le style nuira à l'évidence de mon droit et à la justice de mes plaintes. Je le sais; mais je conviens que je ne suis pas de force à dire les choses autrement que je les sens.

Les difficultés que j'ai avec Monseigneur Freppel ont leur germe et leur explication dans l'administration de Monseigneur Angebault, son prédécesseur. Cette lutte, cette guerre qu'on me fait depuis près de 40 ans, ne peut se comprendre qu'après l'exposé de faits, d'événements, sur lesquels Monseigneur Angebault avait assis ses idées, ses convictions à mon endroit; idées qui motivèrent dans sa conscience, et amenèrent pour moi une série d'ennuis, d'humiliations, d'injustices, provenant de fausses interprétations et du refus d'éclaircissement qui dura jusqu'à la dernière année de sa vie où il reconnut qu'il avait été horriblement trompé, m'en témoigna le regret de la manière la plus touchante et la plus paternelle, et dans la tournée pastorale qui précéda et amena sa mort, affirma sa volonté de m'en faire à bref délai une éclatante réparation.

Dans cet écrit, je plaide pour moi, j'ai donc à parler de moi, je ne puis me dispenser de m'appuyer sur des faits qui me sont favorables, de les poser comme prémisses des conclusions qui sont ma thèse. C'est la nécessité, c'est la conséquence forcée de ma situation. Je comprends que cela soit pris pour vanterie, pour preuve d'orgueil. Cependant j'ose croire que les hommes intelligents et sans parti pris me plaindront et me pardonneront, puisque je ne puis faire autrement.

Peut-être, et c'est le but principal que j'ai en vue, le
long exposé des abus d'autorité dont j'ai été victime, et
qui tous ont eu pour cause le refus de lumière, l'ignorance voulue des situations, la satisfaction à donner à
des intrigants et surtout à des intrigantes, aura-t-il pour
conséquence de forcer Monseigneur l'évêque d'Angers à
rompre complètement avec les pratiques administratives
qu'il a trouvées et suivies, à se soumettre aux prescriptions de l'Église ; à s'astreindre aux informations canoniques et à y appuyer ses jugements ; à comprendre que
la réputation et l'honneur de ses prêtres ne sont pas sa
chose, sa propriété avec liberté d'user et d'abuser, mais
leur propriété à eux, et que cette réputation, cet honneur
bénéficie à l'Église plus que la passion d'un évêque, si
grand qu'on le suppose.

Un autre but, c'est de montrer combien en Anjou est
étroit le sentier laissé au cours de la Religion, elle qui, de
sa nature, demande à s'épandre et à envahir le monde ;
combien les intérêts politiques et l'esprit de parti faussent
les idées ; combien un zèle trop ardent, trop dominant
et trop aigre, pour être toujours selon la sagesse et la
charité, blesse de légitimes susceptibilités ; comment les
pasteurs des paroisses, eux qui ont charge d'âmes, eux
à qui s'appliquent ces divines paroles : *Cognosco oves
meas, et cognoscunt me meæ*, sont traqués, garrottés
par ceux qu'ils doivent conduire, et qui n'acceptent leur
autorité qu'autant que cette autorité sert leurs tentatives
d'influence et leurs intérêts électoraux ; comment le
pharisaïsme, fort de l'Évêché qu'il a surpris et qu'il domine depuis de longues années, tient sous sa main les
prêtres de chaque paroisse, comprime leurs élans, para-

lyse leur ministère, interprète à révolte leur indépendance et les discrédite dès qu'il ne parvient pas à les
assouplir et à les diriger.

En quel abaissement est tombé le ministère paroissial si vénéré il y a cinquante ans! Qu'est devenue l'autorité pastorale? Comment a disparu l'espèce de culte
dont le curé était l'objet? Y a-t-il comparaison possible
entre la situation du curé aujourd'hui et ce qu'elle était
il y a quarante et cinquante ans dans notre pays d'Anjou,
réserve faite du déclin presque général de la foi, du respect dans les habitudes, et de la dignité dans les mœurs?

III

Monseigneur Montault avait fait aux curés, dans chaque
paroisse, une place entourée de considération, de respect, de prestige, où se mêlait la pensée de Dieu, avec le
sentiment des services et de la supériorité du pasteur.
Le curé était réellement le père de tous, le confident
de tous, le conseiller de tous. Il était littéralement le
représentant de Dieu, car il était donné par *Charles
Montault*, nom populaire, connu des petits et des
grands, vénéré et chéri presque comme le nom de notre
Père qui est dans les cieux, et qui avait inspiré *Charles
Montault* dans le choix du pasteur qui leur convenait.
Monseigneur Montault, dans le cours de son long épiscopat, considéra toujours son diocèse comme une grande
paroisse dont il était le curé, et dont les curés étaient les
vicaires. Un courant d'affection, de sollicitude, de tendre
paternité se répandait de l'Évêché sur les curés et sur les

paroissiens, et revenait à l'Évêché chargé d'amour, de reconnaissance, de vénération.

IV

A l'arrivée de Monseigneur Angebault, cet esprit de famille disparut, et dut céder la place aux rapports administratifs. Le clergé diocésain fut stupéfait du zèle de son nouvel évêque pour les communautés religieuses et les maisons d'enseignement, et de son abandon des paroisses où il sembla ne voir que l'organisation des fabriques qui méritât son intérêt.

Avant son épiscopat, il avait occupé trois emplois : Une place de secrétaire à l'évêché de Nantes, la direction d'un pensionnat de jeunes gens, et la supériorité d'une communauté de femmes. Tous ses termes de comparaison se trouvaient là ; il reportait là toutes ses références ; il partait de là pour tous ses projets. Jamais pendant près de trente ans d'épiscopat, il n'a eu l'idée ou la force de substituer aux principes qu'il avait adoptés pour règle de ses devoirs et limite de ses droits dans ces trois emplois, les principes d'où découlent pour un évêque des devoirs autrement étendus et d'une tout autre nature, vis-à-vis des paroisses de son diocèse et des droits autrement restreints vis-à-vis de ses prêtres. Le pouvoir discrétionnaire du supérieur de communauté ne lui a point paru hors de mise sur ses prêtres et sur ses curés. Cette méconnaissance, cette erreur d'appréciation, cette absence de la science éminente que l'Église demande de ses évêques, cette ignorance professionnelle, compliquée d'une défiance extrême des hommes qui lui portaient ombrage, et d'une confiance également extrême dans les personnes qui savaient exploiter la haute idée qu'il avait de lui-même, expliquent en grande partie l'abaissement du ministère des paroisses qui date de son épiscopat. Tout cela en effet amena : 1° de la part de l'Évêché : Un abus étrange de pouvoir et un dédain des curés, aussi scandaleux pour les fidèles que blessant pour eux, et qui se manifesta principalement par des changements incessants de paroisses, changements souvent empreints de brutalité, changements ruineux au point de vue des intérêts matériels, et ruineux surtout au point de vue de l'autorité et de la considération. Pas un prêtre de paroisse, quelles que fussent la régularité et la sainteté de sa vie, qui pût s'endormir le soir sans se demander si le lendemain, sur la dénonciation *non contrôlée* d'un mécontent et surtout d'une mécontente, il ne serait pas chassé de son presbytère, comme un larron, par son évêque.

2° De la part des curés effacement et inertie en face des désaveux trop souvent infligés à leur initiative, à leurs efforts, à leur zèle. Aux trésors d'activité déposés en eux par la nature et par la grâce, succédait la paresse, fruit du découragement. Et par suite, sous couleur de zèle et d'abnégation, et aussi comme moyen de se recommander, venait l'habitude de céder leur confessionnal, leur chaire, leur autel, leur église, leur paroisse, en temps de carême, d'avent, de 1re communion, aux fêtes solennelles, aux jours de grands concours de fidèles, à quelque religieux agréable au château, à la supérieure de la communauté, ou à des âmes en bonne situation à l'Évêché. Les paroissiens n'ayant pu, de par Monseigneur l'évêque, donner confiance au curé déjà

plusieurs fois déplacé avant de leur être envoyé, la pas-
saient à cet auxiliaire ; et la force, l'autorité, la gloire du
ministère pastoral s'égaraient dans une voie étrangère,
avec le bon vouloir, les habitudes de générosités dont
autrefois bénéficiaient les œuvres paroissiales. Des
œuvres nombreuses et diverses, dont la nécessité,
l'utilité même, n'était pas soupçonnée il y a un demi-
siècle, ont couvert notre diocèse, surtout les grandes
villes, pour répondre à des besoins nouveaux de l'Église
de France et l'assimiler aux pratiques d'autres pays. Il
serait bien téméraire à un pauvre curé de contester
l'utilité de toutes ces œuvres, puisque les hommes les
plus éminents s'en font généreusement, et partout, les
propagateurs, et qu'elles sont recommandées par les
plus hautes autorités ecclésiastiques et bénies par le chef
de l'Église. Seulement, serait-il permis, peut-être, de se
demander si dans notre diocèse, vu les circonstances
de lieux, de ressources, d'antagonismes à prévoir, toutes
ces œuvres ont été établies avec maturité, et portent
l'empreinte de la sagesse, ou celle de l'empressement à
faire, et du retentissement à donner? Si ces œuvres ne
répondent pas toujours, en Anjou, à une utilité compa-
rable aux inconvénients qu'elles entrainent, il est facile
de reconnaitre qu'elles se sont multipliées, comme les
maisons religieuses qui en ont reçu la direction, et qu'au
lieu de fortifier le clergé paroissial pour qu'il fût en
mesure de fonder, d'administrer, de diriger lui-même
ces œuvres auxiliatrices, ces secours pour l'accomplissement du bien *chez lui*, et pour l'édification de ses
fidèles, on l'a relégué comme incapable ou manquant
de zèle, et réduit à n'être plus qu'une machine à baptiser,
à enterrer et à marier les pauvres.

Cela ne veut pas dire que Monseigneur Angebault fût

indifférent à ce qui touche la gloire de Dieu et le salut des âmes, mais il n'a jamais su, il n'a jamais compris ce qu'est la direction d'une paroisse ; il n'a jamais saisi cette vérité de bon sens ; que le curé ne fait de bien que s'il est ostensiblement approuvé, soutenu de son évêque, investi de la confiance de son évêque. Il faut à un curé des prodiges d'habileté et de qualités personnelles pour opérer le bien dans sa paroisse, quand son autorité n'est pas appuyée par son évêque. Monseigneur Angebault s'imaginait mettre la sienne en relief en abaissant ses prêtres. Il voulait le bien, même par eux, mais il ne reconnaissait guère que celui dont il recueillait la gloire. De là ces demandes aussi fréquentes que plaisantes d'avis, de plans, de protection, faites par des prêtres qui se préparaient à bâtir une église, à ériger une maison de religieuses, pour se ménager l'occasion de retourner, l'œuvre accomplie conformément, ou tout contrairement aux avis et aux plans donnés, et de dire : Monseigneur, j'ai la joie de vous annoncer que mon église est terminée, et de vous prier de venir la bénir. Et l'évêque de féliciter le curé en présence des paroissiens, le jour solennel de la bénédiction, d'avoir eu confiance en son évêque, d'avoir suivi ponctuellement les conseils de son évêque, etc. etc., lorsque tout l'auditoire savait que le curé avait fait le contraire.

Un curé, enfant de prédilection de Monseigneur Angebault, avec qui il s'était souvent entretenu de la réfection de son église, se trouvant en mesure, vint à l'évêché avec les plans et devis. « Monseigneur, dit-il, nous allons pourtant commencer, voici le travail de l'architecte ; nous conservons le transept et le chœur qui sont solides et de bon style, et nous faisons la nef qui s'harmonisera avec la partie gardée ; j'ai l'argent et nous ne

ferons pas de dettes. » L'évêque fit signe au curé de re-
plier ses plans et devis : « Mon cher, ajouta-t-il avec hu-
meur, si vous n'avez pas le courage de reconstruire votre
église au complet, votre successeur le fera. En présence
de toutes ces églises splendides qui font l'ornement de
mon diocèse, je n'admets pas votre plâtrage. » Le curé
s'en alla, et trois mois plus tard revint avec les mêmes
plans et les même devis. « Monseigneur, dit-il, j'ai réfléchi
à ce que vous m'avez dit, et j'ai reconnu la sagesse de
vos conseils. Nous ne ferons pas comme certaines paroisses où les fabriques ont contracté des dettes insen-
sées. Selon votre volonté, nous ne faisons que la nef, et
nous avons de quoi tout payer. — Eh bien ! mon cher
curé, reprit l'évêque, vous voyez, vous comprenez maintenant la sagesse de votre évêque, le prix de son expérience ; cela ne m'étonne pas de vous, car je vous ai
apprécié depuis longtemps ; mais combien d'autres curés
qui manquent de confiance dans leur vieil évêque !...»
Puis Sa Grandeur examina longuement les plans,
les trouva parfaits, et y donna toute son approbation.

Lorsque Monseigneur Angebault arriva en Anjou,
quelques grandes églises venaient de s'élever sur les
rives de la Loire ; l'élan était donné, l'émulation était
excitée. Le temps était venu, après une suite d'années
de fécondité, le ministère paroissial, même dans les
parties les moins religieuses étant populaire et vénéré,
le temps était venu de remplacer les églises détruites
dans les discordes civiles, et celles qu'on avait bâties
pauvrement et hâtivement. Il y eut une splendide éclo-
sion d'édifices religieux et de communautés sous l'épiscopat de Monseigneur Angebault, et il est juste de dire
qu'il en provoqua de toutes ses forces l'érection : non
toutefois sans compromettre trop souvent les fabriques

de ses paroisses, en se passant trop lestement de l'approbation de l'autorité civile et des précautions commandées par les convenances et par la loi. Préoccupé, jusqu'à l'excès, de ses prérogatives, de ses droits dont il ne connaissait guère la limite, il cédait trop à ses susceptibilités, et souvent voyait dans ses prêtres une opposition irrespectueuse, là où il n'y avait que le sentiment de la justice et de la dignité personnelle. Il n'était pas moins chatouilleux en regard des autorités civiles ; de là ces ruptures avec les hommes qui en étaient les représentants, ruptures applaudies par les gens hostiles aux gouvernements de l'époque, mais d'autant plus malheureuses qu'elles n'avaient guère d'autres motifs que des erreurs de jugement et des froissements de vanité chez l'évêque, de qui on était en droit d'attendre la modération, l'abnégation, l'esprit de conciliation. C'est de l'épiscopat de Monseigneur Angebault que date l'habitude pour l'évêque de stigmatiser la Préfecture, et pour beaucoup de curés de stigmatiser la mairie, et de se poser devant les partis non ralliés au gouvernement établi, en personnages qui savent et veulent se passer de l'État, tant que l'État ne se passera pas des hommes que l'on tient en souverain mépris. On refuse avec ostentation de reconnaître et de respecter l'État dans le préfet qui le représente, et l'on exige que le public reconnaisse et respecte l'Église dans l'évêque par qui elle est représentée. Et si l'évêque voit dans le préfet un représentant indigne de l'État, est-il bien sûr que le public voie toujours dans l'évêque un représentant digne de l'Église ?

Loin de moi de vouloir faire peser d'un seul côté la responsabilité de ces ruptures. Je n'ai l'idée que d'attribuer à chacun la part que peuvent lui réserver l'équité et le bon sens.

On demandait en ma présence à Monseigneur de
Hercé, évêque de Nantes, pourquoi il était toujours en
bons termes avec les autorités de son diocèse, malgré
l'impiété connue de quelques hauts fonctionnaires ?

« Par la raison, répondait-il, que je ne dois pas être
» plus difficile que Notre-Seigneur et que la sainte Église,
» je ne dois pas connaître les hommes. Je dois con-
» naître et respecter les représentants du gouvernement
» que Dieu a permis à la France de se donner, et en les
» honorant, je suis honoré par eux, et mon ministère
» s'accomplit avec liberté et une protection respec-
» tueuse. »

V

Dans le cours de 1848, un certain nombre d'ouvriers
des ateliers nationaux de Paris furent envoyés en Maine-
et-Loire, pour y être employés aux travaux du chemin
de fer. Pami eux se trouvaient des jeunes gens depuis
12 jusqu'à 19 ans, fort indisciplinés, et qui ne tardèrent
pas à devenir un embarras sérieux pour le préfet à qui
ils étaient adressés, et pour les ingénieurs sous les ordres
de qui ils étaient placés. Le préfet et l'ingénieur en
chef eurent l'idée de prier Monseigneur l'évêque de les
confier aux soins et à l'action moralisatrice de quelque
ecclésiastique ; et je fus investi de la direction *des Gamins
de Paris* (c'est le nom sous lequel ils étaient connus à
Angers), tout en gardant mes fonctions de vicaire de la
paroisse Saint-Serge, dans la même ville, fonctions qui,
pour des motifs inutiles à mentionner, étaient alors

extrêmement laborieuses. Cette mission dura environ 15 mois. Chacun de ces enfants demeura avec moi jusqu'à rapatriement pour ceux qui avaient une famille, et jusqu'à placement en maison convenable pour les autres. Il en passa environ 140 sous ma direction. La moyenne de présence fut de 50. Moyennant un franc par jour pour chacun, qu'on m'offrit à titre d'essai, j'eus à les loger, à les vêtir, à les nourrir. Je pris à tâche de les instruire, les discipliner, préparer la plupart d'entre eux à la première communion, quelques-uns au baptême ; de les placer en face de tous leurs devoirs sociaux avec obligation de les observer, et de leurs devoirs religieux avec liberté absolue de les remplir.

Cette œuvre fut bénie de Dieu et des hommes.

L'autorité civile me vint toujours en aide avec empressement. Mais au bout de peu de temps j'eus sur ces jeunes gens une influence presque absolue. Leur amitié pour moi, leur respect, leur reconnaissance allaient au delà de tout ce que je puis dire, et la ville d'Angers ne les voyait pas sans émotion passer, le dimanche, soit pour aller à la messe paroissiale, soit pour aller à la promenade, marchant militairement, fiers d'un uniforme gracieux et propre ; et les autres jours se rendant au chantier avec l'uniforme de travail, en chantant à pleins poumons de vieilles chansons des faubourgs de Paris ou des hymnes guerriers.

J'avais alors dans la ville la sympathie et la considération que produisait naturellement une œuvre aussi en vue et aussi populaire. Monseigneur l'évêque ne me ménageait point les témoignages de satisfaction. Vers le temps où commençaient à faiblir les impressions si favorables au clergé écloses avec la république de Février, Sa Grandeur ne dédaignait point de m'inviter à dîner à son

palais de Lesvière, et, en se levant de table à l'heure où
les ouvriers sortaient des ateliers et des fabriques : « Allons à la Maison des Parisiens, disait Monseigneur. »
Et, dans le long parcours, en rendant les saluts à la foule,
il me soufflait à demi-voix : « Il y en a plus pour vous que
pour moi, vous me couvrez de votre popularité. »

L'éclat de cette œuvre fut trop grand. Les temps changèrent. Dans ce mouvement de la société où des hommes
un instant jetés hors de la scène par le peuple ou la peur,
refaisaient rapidement la conquête de leur situation
première, le clergé fut entraîné dans l'orbite de ceux
qui se présentaient comme les sauveurs de la société, en
opposition à ceux qui n'avaient pas le talent de garder le
pouvoir en le faisant asseoir sur le respect des croyances,
sur la science du gouvernement, l'amour éclairé de la
patrie et l'intelligence pratique de ses intérêts. Le clergé
se trouva porté dans une direction opposée à celle qu'il
avait acceptée de la république naissante, et qui, si elle
avait pu être maintenue, l'eût consolidée en rendant
la religion plus libre et plus prospère. Il devint de bon
ton, certaines craintes passées, de ne plus se souvenir
de quelques services rendus, et de jeter l'ironie à
ceux de qui on les tenait. Des personnages considérables
tant dans la société laïque que dans le corps ecclésiastique, qui m'avaient approuvé, applaudi, peut-être pas
toujours sans arrière-pensée et sans jalousie, me tinrent
à distance, me reçurent avec réserve.

VI

Ces susceptibilités trouvèrent un aliment nouveau
pendant l'hiver 1848-1849, dans une œuvre autrement

importante que la précédente, et qu'on ne saurait bien juger actuellement sans reporter ses souvenirs à l'époque où elle fut créée, et pour laquelle elle le fut.

Je dus à la popularité que me donnait l'œuvre des *Enfants de Paris*, d'être sollicité, d'être littéralement entraîné par des hommes éminemment dignes tant par leurs sentiments religieux et charitables que par leur haute position, à assister à une réunion qui se faisait à l'hôtel de ville, sous le patronage officieux du maire et dont le but unique était d'aviser à secourir les pauvres pendant cet hiver. L'idée première était venue au cœur d'un homme excellent, républicain convaincu, et qui appela sur le conseil d'un magistrat, son ami, des hommes de toutes nuances d'opinion, pour l'aider à rendre pratiques ses intentions de bienfaisance, et à écarter tout soupçon d'arrière-pensée politique. Je me présentai à cette réunion avec la plus grande réserve, sachant que j'étais le seul membre du clergé qu'on eût eu l'idée d'y convoquer.

Il y avait alors à Angers, comme toujours, antagonisme entre la société religieuse et celle qui ne l'est pas. Un malentendu trop public à l'occasion des efforts de Monseigneur Angebault pour se faire élire député, avait contribué à entretenir et à augmenter cette défiance réciproque. Il y avait alors comme aujourd'hui cette disposition à n'accepter point une pensée de bien, quelle qu'elle fût, dès qu'elle venait d'un autre camp. Le camp d'où partait le projet éminemment droit et simple de soulager les indigents, n'était pas celui du clergé. En m'y rendant, j'eus la précaution, sans me cacher, de ne le dire à aucun de mes supérieurs hiérarchiques, dans la pensée de ne point les compromettre, d'assumer seul la responsabilité d'un échec éventuel, et de me couvrir ensuite hautement de leur approbation, si tout allait selon mes désirs et mon espoir.

La séance s'ouvrit, commença avec un certain embarras ; on s'étudiait et l'on se défiait les uns des autres. Je fus invité à mon tour à émettre mes idées, qui furent unanimement acceptées ; sur ma proposition, une commission composée de six membres les plus tranchés dans leurs opinions différentes, fut nommée pour élucider le projet d'une œuvre à créer afin de trouver des secours et les distribuer aux indigents avec intelligence et profit. Au bout de huit jours, le projet de la commission fut accepté à l'unanimité de l'assemblée à nouveau convoquée. Toutefois, comme on demandait le concours du clergé, de l'administration préfectorale, de l'administration municipale et de la garde nationale, il fut convenu qu'avant d'imprimer, la même commission, ayant à sa tête M. le marquis de Maulevrier, soumettrait les statuts de l'œuvre à Monseigneur l'évêque, à M. le préfet, à M. le maire et à M. le colonel de la garde nationale. M. le marquis de Maulevrier écrivit préalablement à Sa Grandeur pour l'informer du but de cette visite, lui demander jour et heure, en faisant dépendre les visites au préfet, au maire et au colonel.

La commission, arrivée à l'évêché à la minute indiquée, attendit une demi-heure dans une antichambre sans feu, puis reçut d'un domestique notification que Sa Grandeur était trop occupée pour la recevoir. Copie manuscrite des statuts fut laissée au domestique avec recommandation de prier Monseigneur l'évêque d'en prendre connaissance, de les modifier à son gré, et de les réexpédier au plus tôt.

La mise à exécution fut retardée d'abord par les lenteurs affectées de Monseigneur Angebault à donner son avis, et ensuite par un autre incident. Les officiers et les sous-officiers de la garde nationale dont on réclamait le concours, crurent être pris dans un piège clérical, et demandèrent une réunion pour recevoir des explications. Elle se fit dans la grande salle de l'hôtel de ville, sous la présidence du maire et en présence des membres de la première assemblée, de l'assemblée d'initiative. Il y avait plus de 300 hommes, tous dans une grande défiance à l'endroit d'un groupe où paraissaient, à côté, il est vrai, de membres fort connus pour la sincérité de leurs opinions républicaines, un prêtre, un marquis, des rédacteurs de journaux légitimistes, et des membres de la conférence de Saint-Vincent-de-Paul. Les explications n'apaisant point la défiance, je proposai qu'on adjoignît à la première commission composée de six membres, et dont le travail semblait tenu en suspicion, peut-être parce que j'y avais mis la main, une autre commission de neuf membres tous pris parmi les gardes nationaux, à l'effet d'étudier nos projets, d'en proposer de meilleurs, mais d'arriver, en fin de cause, au soulagement des pauvres pendant cet hiver où tout travail manquait, et où la misère était affreuse. On ne put manquer de se rallier à cette proposition, et lorsque, quelques jours après, le premier projet, légèrement modifié par le concours des lumières et du bon vouloir des hommes qui nous étaient adjoints, et à qui nous laissâmes le soin d'une rédaction nouvelle, fut lu aux officiers et aux sous-officiers à nouveau réunis, pas une parole d'opposition ne s'éleva ; et dès le soir, un concert d'applaudissements parcourait toutes les familles du peuple, à la nouvelle d'une œuvre de bienfaisance conçue dans une pensée vaste comme la charité.

Or voici l'aperçu de cette œuvre qui n'était guère qu'une copie des conférences de Saint-Vincent-de-Paul, avec ces deux différences : 1° Celles-ci excluent l'élément ecclésiastique et notre association l'appelait ; 2° Les conférences de Saint-Vincent-de-Paul mettent principalement en œuvre pour l'exercice de la charité, et en face de la misère, des hommes chrétiens et pieux, tandis que l'*Association fraternelle* que nous prétendions former, confiait cette double mission à tout homme indistinctement, spécialement à ceux qui faisaient partie de la garde nationale, pourvu que leur honorabilité méritât le suffrage de leurs pairs.

I. La ville d'Angers était divisée en vingt-cinq sections, autant que de compagnies dans la garde nationale.

Le Conseil de section était composé de quinze membres dont deux de droit : le capitaine de la compagnie et le curé ou un prêtre de paroisse désigné par le curé, et les treize autres choisis parmi les souscripteurs de la section. Les membres du conseil de section avaient pour mission de recueillir les offrandes en argent et en nature, et de porter aux pauvres, à domicile, la part mensuelle de secours allouée à la section par le conseil central.

II. Le conseil central avait la direction supérieure de l'*Association fraternelle*, et se composait du maire, de l'évêque, de trois membres du conseil municipal, des colonel, lieutenant-colonel et un chef de bataillon de la garde nationale, et des présidents des vingt-cinq sections. Le conseil central comme les conseils de section se réunissait une fois par mois.

III. Le conseil central choisissait dans son sein, ou hors de lui, la commission d'économat composée de trois membres et chargée, sous sa surveillance, d'administrer l'œuvre, faire les achats, recevoir et répartir les dons en nature, signer les mémoires des fournisseurs, etc. etc.

Toute œuvre humaine a ses imperfections, et celle-ci n'en était pas dépourvue. Aussi trouva-t-elle non seulement des critiques, mais des contempteurs, des ennemis, peu déclarés d'abord, acharnés quand le peuple, moins accablé de misère, parut moins inquiétant.

VII

Pour rendre bien saisissable l'interprétation que la généralité du clergé d'Angers donna à l'œuvre nouvelle, je vais raconter les représentations que me fit l'un des prêtres les plus justement respectés de la ville, M. Lasne, curé de Saint-Joseph, dont l'opinion reflétait celle de ses confrères et spécialement celle des membres de l'évêché, à l'exception de M. l'abbé Bernier, la plus belle intelligence et le plus noble cœur du clergé diocésain. Je retrouve dans un cahier où j'ai rassemblé, il y a près de trente ans, une quantité de notes éparses, prises par moi dans les circonstances importantes de ma vie, ce que je vais rapporter.

Je professais une estime connue pour M. le curé de Saint-Joseph, bien que fort souvent dans les discussions qu'il me permettait d'avoir avec lui, nous fussions loin de nous entendre. Autant il était rigide observateur de son devoir dans les limites très étroites où il le plaçait, autant il était charitable et bon envers les jeunes prêtres qui recouraient à ses conseils ; mais sans les condamner absolument, ni les tirer de leur bonne foi, quand ils ne poursuivaient que le bien, il faisait d'incroyables efforts pour réprimer leurs élans, et les ramener dans le cercle limité de ses vues et de ses pratiques. Sa vie se passait au confessionnal, près des malades, et surtout dans la visite des pauvres par qui il était souvent trompé. Le monde actif, réel, l'état social, s'il ne lui était pas autant inconnu qu'étranger, n'était par lui qu'entrevu ; et le jugement qu'il en portait manquait absolument de justesse, parce qu'il ne le formulait que sur des données incomplètes ou fausses. De là chez lui, avec les intentions les plus droites, des erreurs d'appréciation, et des alarmes, quand je raisonnais sur les voies à suivre pour faire pénétrer la foi par la pratique de la charité, ailleurs que chez les pauvres connus de lui et recommandés par les âmes pieuses ; et surtout s'il s'agissait de mettre en mouvement pour recueillir et distribuer les secours, des agents très différents des dames de charité, des communautés, et des membres de la conférence de Saint-Vincent-de-Paul. Connaissant fort bien ses paroissiens au point de vue des pratiques religieuses, il appuyait sur ces pratiques l'échelle de ses jugements ; il y mesurait le parti que le clergé pouvait tirer des gens, et la confiance qu'il était sage de leur donner. Prêtre d'un grand zèle, il ne se ménageait pas pour élargir le cercle où ses calculs plaçaient les brebis, et au delà duquel était la mondanité et les vices qui lui font escorte. Estimé de tous, il recevait, concentrait et distribuait d'abondantes aumônes à ses pauvres, à qui il recommandait de prier pour leurs bienfaiteurs. La gloire de Dieu par le salut des âmes était le but unique de sa vie. Il a bâti une église qu'on visite, et qui est d'une tenue parfaite. Avec sa piété et ses vertus, s'il eût été homme du monde dans l'acception où un curé peut l'être, il eût fait un apôtre. Il avait autant le désir du bien que saint François de Sales, mais pas l'esprit, pas l'expansion, pas l'envergure, pas l'intelligence, pas la grandeur. Il savait sa théologie, mais comme on la trouve dans les livres, et non comme la connaissance du monde apprend à l'interpréter et à l'appliquer, pour faire du curé le plus puissant agent d'influence chrétienne et d'ordre social.

M. le curé de Saint-Joseph arriva un jour dans ma chambre de vicaire à Saint-Serge, et après l'exposé du motif réel ou fictif de sa présence, aborda la question de l'*Association fraternelle*, tel était le nom de l'œuvre en élaboration. Son langage plus facile, plus net, son accent de conviction plus prononcé encore que de coutume, tout me donna à penser que sa visite avait une tout autre raison que celle assignée, et qu'il était choisi et envoyé pour faire un appel puissant à ma conscience.

Voici d'après mes notes ma conversation avec M. le curé de Saint-Joseph.

Je commence par ses arguments :

« 1° L'initiative de l'œuvre nouvelle ne venait pas de » Monseigneur l'évêque. »

» 2° Pourquoi cette division par compagnies de la » garde nationale et non par paroisses ? Est-ce que c'est » à la garde nationale qu'est confiée la sublime mission » de faire la charité. »

« 3° Dans un conseil de section l'ecclésiastique, quel » qu'il soit, le vicaire délégué par son curé, peut avoir » une part d'influence que le curé n'aura pas dans le sien. »

« 4° Est-il moral de confier l'exercice de la charité » à des hommes qui en abuseront peut-être ? »

« 5° (Et cet inconvénient dominait tous les autres). » Cette œuvre venant s'ajouter à celle des *Enfants de*

» *Paris*, pose un vicaire dans une évidence hors de pro-
» portion avec sa situation hiérarchique, lui donne une
» prépondérance intolérable qui est subversive de toute
» subordination. »

J'interromps ici l'argumentation de M. le curé de
Saint-Joseph pour donner une réponse immédiate à cette
cinquième considération.

Je ne voudrais pas dire qu'à cette époque je ne fusse
pas flatté d'être l'objet de l'attention et de la confiance
publique, bien que véritablement j'en comprisse le péril,
et que je fisse souvent mon possible pour me soustraire
à une attention, à un éclat qui, en flattant la vanité,
nuit au bien qu'on se sent appelé à faire. Mais j'affirme
que mes intentions ont toujours été droites, et que les
directeurs éclairés à qui j'en ai souvent référé, m'ont
toujours encouragé à des œuvres auxquelles Dieu leur
paraissait m'appeler.

Je rends maintenant la parole au vénérable curé de
Saint-Joseph.

« Avez-vous assez réfléchi, poursuivait-il, au rôle as-
» signé à la charité dans l'Église? La charité est l'élé-
» ment de propagande par excellence, elle est comme
» moyen, aussi bien que comme vertu, l'âme de la re-
» ligion. Du Calvaire et des opprobres de Notre-Seigneur
» Jésus-Christ où elle prend sa source, elle coule dans
» l'Église, comme le fleuve qui fertilise, elle est le plus
» bel apanage de l'Église, et l'Église seule la connaît,
» la possède, la pratique. Pardonnez-moi, mon cher
» abbé, si je me cite en exemple, mais vous savez que
» ma puissance pastorale tient à la charité, mes pauvres
» m'aiment comme je les aime, et avec la charité, je les
» préserve de grandes chutes, et je les rapproche de Dieu.
» Les riches qui me font leur mandataire près des pau-

» vres, reçoivent les bénédictions de la misère et celles
» de Dieu, et je trouve là souvent l'occasion de leur
» adresser avec mes remerciements, quelques exhorta-
» tions qui partent de mon cœur et qui pénètrent jus-
» qu'au fond de leur conscience. Est-ce que tous les
» siècles n'ont pas compris que l'Église est la distribu-
» trice naturelle et autorisée des aumônes ? Est-ce que
» grand nombre de congrégations religieuses ont une
» autre raison d'être ? Et vous voulez, vous prêtre, dont
» j'admire le zèle, mais dont je constate l'inexpérience,
» vous voulez donner à la charité un autre cours, stéri-
» liser l'Église, et fortifier le monde ennemi de l'Église !
» Vous enlevez à l'Église, représentée par ses pasteurs,
» par ses admirables maisons religieuses, par ce cor-
» tège innombrable d'âmes dévouées et saintes ; vous
» lui enlevez son plus beau joyau, la source naturelle
» et divine du bien à faire, de l'amour et de la confiance
» à conquérir ! Et vous donnez à un monde étranger à
» l'Église, qui se fait gloire de ne pas connaître l'Église,
» qui veut anéantir l'influence que l'Église conserve
» et qu'elle n'emploie qu'au bien des âmes, vous lui
» donnez ce bien suprême qui s'appelle la charité,
» vous donnez au monde la matière et l'exercice de la
» charité, la collecte et la distribution de l'aumône ! »

Toutes les considérations que me fit valoir le zèle de
M. le curé de Saint-Joseph ne parvinrent pas à me convaincre. Je lui demandai à réfléchir sur une question si
grave, et promis d'aller à bref délai lui porter le résultat
de mes réflexions. Il m'accueillit et m'entendit, avec sa
bienveillance habituelle, lui développer mes idées, ce
qu'il appelait mes rêves ; et après un fort long entretien,
chacun de nous resta avec ses convictions, ses vues, ses
principes, son système.

« Comme vous, lui disais-je. Je crois la charité divine,
» je la tiens pour la reine des vertus et pour l'élément
» le plus efficace remis à l'Église afin de gagner les
» âmes ; et je la crois tellement divine que je ne puis
» admettre que son action s'exerce, même par des mains
» impures, sans produire quelque effet divin. Dans notre
» œuvre, quiconque vient avec son offrande, et quiconque
» est chargé de la porter dans la maison du pauvre, de
» ce frère privilégié de Notre-Seigneur Jésus-Christ, ne
» le fait que volontairement. Plus l'acte est pénible, ré-
» pugnant, plus il est méritoire, non encore pour la vie
» éternelle directement, mais vous êtes trop théologien
» pour nier qu'il y prépare, et incline vers le pécheur la
» miséricorde du Père qui est dans les cieux. Si l'exer-
» cice de la bienfaisance humaine a pour point de départ
» un sentiment de simple générosité naturelle, facile-
» ment et presque inévitablement il s'imprègne, à son
» point d'arrivée, du sentiment de la charité chrétienne.
» La grâce spiritualisera souvent le bien que des
» hommes honorables et justes accompliront par com-
» passion pour leurs frères, et ouvrira leurs âmes à de
» salutaires impressions. Pour moi, si j'entreprenais
» d'éloigner un de mes amis du mal et de le rapprocher
» de Dieu, je prendrais comme le plus sûr moyen de
» succès, une mission, de charité à lui confier.

« Le monde a à son service la philanthropie, la bien-
» faisance humaine, l'assistance publique. Chez lui l'au-
» mône dont la source remonte à une fondation pieuse
» oubliée, ou qui vient de l'impôt, est distribuée admi-
» nistrativement, bureaucratiquement, par des agents
» salariés, et a pour résultat inévitable de rendre la
» misère plus exigeante, plus turbulente, et absolument
» dénuée de reconnaissance, puisqu'elle arrive non comme

» une générosité facultative et volontaire, mais comme
» une obligation pour celui qui la fait, et un droit pour
» celui qui la reçoit. Mais l'homme libre et riche, le
» commerçant, le personnage honoré du suffrage de ses
» pairs, qui va de sa personne porter à l'indigent et son
» offrande et celles qu'il a quêtées : l'homme orgueil-
» leux et sensuel qui croyait s'acquitter envers ses frères
» déshérités, en leur jetant son aumône et détournant
» ses regards l'*Association fraternelle* l'envoie dans
» cette mansarde qu'il ne connaissait que par la lecture
» de quelques romans. Maintenant qu'il voit de ses yeux
» la désolation de ce père sans ouvrage, les longues
» souffrances et l'épuisement de cette mère, la nudité
» de ces enfants, son cœur s'émeut malgré lui ; en se
» retirant, son dernier regard s'arrête à contempler sur
» ces pâles visages le sourire de la reconnaissance et du
» bonheur ; et retournant chez lui, il ne peut se défendre
» d'un attendrissement inconnu. Oh ! comme ses facul-
» tés intérieures se sont développées et élevées ! Comme
» la mission qu'il vient de remplir l'a rapproché de Dieu
» qui tient compte d'un verre d'eau donné à qui a soif,
» et qui au grand jour du jugement nous accueillera
» par ces paroles : Venez à moi vous qui m'avez visité
» dans ma misère et dans ma honte, car je vous le dis
» en vérité, tout ce que vous avez fait aux pauvres, c'est
» à moi que vous l'avez fait !

» Tenez, Monsieur le Curé, il y a deux mondes dans
» notre siècle : le monde religieux, dans lequel nous
» nous mouvons, qui ne nous contredit pas, nous ap-
» prouve et nous soutient, et auquel nous restreignons
» trop notre action ; et le monde des affaires, des pré-
» occupations temporelles, de l'oubli ou de l'ignorance
» des destinées éternelles, la société, la France prise dans

» la majorité, presque dans la généralité de ses enfants
» valides et actifs. C'est un grand malheur que ces deux
» mondes ne cherchent pas à se rapprocher et à se con-
» naitre mieux, et se suspectent, s'éloignent, et soient
» dans un état de lutte sourde, mais réelle. Si cela conti-
» nue en France encore 50 ans, la lutte latente deviendra
» une guerre ouverte. De part et d'autre, les violents
» amèneront des haines irréconciliables, et les enfants
» de l'Église qui prétendent la servir avec le plus de fer -
» veur, seront ceux qui la compromettront le plus. Nous
» en sommes déjà à n'accepter pour bien que ce qui
» vient de nous. Si l'élément religieux avait eu l'initia-
» tive d'une œuvre analogue à l'Association fraternelle,
» si l'idée était venue de nous ; si en donnant à l'exercice
» de la charité l'extension que comporte sa nature divine,
» nous avions embrassé la société entière, et fait à cette
» société prise dans toutes ses nuances de parti, de vertu,
» de vices, de préjugés, une proposition d'alliance pour
» secourir la misère sans acception de personne : je
» conviens que ce que nous appelons le monde serait
» resté indifférent et sourd à notre appel. Mais c'est lui
» qui se tourne vers nous, nous tend la main, sollicite
» notre concours pour faire du bien, pour pratiquer la
» charité, pour en apprendre les moyens : et nous retire-
» rions notre main ! Et nous ne répondrions pas à cet ap-
» pel de frères, si égarés qu'on les suppose, avec l'em-
» pressement d'hommes éclairés par toutes les paroles
» du divin Maître, par tout l'esprit de l'Évangile ! Notre
» dévouement du reste sera d'autant plus méritoire et
» plus fécond que, l'initiative ne venant pas de nous, la
» gloire de l'invention ne nous appartenant pas, notre
» amour-propre trouvera moins son compte dans une
» œuvre où le bien sera fait en nous laissant quelque

» peu dans l'ombre, mais une œuvre incontestablement
» bonne de sa nature.

« Le clergé ne devrait-il pas bénir la Providence qui
» lui amène un monde entier, le monde social et vi-
» vace, que mille préjugés tenaient jusque-là à l'écart
» de son action ? N'est-il pas évident que la connaissance
» particulière que le ministère paroissial donne aux cu-
» rés et aux vicaires, des misères à soulager, des conso-
» lations à porter, des encouragements à donner, sera le
» plus sûr renseignement pour chaque conseil de sec-
» tion ; qu'à eux seront confiées toutes les démarches
» délicates ; que la mission divine qu'ils ont de faire et
» d'éclairer la charité, trouvera là l'occasion de s'exer-
» cer d'autant plus efficacement, qu'elle sera réclamée
» par ceux mêmes qui, ailleurs, la suspectent et la com-
» battent ? Quel est le prêtre assez peu clairvoyant pour
» ne pas entrevoir quelle sera sa prépondérance natu-
» relle et certaine en matière de charité, au sein de tout
» comité où, à l'exception de quelques membres de la
» conférence de Saint-Vincent-de-Paul, il ne rencontrera
» que des hommes fort peu familiers avec ces questions ?

» L'Association fraternelle, œuvre nouvelle et qui n'en
» détruit aucune autre, qui s'appuie sur une base et des
» éléments non employés, non seulement ouvre une
» source particulière et inconnue de secours, mais une
» occasion providentielle de relations. La rencontre d'un
» prêtre et d'hommes qu'une foule de préjugés éloi-
» gnaient de lui ; leur action commune et ostensible sur
» le terrain de la charité, terrain choisi par ces hommes
» et sur lequel le prêtre est appelé par eux ; n'est-ce pas
» un événement où tout prêtre intelligent et d'un zèle
» véritable doit voir la miséricorde et la sagesse de
» Dieu ? Ce rapprochement, ce contact sera aussi avan-

» tageux aux uns qu'aux autres. Combien fera-t-il
» tomber de préventions? Combien d'étincelles de vérité
» doivent en jaillir? Combien le prêtre lui-même peut-
» il y gagner d'expérience, de connaissance du monde,
» d'estime pour des hommes qu'il ne connaissait que
» par leur éloignement de l'Église, dont la loyauté et la
» conduite honorable n'étaient pas soupçonnés par lui,
» et qu'il pourra gagner à Dieu quand ils s'apercevront
» qu'il sait apprécier tout le bien que Dieu a mis en eux !
» Voilà, Monsieur le curé, des considérations prises au
» point de vue de nos devoirs professionnels. Si j'entrais
» dans le domaine des intérêts sociaux qui, bien compris,
» sont toujours en accord parfait avec l'enseignement
» chrétien, que de raisons ajouterais-je ! Permettez-moi
» d'appeler votre attention seulement sur l'état si péril-
» leux de la patrie, en ce moment de perturbation pro-
» fonde entretenu par une misère extrême. Qui est-ce qui
» ne sent pas venir le vent de l'anarchie? Qui est-ce qui
» n'entend pas s'amonceler la tempête? Qui est-ce qui
» ne redoute pas des convulsions non plus politiques,
» mais sociales? Les ouvriers sans travail, les pauvres
» dont le nombre a triplé, tant de gens qui ne peuvent
» plus supporter le poids des privations, commencent à
» s'exaspérer, et à la première excitation ils ne demande-
» ront pas, ils exigeront que satisfaction leur soit donnée;
» et, une fois sur cette voie, ils iront jusqu'au pillage,
» à l'incendie, au meurtre, au renversement de la so-
» ciété. S'il n'est soutenu et éclairé par la foi chrétienne,
» qui engendre la résignation et fait entrevoir dans la
» vie future la réparation des injustices de la vie pré-
» sente, le pauvre est l'ennemi de la société qui lui fait
» un sort malheureux; il n'a pour le riche que de la ja-
» lousie, de la défiance, de la haine. Ces sentiments le

» porteront bientôt aux plus redoutables extrémités, si
» l'on n'y oppose, quand il en est temps encore, le seul
» remède possible, la reconnaissance; et la reconnais-
» sance envahira son cœur et domptera sa haine, quand
» il verra son voisin comblé des prospérités de ce
» monde, son propriétaire, son patron, venir à lui non
» plus sous l'apparence du dédain et d'une supériorité
» affectée, mais sous la forme d'un frère qui lui ap-
» porte sa commisération effective, et avec ses conseils
» et ses paroles sympathiques, des secours en vête-
» ments, en aliments, en travail, lui prouvant ainsi
» qu'il existe entre eux des liens de fraternité et d'a-
» mour. Et si le lendemain cet indigent, ce souffrant,
» entraîné par des instances perfides, se trouvait mêlé
» aux révolutionnés de la rue, en face de l'ami en uni-
» forme de garde national requis pour le maintien de
» l'ordre et la répression des perturbateurs, l'émeute se-
» rait dissipée non à coups de fusils, mais par des serre-
» ments de mains et des témoignages de réciproque af-
» fection. »

Voilà les raisons que je donnais au vénérable curé de Saint-Joseph pour justifier mon intervention dans la création de l'*Association fraternelle*. Tels étaient les résultats que j'entrevoyais de cette œuvre nouvelle, de cette pratique inusitée de la charité. Les faits ont démontré que je ne m'étais pas fait illusion. Dans tous les comités où un prêtre s'est rendu, le but que je prédisais a été atteint.

VIII

Il fallait au clergé de la ville représenté par son évêque un peu d'abnégation, et rien de plus. La conduite de Monseigneur fit croire qu'elle faisait défaut.

Huit jours après celui où la commission s'était présentée à l'évêché pour soumettre à Sa Grandeur le projet de l'Association fraternelle, Monseigneur donna officiellement son acquiescement plein et entier, par une lettre fort approbative, sous réserve toutefois qu'aucun prêtre n'accepterait de fonctions honorifiques dans les conseils de section, et dès lors l'*Association* fut mise en activité.

Une commission choisie parmi les hommes les plus honorables fut chargée de faire une visite à MM. les curés de la ville en réclamant leur concours. Par suite d'un ordre émané de l'Évêché, la commission ne fut reçue nulle part, bien qu'elle eût été annoncée par lettres spéciales. Malgré cette contradiction de la part du prélat, les conseils de section étant constitués, le *conseil central* se réunit pour former son bureau et nommer la commission d'économat. Monseigneur s'y fit représenter par un secrétaire qui venait demander au préalable quelle position aurait Sa Grandeur dans le conseil, et d'y faire connaitre qu'elle n'y paraîtrait qu'à la condition expresse d'y occuper le fauteuil de la présidence d'honneur.

Le conseil se montra pour le moins surpris de cette condition *sine quâ non*. Un des délégués du conseil municipal, homme connu de la ville entière et du départe-

ment pour son talent, sa piété, la considération universelle dont il jouissait, se leva et dit d'une voix émue :
« Messieurs, je me fais, j'en suis sûr, l'organe du con-
» seil tout entier, en déclarant que unanimement nous
» aurions conduit au fauteuil, près de M. le Maire,
» Monseigneur l'évêque d'Angers venant au milieu de
» nous, comme nous, dans une pensée de charité.
» Mais la question préalable de prééminence qui nous
» est posée et dont on fait une condition, paraît pour
» le moins étrange, alors qu'il ne s'agit que de réu-
» nir nos cœurs et nos moyens pour l'accomplissement
» du plus grand bien. »

Monseigneur Angebault affecta dès lors le mépris
le plus absolu pour l'Association fraternelle.

Je ne faisais pas partie du conseil central parce que
j'avais décliné la présidence du conseil de section où
mon curé m'avait délégué et que la lettre de Monseigneur
ne me permettait pas d'ailleurs d'accepter. Néanmoins
le conseil central me nomma le premier membre de la
commission d'économat, et m'adjoignit M. le marquis
de Maulevrier et M. Courtiller, conseiller à la cour d'ap_
pel. Plus tard, le travail devenant au-dessus de nos
forces et du temps que nous pouvions y consacrer, nous
recrutâmes dans le conseil central MM. Allard, chef d'es-
cadron d'état-major, et Richard, officier de la Légion
d'honneur qui, à vingt-cinq ans, avait été capitaine de
la garde impériale et qui était devenu habitant d'Angers,
après une carrière des plus honorables dans une grande
industrie. J'acceptai après en avoir obtenu la permission
de Monseigneur l'évêque, qui ne comprit pas tout
d'abord que cette commission était la commission exé-
cutive, la cheville ouvrière de l'œuvre, la charge de
membre de la commission d'économat de l'Association

fraternelle, et je la conservai environ un an, entouré de la plus franche sympathie de tous les membres de l'œuvre, j'oserais dire de la population entière d'Angers. On me supposait un zèle, un dévouement et une entente d'organisation qui rapprochaient de moi, au grand scandale de certaines personnes, des hommes connus pour des prêtrophobes. L'un d'eux, peu de temps avant d'être frappé d'une mort subite, me disait avec un accent impossible à rendre : « Vous finirez par me confesser, et bientôt, parce que vous n'êtes pas exclusif. » Bien que sa sépulture eut lieu dans une paroisse autre que celle où j'étais vicaire, la famille, avec la permission du curé, voulut qu'elle fût présidée par moi. Le défunt avait été l'homme des idées nouvelles en politique et dans les questions sociales ; et la république, bien qu'elle fût encore le gouvernement de nom, était conspuée et ses fidèles étaient suspects. Aussi y eut-il à ces funérailles très dignes et très chrétiennes, des précautions affectées pour maintenir l'ordre que personne n'avait pensé à troubler, et qui n'eurent pour effet que de jeter gratuitement l'insulte à la face d'une famille fort honorable et de ses nombreux amis. J'en eus naturellement ma part. Un secrétaire de Monseigneur l'évêque promena dans les salons un mot heureux, en m'appelant le prêtre de la république et le confesseur de ceux qui n'en veulent pas. Le fait est que j'eus souvent, par suite de ma position dans l'*Association fraternelle*, à remplir les fonctions de mon ministère près d'hommes qui n'auraient point voulu de confesseur de la trempe de M. le secrétaire et de quelques autres.

Toutefois, à mesure que le temps s'avançait, cette position était plus mal interprétée par grand nombre de mes confrères qui ne voyaient en moi qu'un faiseur et un ambitieux. Certains hommes tombés du pouvoir en 1848, et qui n'avaient plus peur, parlaient dans le même sens.

Selon l'usage des principales œuvres de bienfaisance établies à Angers, l'Association fraternelle voulut avoir son sermon de charité, et le conseil central, à l'unanimité, prétendit qu'il fût prêché par moi, et fit près de l'autorité ecclésiastique les démarches nécessaires.

Je ne sais si depuis cette époque (1849) pareille solennité s'est vue à la cathédrale d'Angers : toutes les autorités présentes, le chœur trop petit pour contenir le corps des officiers et les corps de musique ; outre un bataillon sous les armes avec le drapeau pour le service d'honneur, assistance de quatre mille hommes ; la quête faite par les dames des plus hauts fonctionnaires, conduite par les officiers supérieurs, etc. Il n'y avait de vides que les places de Monseigneur l'évêque, de son chapitre et de tout son clergé ; notification d'absence avait été envoyée à tous les prêtres ; et sauf M. Bernier, premier vicaire général, qui ne se soumit pas et prit sa place au banc d'œuvre, il ne parut que deux ecclésiastiques, celui qui célébrait la messe et celui qui prêchait. Malgré le mécontentement profond, universel, d'une opposition tellement marquée, l'assemblée, si compacte qu'elle fût, garda pendant toute la cérémonie la tenue la plus digne et la plus religieuse. La messe finie, M. l'abbé Bernier vint à la sacristie m'exprimer sa satisfaction en termes d'une grande sympathie. « Mon cher ami, ajouta-t-il, » je ne vous dis que sommairement ce que je pense, » j'irai chez vous un de ces jours, exprès pour vous » remercier des services que vous rendez à la religion » et à la société. » Et il y vint comme il l'avait dit.

Monseigneur Angebault, qui avait autrefois pour moi des distinctions exceptionnelles, me témoignait un froid

affecté. J'allai le trouver, et le priai de vouloir bien me
faire connaitre sa pensée. Je fus beaucoup blâmé d'avoir
travaillé à une œuvre dans laquelle Sa Grandeur, si elle
y eût pris part, était exposée à être traitée d'une manière
indigne d'un évêque. Je reçus ordre de donner ma démission au plus tôt, tout en me gardant bien de faire
connaitre cette injonction.

Quelques semaines plus tard, je saisis un prétexte
pour me retirer.

L'année suivante, le conseil central écrivit au père
Lacordaire, en lui envoyant les statuts de l'Association
fraternelle, pour le prier de donner le sermon de charité,
et soutenir cette œuvre par l'autorité de sa parole et de
son nom. La réponse de l'éminent religieux exprimait le
regret le plus vif de ne pouvoir accepter, par suite de
l'interdiction qu'il s'était faite à lui-même, et de la promesse qu'il avait faite à son ordre, de ne prêcher plus
aucun sermon en dehors de son œuvre principale pour
laquelle il devait réserver toutes ses forces et toutes ses
ressources. Mais sa lettre respirait non seulement l'admiration, mais l'enthousiasme pour l'Association fraternelle, œuvre, écrivait-il, comme il les rêvait, et dont l'idée
correspondait absolument à l'état de l'Église, — en regard de la société. De telles œuvres, ajoutait-il, sont celles
qui peuvent sauver la France.

A défaut du père Lacordaire, la demande du sermon
à donner fut adressée successivement à tous les prêtres
de la ville les plus en vue. On finit péniblement par en rencontrer un qui prit engagement, M. Fourré, missionnaire
apostolique, retiré depuis longtemps du ministère paroissial. Mais le vendredi précédant le dimanche de la messe

de charité et du sermon, il se fit excuser pour raison de santé. Le vendredi soir, mes anciens collègues de la commission d'économat vinrent m'exposer la situation, et solliciter mon concours *in extremis*. Je le donnai. Absence de clergé comme l'année précédente.

L'Association fraternelle vécut encore quelque temps. Pendant les trente et quelques mois de son existence, elle a distribué aux pauvres d'Angers *quatre-vingt-trois mille francs* de secours, avec une intelligence, un bonheur d'administration au-dessus de toute espérance.

Monseigneur l'évêque prétendit en combler le vide en formant, de concert avec de riches industriels, une association de secours mutuels pour les hommes. Il m'appartient, moins qu'à tout autre, d'apprécier cette œuvre. Cependant, je crois devoir dire qu'entreprise sous les auspices d'un prélat qui n'était rien moins que populaire, et d'hommes ayant tous une grande position de fortune, elle devait exciter la défiance de ceux qui étaient appelés à en être l'objet ; être repoussée par ceux que l'on désirait y introduire, et ne compter parmi ses membres participants, guère que des hommes dépendants, souffreteux, besogneux, sans influence dans l'atelier ; être nulle en effets moraux et civilisateurs. Malgré la puissance de son patronage, et peut-être à cause de la puissance de son patronage, *l'Association de Monseigneur*, prise à rebours de *l'Association fraternelle*, a trouvé le peuple ouvrier aussi antipathique et aussi défiant, que celle-ci l'avait trouvé confiant et sympathique.

Pour faire taire l'envie, et pour répondre aux intentions non exprimées mais bien évidentes de mon évêque, je devais, suivant l'expression de plusieurs de mes collègues, *faire le mort*. Je m'y appliquai sérieusement. Je dcmandai à Dieu bien sincèrement pardon de n'être pas assez humble pour faire accepter mes intentions à ceux de qui naturellement j'aurais dû recevoir des encouragements. Je brisai souvent avec impolitesse les relations les plus honorables nouées pour le bien, mais qui déplaisaient en raison du relief qu'elles me donnaient ; je me restreignis autant que possible à mon rôle de vicaire ; je répondis par des subterfuges à des demandes incessantes dont le but était de m'entraîner dans des œuvres qui n'avaient que le bien du prochain pour but, mais ces œuvres devaient m'exposer à ce qu'on parlât de moi. Cependant sur les instances pressantes d'une famille particulièrement éprouvée, et qui en avait obtenu l'autorisation de Monseigneur, j'acceptai de construire un hôpital pour des enfants pauvres, que cette famille voulait fonder en souvenir d'un fils unique enlevé par un accident. Le préfet d'alors m'avait communiqué un projet d'école professionnelle destinée aux enfants du peuple, comme complément, dans sa pensée, de l'école d'Arts et Métiers qui ne s'ouvre guère qu'aux enfants des ouvriers aisés. Une ancienne abbaye, Saint-Nicolas, située dans un site splendide, entourée de vastes jardins, vacante alors, et dont la propriété était contestée par la ville, le département et l'État, je crois, devait être choisie pour la nouvelle entreprise.

« Je ne connais que vous, me dit M. le préfet, pour donner à mon rêve sa réalisation. »

Monseigneur, à qui je dus en parler, rejeta avec hauteur toutes mes ouvertures et mes exposés, disant qu'il n'y avait qu'un évêque qui pût faire de semblables entreprises, et qu'il n'irait point chercher l'élément laïque quand il aurait une œuvre à fonder.

Le même préfet me disait un jour :

« J'ai eu la bonne chance de rendre à votre évêque
» plusieurs services, et je me sens en droit de demander
» une petite faveur. J'ai appris que le curé de Saint-
» Laud va se retirer ; voulez-vous être curé de Saint-
» Laud en attendant mieux ? L'évêque ne pourra me
» refuser. »

» Si Monseigneur, répondis-je, de son plein gré, de son
» initiative, me nommait curé de Saint-Laud d'Angers,
» il comblerait mes vœux ; mais je n'accepterai jamais
» un poste où mon chef hiérarchique m'enverrait par
» suite d'une pression, si légère qu'elle fût, qu'aurait
» subie sa volonté. »

L'hôpital des enfants pauvres allait s'achever, lorsqu'une
mort inattendue vint frapper M. le curé de Saint-Serge
dont j'étais le premier vicaire, et détermina Monseigneur
l'évêque à me nommer desservant de la paroisse de
Trélazé. J'acceptai ce poste avec d'autant plus de satisfaction, qu'il était le plus pénible et le moins honorable
entre plusieurs qui vaquaient en ce moment. Et puis,
j'avais la joie d'y être envoyé par la volonté d'autant plus
libre de mes supérieurs, que j'avais arrêté à leur insu
des démarches puissantes qui se préparaient, pour me
faire nommer successeur de mon curé.

IX

Je ne me dissimulais point que j'étais considéré comme
un jeune prêtre dangereux pour le calme du diocèse et
pour son administration. Je voyais que la préoccupation

de mes supérieurs était de m'annihiler, de m'humilier, de me bâillonner, de me garrotter pour arrêter mes élans, pour étouffer mes mouvements. Mes idées personnelles écloses du jugement vrai ou faux que la nature m'avait fait, et qui réglaient ma vie, contredisaient dans des points essentiels celles de l'Évêché et de la grande majorité du clergé du diocèse. Une école, servie par des organes puissants de publicité, qui déjà partageait l'opinion de l'épiscopat dans presque toute la France, était alors dominante dans notre pays, bien que moins patronnée qu'elle ne l'est aujourd'hui. Car, depuis qu'après avoir changé son gouvernail selon le souffle du vent, cette école maintient le cap vers une terre où elle a solidarisé les intérêts religieux avec les intérêts d'un parti qui a une grande situation en Anjou, cettte école y fait loi dans presque tout le monde ecclésiastique : ses enseignements y sont acceptés comme des dogmes ; ses affirmations même les plus fausses y sont respectées comme des vérités ; certains hommes si peu recommandables qu'ils soient parmi ceux qui tiennent énergiquement pour elle, sont des apôtres ; les chrétiens qui n'acceptent pas, les yeux fermés, sa direction, tombent dans la classification des catholiques libéraux, représentés comme les pires ennemis de l'Église. Mes convictions, quoique bien différentes de celles qu'on me prête, sont souvent pour le fond des choses et toujours pour la pratique de la vie, au rebours de celles de cette école, et conséquemment de celles de presque tous mes collègues et d'un grand nombre de gens fort estimables et fort bons chrétiens. Nous avons tous le même amour pour l'Église, et la même horreur de ce qui l'offense et la persécute, mais nous suivons pour servir l'Église et amoindrir ses peines des routes opposées. Ils traitent de monstres les hommes qui gouvernent la France depuis certaines années, et ils prétendent que tout chrétien a le devoir de les flétrir, de les irriter, de tenter de les écraser sous le poids du mépris. Je dis que si ces hommes étaient des monstres, des tigres, des ours, ce n'est pas en les irritant qu'on les humaniserait et qu'on échapperait à leurs dents. Mais l'exemple du vicaire de Jésus-Christ, la doctrine de l'Église, les recommandations des apôtres qui font un devoir de la soumission, de l'obéissance, du respect aux puissances établies, suffisent pour me rassurer contre les anathèmes des sectateurs de la doctrine nouvelle, quels qu'ils soient.

Mes souvenirs remontent trop loin, mais ils ont pour moi l'avantage d'être un enseignement. Ils me rappellent qu'il y a cinquante ans on ne parlait point en France de catholiques, parce que la France était catholique. Les degrés dans l'intensité de la foi et dans l'observation des commandements étaient sans doute nombreux, mais la France était catholique, et si bien catholique qu'à l'inverse d'aujourd'hui, une famille ne supportait pas qu'un de ses membres fût privé de la sépulture catholique. Qui est-ce qui aurait pu, il y a 50 ans, 40 ans, mentionner une réunion de catholiques, un cercle catholique, un club catholique, un parti catholique ? Qui est-ce qui aurait pu établir une classification catholique dans la nation, dans un département, dans une ville, dans une paroisse, si ce n'est dans les contrées peu nombreuses où il y avait des *dissidents* ? Ce seul mot confirme ma thèse. Et aujourd'hui nous sommes forcés de reconnaître qu'en moins d'un demi-siècle, grâce à de prétendus défenseurs de l'Église catholique dont l'ardeur intempestive lui a soulevé d'innombrables ennemis, l'Église catholique est devenue comme une étrangère dans la na-

tion qui avait, depuis douze siècles, confondu avec elle et
son histoire, et ses intérêts, et sa force, et sa vie ! Aujourd'hui, on dit les catholiques, le parti catholique, les
intérêts catholiques, dont on dispute les lambeaux à une
France que, par un zèle plein d'orgueil et de venin, on
a amenée à se défier de sa mère, de l'Église catholique,
à la lui faire confondre avec les faiseurs, les turbulents,
les intrigants, qui sont parvenus à se faire prendre pour
les amis les plus dévoués, les serviteurs les plus éclairés,
les porte-parole, les organes de l'Église catholique. Ils
se sont posés au centre d'un cercle ; ils y appellent les
fervents, les y attirent en couvrant de calomnies les gens
qui passent et qui les apprécient, et quelquefois en
substituant des dévotions et des pratiques faciles à ce
qui est l'essence de la religion ; et tous ceux qui n'entrent
pas dans ce cercle sont proscrits, voués au dédain, au
mépris, anathématisés. Et toujours le cercle se rétrécit.
Et nous sommes menacés de voir la France, toute catholique il y a un demi-siècle, hors du cercle, hors de l'É-
glise catholique telle qu'ils la montrent, la proclament
et ne réussissent que trop à la faire croire.

X

Au milieu de novembre 1851, je fus installé desservant
de la paroisse de Trélazé.

Je me réfère pour ce qui suit aux notes que je retrouve
et que je prenais sous l'impression des événements et
des jours.

En recevant des mains de son évêque ses lettres de

curé, un prêtre doit se considérer comme appartenant à tout jamais à son troupeau. Il doit voir le bien à faire, non pendant quelques années, mais pour tout ce qu'il a de moyens et de vie. Il doit placer des jalons dans l'avenir, même éloigné, prendre une marche sûre et ferme, et ne pas s'effrayer de l'aridité des premiers temps. J'oserais dire qu'une administration diocésaine qui voit ainsi les choses, donne confiance et force à ses curés, et rend le bien infiniment plus facile et plus solide.

La mission du curé est sublime, et elle a, même dans les paroisses irréligieuses, une puissance unique. Au bout de vingt ans, le pasteur se reflétera dans le troupeau, avec son urbanité, son esprit d'ordre, de charité, sa foi, l'ensemble de ses qualités et de ses vertus. A ses débuts, il doit s'éclairer de l'expérience de ses prédécesseurs, et n'étant point lié par des antécédents qui ne sont point les siens, discerner ce qu'il doit imiter, et ce qu'il lui importe d'éviter dans les errements du passé. Ce qui doit encore faire l'objet de son étude, ce sont les moyens d'action que la Providence a établis dans sa paroisse, pour concourir sous l'impulsion de son zèle éclairé, au bien des âmes. Ces moyens sont la tenue irréprochable de sa maison, la dignité du culte extérieur, les écoles, l'œuvre des catéchismes, les confréries ou congrégations s'il y a lieu ; l'œuvre des pauvres, l'administration municipale, les personnages influents et spécialement les chefs d'établissements industriels.

XI

*(Ce qui suit est l'exposé de ce qui existait en 1851,
et non plus de ce qui existe aujourd'hui à Trélazé).*

Trélazé est une paroisse exceptionnelle et de plus de
5,000 âmes ; il y faut ajouter douze à quinze cents
hommes que leur travail appelle chaque jour des paroisses voisines, et principalement des faubourgs d'Angers ; ce qui porte à six ou sept mille le chiffre réel des
personnes sur qui le curé doit chercher à étendre son
action et sa vigilance évangéliques.

Dans les populations industrielles, d'ordinaire les
propriétaires des usines résidant, tiennent au moins à
honneur que l'ordre et les convenances règnent dans
l'intérieur de leurs établissements. A Trélazé, les usines
appartiennent à des actionnaires non résidants, qui ne
s'occupent guère des carrières où ils ont des intérêts,
que pour en toucher le dividende. L'ouvrier, inconnu
pour eux, est la machine qui produit. Ils ne sauraient
du reste en surveiller la moralité. La plupart même des
régisseurs et des contremaitres habitent à Angers. Une
commission des Ardoisières, qui a son siège à Angers,
est la seule autorité avec laquelle le curé puisse se
mettre quelque peu en rapport.

Dans une ville où chacun est occupé de son industrie
et de son art ; où une certaine société plus éclairée est
accessible à la lumière de la vérité ; où un noyau d'âmes
d'élite étend, par son contact avec les familles de tous

les rangs, l'idée et le respect des choses bonnes et saintes ; dans une population agricole où chacun est occupé et isolé dans son champ ; où les idées sont quelquefois trop terrestres, mais non désordonnées ni subversives, l'œuvre du curé est grande, mais ordinaire.

Qu'on se figure l'époque où les germes du communisme se développaient, et se raisonnaient par les enrôlements dans la *Marianne;* qu'on se figure la lutte d'idées, les propos, les projets, les utopies de trois mille hommes travaillant et buvant ensemble, l'appréciation qu'ils font de leurs droits, l'interprétation qu'ils donnent à tout ce qui émane d'une autorité quelconque ; surtout quand on saura que ces hommes jouissent d'une liberté sans limites dans leur langage et dans leurs actes, travaillant quand ils veulent, et ne reconnaissant que le droit du contremaître à métrer leur ouvrage avant de le payer.

Un curé qui cherche le calme et le repos, qui redoute avant tout les embarras et les oppositions, parce qu'il sent qu'il se compromettrait avec son évêque, et qu'il serait finalement sacrifié à quelque intrigant, peut prendre à Trélazé ses loisirs, comme ailleurs. Un curé qui croirait répondre à l'importance de sa mission en confessant les personnes qui se présenteraient à son tribunal, en faisant pieusement ses offices, visitant ses malades et enterrant ses morts, n'aurait pas l'honneur d'avoir à Trélazé le diable pour ennemi ; son action y serait applaudie par quelques familles qui lui sembleraient pieuses ; il tiendrait la place d'un curé.

Le curé de Trélazé doit jeter ses vues et ses espérances bien avant dans l'avenir ; embrasser d'un coup d'œil les œuvres à créer, pour modifier, améliorer, sanctifier son peuple, sous l'action d'une conduite ferme, irrépro-

chable, d'un zèle sans limites, d'une charité vaste comme
son cœur de pasteur. Il doit savoir boire le calice des
amertumes de toute nature, ne s'effrayer de rien, tant
qu'il n'a pas perdu sa ligne, et qu'il a la confiance qu'elle
est bonne.

Voilà quelles furent mes pensées en entrant à Trélazé.
Je me plaçai sous la protection de la mère des Douleurs,
je me confiai à elle, et je me mis en marche. Je croyais
bonne ma ligne ; je ne l'ai jamais quittée avant le jour
où mon évêque m'en a arraché violemment.

Le curé étant le ministre et le représentant de Dieu
au milieu d'une paroisse, doit y gérer les intérêts de
Dieu, et conséquemment embrasser le bien dans toute
son étendue. Le bien-être des individus, des familles,
des sociétés industrielles de la paroisse, sera la conséquence certaine de la moralité que les paroissiens puise-
ront dans la pratique franche d'une foi éclairée. La mission du curé, au point de vue de la société, se trouve dans
celle que lui confie l'Église. Il est la sentinelle avancée
pour arrêter par tous les moyens un germe quelconque
de désordre ; soutenir la lutte contre toute idée de
trouble ; repousser au péril de son repos et de sa vie, si
besoin est, l'invasion du mal hors du camp dont l'Église
et la société lui ont confié la garde.

XII

M. l'abbé Bernier n'était plus vicaire général. Plusieurs années avant ma nomination à Trélazé, des machinations où l'ingratitude, la jalousie, les plus odieuses

passions avaient réuni leurs forces, l'avaient renversé. N'ayant point à faire l'histoire si triste de l'abandon, des humiliations de cet homme de cœur par excellence, de ce prêtre digne et intègre, je passe...

Il fut remplacé comme grand vicaire par M. l'abbé Bompois. Imposible de rencontrer un contraste plus frappant : vulgaire dans sa physionomie, vulgaire dans sa tenue, vulgaire dans son langage, vulgaire dans sa marche, vulgaire dans ses vues, vulgaire dans son esprit : amas de vulgarités, M. Bompois avait une antipathie instinctive de toute supériorité. Un de ses anciens condiciples, M. Laudrin, maire de la ville de Chemillé, lui recommandant un séminariste, appuyait sur ce qu'il s'agissait d'un jeune homme d'intelligence et d'avenir. « Ce sont ceux-là qui nous donnent le plus d'embarras, » répondit M. Bompois. Je tiens le propos de M. Laudrin.

Sous cette vulgarité si condensée se cachait une finesse, vulgaire aussi, mais réelle et qui souvent atteignait l'habileté.

Et d'abord rien en lui n'offusquait les susceptibilités de l'évêque qui, s'imaginant dicter ses volontés, faire prévaloir ses idées, gouverner ses prêtres et son diocèse sans représentation importune, et surtout sans opposition, voyait dans son nouveau grand vicaire un homme précieux, éclairé, prudent, aussi intelligent que modeste, et acceptait en retour, sans s'en douter, toutes les idées, toutes les répulsions comme tous les attachements et les protections de M. Bompois.

Le crédit de M. Bompois devint tel que les autres membres du conseil n'avaient qu'à signer les décisions prises entre Monseigneur et lui. Plus tard, le curé de Saint-Joseph qui, pendant longtemps, avait fait partie du conseil et avait fini par s'en retirer, ne faisait nulle dif-

ficulté de donner les raisons de sa retraite. « Il y en a
» deux principales, disait-il : 1° Toutes les décisions étant
» prises au préalable par Monseigneur et M. Bompois,
» j'étais appelé à signer des mesures que je n'avais point
» discutées et que, assez souvent, je réprouvais ; 2° Je me
» sentais révolté lorsqu'il s'agissait de prononcer sur un
» curé ou un vicaire, les éléments d'appréciation man-
» quant, d'entendre Monseigneur nous dire : Messieurs,
» nous allons surseoir jusqu'aux renseignements confi-
» dentiels que je vais demander à la supérieure des
» religieuses de cette paroisse. »

La généralité du clergé diocésain a toujours eu pour
M. Bompois non seulement de la sympathie, mais de
l'affection. On l'appelait le père Bompois. Tout prêtre
en l'abordant, même le plus jeune vicaire, se sentait
à l'aise. La conversation s'établissait et se poursuivait comme entre égaux ; la familiarité amenait tout de
suite les confidences. M. le grand vicaire savait, sans
efforts et sans provocation apparente, toutes les nouvelles
ecclésiastiques de la contrée, les choses intimes qu'on
aurait eu peur de dire à un autre, car cela aurait semblé
médisance. Les malins en profitaient pour desservir
quelques voisins, sous forme de confidences anodines.
Dans les cas embarrassants d'application théologique,
ou de question de conduite, de décisions difficiles à
prendre, le père Bompois n'a jamais donné une solution.
« Vous êtes sur les lieux, répondait-il, il faut peser les
» conséquences ; faites donc pour le mieux. » Un jour,
un jeune vicaire sortant de chez le père Bompois, me
rencontra ; il était dans l'enthousiasme, dans le délire.
» Quel homme que le père Bompois ! » répétait-il, « que
» deviendrons-nous, quand il nous quittera pour être
» évêque ! Je viens de causer plus d'une demi-heure

» avec lui pour un cas de conscience qui m'amène
» exprès à Angers. — Eh bien, interrompis-je, il vous
» en a donné la solution ? — Mais non ; mais il m'a
» dit avec sa bonne physionomie : Vous êtes sur les
» lieux, vous êtes à même d'apprécier le pour et le
» contre, faites donc pour le mieux. Ah ! mon Dieu,
» quel homme ! Quel bon père Bompois ! »

Les trois quarts de la vie de M. Bompois étaient ré-
servés aux religieuses et à quelques dames riches,
simples, très simples, mais non dépourvues de générosité pour le bon père. Quelques-unes l'appelaient Monseigneur. Quand un prêtre venait pour traiter une affaire
à l'évêché et que cette affaire était du ressort de M. Bompois, il devait faire antichambre au milieu d'une demi-
douzaine de religieuses, de postulantes, de femmes
apportant de tous les points du diocèse, leur paquet de
plaintes et de délations contre le curé et le vicaire, et à
son tour d'arrivée, il avait audience, brièvement, pour ne
pas retarder les autres personnes venues après lui. Le
plus souvent, il fallait qu'il allât trouver M. Bompois
dans quelque communauté, ordinairement à Saint-
Charles où il avait succédé à M. Bernier comme supérieur, de même qu'il lui avait succédé comme grand
vicaire. M. Bompois était dominé et dirigé par les
femmes au milieu desquelles il vivait, comme l'évêque
était dominé et dirigé par lui. J'ai assisté à des réunions
de confrères où chacun apportant son contingent de renseignements, on arrivait à connaître toutes les femmes
qui avaient fait les nominations principales dans le
clergé du diocèse depuis un nombre d'années.

Évidemment, je n'ai jamais eu la chance d'être remarqué par une de ces puissantes protectrices. Depuis l'avè-
nement de M. Bompois, jusqu'à sa mort, j'ai été l'objet

de sa répulsion, et il n'a jamais perdu une occasion d'en donner des preuves. Les causes que j'en ai soupçonnées ne sauraient motiver ni expliquer cette persévérance et cette violence. La première remonte à quelque temps avant son élévation au poste de grand vicaire. A une distribution des prix du petit séminaire Mongazon dont il était supérieur, M. Bompois prononçait le discours académique ; le sujet était *l'honneur*. Nous étions groupés, plusieurs vicaires, jeunes, trop jeunes, à petite distance ; et la faiblesse de cette composition et surtout la manière extra-commune dont elle était débitée, excitait nos rires et nos plaisanteries immodérées. Nous apprimes, plus tard, à notre grand étonnement, que l'auteur avait tout entendu. Une autre raison de la haine de M. Bompois, car c'était de la haine, va trouver son explication plus plausible dans ce que je vais raconter.

Les sœurs de Saint-Charles avaient une obédience à Trélazé. Je trouvais dans cette école insuffisance et résistance. M. l'abbé Bernier, alors encore leur supérieur, et à qui je communiquai mes impressions, ne nia pas l'insuffisance, mais ne crut pas à la résistance. Le conseil de l'ordre de Saint-Charles, malgré les représentations du supérieur dont il entrevoyait et devinait déjà le remplacement par le nouveau grand vicaire, soutint les sœurs et déclara les maintenir. Fortes de cette décision, dont connaissance leur fut donnée, les sœurs locales accentuèrent leur résistance. Un hasard providentiel me mit en main une lettre qu'elles montraient aux affidés, lettre écrite et signée par un prêtre haut placé, qui leur conseillait, qui leur ordonnait de mettre obstacle, dans la mesure de leur force et de leur influence, à tout ce que j'entreprendrais dans la direction de ma paroisse et qui ne serait pas conforme à ce qui s'y faisait auparavant. Je portai cette lettre à M. Bernier, et les sœurs interrogées par lui, qui niaient énergiquement d'avoir aucune relation avec M. X., et surtout d'avoir reçu de lui un conseil défavorable au nouveau curé, furent remplacées dans les 24 heures. Cet échec des sœurs de Saint-Charles ne fut point oublié, point pardonné, et M. Bompois, devenu leur supérieur, m'a toujours considéré comme l'ennemi des sœurs de Saint-Charles, et même de toutes les communautés. Plus tard, dans la paroisse où je fus envoyé après Trélazé, cette idée, sans plus de fondement, trouva matière ou prétexte à se fortifier ; et grâce aux interprétations, aux fables, dont M. Bompois et les sœurs se firent les propagateurs, j'ai toujours passé pour l'ennemi des religieuses, et peut-être même l'adversaire de toutes les congrégations, bien qu'à diverses époques j'aie fait de sincères démarches pour entrer dans plusieurs, à titre de missionnaire. Il y a longtemps qu'un vieux directeur de séminaire me disait : « Quoi qu'il advienne, quelques sottises que fassent vos religieuses, ne vous les mettez pas à dos ; car dans ce diocèse, tout prêtre qui a contre lui des religieuses est anéanti. »

La répulsion, la haine de M. Bompois contre moi, devaient évidemment avoir d'autres causes que celles que j'ai indiquées.

M. Bompois, qui était homme de conscience, n'a pas pu me poursuivre avec une si grande ténacité sans raisons très graves que je n'ai jamais pu découvrir, bien que j'aie souvent provoqué, sollicité la lumière. La réponse se résumait toujours dans ces paroles : « Je crois que vous avez pris dans le diocèse une attitude qui vous empêchera toujours d'y faire du bien, et qui sera toujours une source d'embarras pour Monseigneur. » Ce qu'il y a de certain, c'est qu'il a mis au service de son antipathie toute son influence sur Monseigneur Angebault, toute son autorité sur le personnel de l'évêché, et tous les moyens près de ses amis, des ecclésiastiques de son temps, des religieuses et des femmes pieuses avec qui il était en rapport. Peu d'hommes, du reste, ont été aussi têtus que lui ; peu d'hommes ont été moins accessibles au redressement d'une idée faite. A diverses époques, il m'a témoigné une grande bienveillance, mais c'était pour arriver, après d'infinies précautions de persuasion, à me faire consentir à ce qu'il ménageât mon entrée dans un autre diocèse, affirmant qu'il se faisait fort de m'y procurer une situation en rapport avec le mérite qu'il m'attribuait dans ces moments-là, et exprimant le regret que, vu les préventions de Monseigneur, je ne serais jamais en Anjou que dans un poste inférieur. Il était fin, mais il me supposait trop naïf.

Une ligue formée de M. Bompois et de trois prêtres de son affection, entreprit de me faire sortir de Trélazé. Si j'exposais leurs mobiles et leurs moyens d'action, je dirais des choses incroyables. Dieu leur a sans doute pardonné le mal qu'ils m'ont fait, et celui qu'ils m'ont voulu. Les illusions, les erreurs, les intérêts d'amour-propre, les antipathies de personnes, tout cela fait un ensemble d'atténuations. Et puis, peut-être ne se rendaient-ils pas compte des conséquences de leur vilaine conduite sur ma vie entière !....

Enfin cette ligue devait triompher. L'idée de ma sortie de cette paroisse de Trélazé où j'avais mis au service du bien tout ce que Dieu m'avait donné, était dans l'air ; cela se sentait, cela se disait, cela se répandait. Mes ennemis, c'est-à-dire à peine quelques douzaines de paroissiens sur 5,000, en rapport continuel avec les prêtres dont j'ai parlé, popularisaient ce bruit par tous les moyens. Il était dit auprès, il était proclamé au loin que je compromettais la religion par le peu d'attentions et de soins que je donnais aux personnes pieuses, par l'indifférence que je témoignais aux gens bien intentionnés et qui formaient le petit noyau si péniblement amassé par mes prédécesseurs, tandis que l'on me rencontrait trop fréquemment avec les hommes étrangers aux pratiques religieuses, et dont quelques-uns même paraissaient à peine à l'église les jours de grandes fêtes.

Chose remarquable : mes supérieurs m'ont désavoué partout pour le même motif ; j'ai toujours été condamné pour le même grief ; j'ai toujours été sacrifié aux coteries de même acabit ! Et je n'ai jamais été repentant ; je poursuis toujours la même voie, parce que j'ai toujours cru et je crois toujours que c'est la bonne. J'ai toujours été convaincu que ce qu'on tenait en moi pour défaut était qualité ; que ce qu'on me reprochait comme une faute de jugement n'était qu'une connaissance plus étendue et plus approfondie du monde, une appréciation plus juste des moyens d'y faire un bien plus sérieux et plus général. J'ai cru et je crois qu'en Anjou, je ne parle que de mon diocèse, la direction du clergé est fausse à force d'être étroite ; que le milieu social où il respire, où il vit, n'est qu'un côté de la société prise dans son universalité, que dès lors les effets de son ministère ne s'appliquent point à l'ensemble des âmes ; que subissant involontairement, mais nécessairement, l'influence des personnes pour qui s'usent ses moyens et ses forces, et surtout des journaux exclusifs dont il ne peut contrôler ni les affirmations, ni l'esprit, ni la passion, il place son sacerdoce dans un coin, et ne l'étend pas *catholiquement* sur le monde.

Cela explique, sans la justifier, la recrudescence de cet

antagonisme prédit dans l'Évangile, entre le bien et le mal, entre le christianisme et le monde, entre le clergé catholique dont les intentions sont droites et pures, et les préventions de la société moderne qui y soupçonne toujours des arrière-pensées de retour vers une situation politique regrettée ; entre la religion qui, comme toute son histoire l'atteste, accepte toutes les formes de gouvernement que les peuples se donnent, et le gouvernement que le peuple français a récemment choisi, et qu'il s'imagine avoir à défendre contre des forces occultes, lesquelles, sous l'impulsion de nombre de prêtres et de quelques évêques, travailleraient à en miner la base pour y substituer un état de choses plus favorable à leur ambition et à leur influence.

XIII

Un des hommes les plus graves de ma paroisse crut devoir, absolument à mon insu, écrire dans ces conjonctures à Monseigneur, la lettre suivante dont il a bien voulu m'envoyer copie, au moment de mon départ de Trélazé.

« Trélazé, le 21 avril 1854.

» Monseigneur,

» J'habite depuis plus de deux ans la commune de Trélazé, et depuis bien longtemps déjà j'ai acquis la certitude qu'il existe dans cette localité une coterie qui sera toujours hostile au bien qu'on voudra faire en dehors de son influence directe : qui emploiera tous les moyens en son pouvoir pour faire avorter tous projets d'amélioration

dont le résultat ne devra pas lui rapporter quelque honneur et surtout quelque profit, et qui ne reculera non
plus devant aucun moyen pour arriver à la satisfaction
de ses mauvaises passions. J'aurais moins le droit que
personne peut-être de juger aussi sévèrement mon prochain. Cependant ce droit je crois l'avoir acquis en présence de ce qui se passe ici, au sujet du curé de la paroisse,
et c'est à ce sujet, Monseigneur, que je me permets de
vous écrire pour essayer de vous prémunir contre les
dénonciations absurdes ou calomnieuses que l'on ne
cesse de vous adresser depuis quelque temps.

» Les gens de la coterie dont je parle, qui s'adjugent à
eux seuls tous les sentiments religieux et honnêtes, mais
qui devraient être considérés plutôt comme les pharisiens de l'Évangile, n'ayant pu faire que M. Subileau fût
le prêtre de quelques-uns seulement, ne peuvent lui pardonner le désir qu'il a d'être le pasteur de tout le monde.
C'est donc par un sentiment de haineuse vengeance, que
ses actes, quels qu'ils soient, sont voués d'avance à la réprobation.

» M. Subileau, à la mort de l'ancien maire de Trélazé,
avait cru devoir faire quelques démarches en faveur du
maire actuellement en fonctions. Il désirait, et cela se conçoit, avoir pour maire un homme joignant à la probité
du citoyen, des sentiments pieux. Il a, je crois, réussi sous
ces deux rapports. Mais à ces vertus se joignent une
vanité et une incapacité telles que, sans s'en douter, le
maire a cédé à la pression qu'exerçaient sur lui les personnes qui ne sont hostiles au curé que par le dépit
qu'elles ont de n'avoir pu lui faire adopter leurs idées, et
de ne pas s'être laissé imposer une ligne de conduite à
suivre. Et les choses en sont arrivées à ce point que le
maire, qui ne croit pas à son incapacité, mais qui craint
cependant de se voir enlever ses fonctions, auxquelles
il tient avant tout, a cru devoir, pour acquérir de la popularité, se joindre aux détracteurs de M. Subileau.

» J'ai l'honneur d'être à la tête d'un des établissements
industriels les plus importants du département, puisqu'il
occupe plus de 800 ouvriers. A ce titre, j'avais franche-

ment prêté mon concours à M. Subileau, pour une œuvre éminemment moralisatrice ; mais pour réussir, il fallait l'assentiment des ouvriers, et nous ne l'avons pas obtenu parce que les personnes qui, aujourd'hui, cherchent à nuire à M. le curé, sont les mêmes qui alors ont excité dans la population de la commune toutes les mauvaises passions dont cette population est susceptible.

» J'étais aussi, Monseigneur, le collaborateur de M. Subileau, dans le Bureau de bienfaisance de Trélazé. On m'avait même nommé trésorier de cette institution, fonctions que j'ai été obligé de résigner, il y a peu de temps, pour cause de la mauvaise administration du maire, lequel, à ce sujet, a grossièrement insulté M. le curé, en l'accusant de m'avoir engagé à donner ma démission pour lui susciter des embarras, ce qui est exactement le contraire de ce qui a eu lieu.

» Le maire, s'appuyant de votre autorité et du bon accueil que vous lui faites, cherche à déconsidérer M. le curé auprès de ses administrés, en leur disant que c'est à lui seul qu'il doit d'être resté jusqu'à ce jour à Trélazé, mais que très prochainement il le fera partir de la paroisse. Je n'ai pas besoin de vous dire, Monseigneur, combien de pareils bruits, propagés par celui qui devrait être le dépositaire de l'autorité dans la commune, portent atteinte à la considération non seulement du curé actuel, mais aussi de tous ceux qui lui succéderont, dans l'esprit d'une population qui n'est déjà que trop disposée à s'affranchir de tout respect envers ceux qui sont appelés à exercer sur elle quelque autorité.

» J'ai hésité beaucoup avant de vous écrire, mais je n'ai pas cru devoir garder plus longtemps le silence, et j'ai pensé qu'il était du devoir de tout homme d'honneur de chercher à démasquer ceux qui, par des motifs de haine et de basse vengeance, prennent à tâche de discréditer un subordonné dans l'esprit de son supérieur : lorsque surtout, tous les actes du subordonné sont inspirés par l'amour du prochain et l'esprit de charité chrétienne.

» Ces sentiments, Monseigneur, que je vous exprime

en faveur de M. Subileau, sont, je ne crains pas de le
dire, ceux de toutes les personnes ayant un peu d'intelligence dans la commune de Trélazé.

» Je suis, etc.

» *Signé* : David,

» *Directeur des Ardoisières des Grands Canaux,*
« *membre de la commission générale des Ardoisières.*

Cette lettre produisit, m'a dit quelqu'un, une certaine
impression sur Monseigneur. M. l'abbé Bompois reprit
bientôt le dessus. Vers cette époque, j'allai le trouver
pour chercher à l'éclairer ; je n'y réussis nullement. Ses
idées étaient faites, inébranlables, indiscutables, ma
sortie semblait un engagement pris. Il me dit que, du
reste, on ne m'accusait nullement d'avoir démérité, mais
qu'évidemment je n'étais pas l'homme qui convenait à
Trélazé ; que l'on n'avait point l'idée de m'en arracher
d'une manière humiliante, bien au contraire, mais de
me placer dans un poste au moins équivalent. Il
m'engagea à jeter moi-même mes vues sur une paroisse
à ma convenance, parmi celles qui pourraient devenir
vacantes d'ici certain temps, et qu'assurément personne
ne s'opposerait à ce qu'on m'y plaçât.

Le curé d'une paroisse moins importante que Trélazé,
Saint-Mathurin, étant venu à mourir, j'allai exposer à
M. Bompois que, bien que je fusse persuadé que ma sortie
de Trélazé n'était utile qu'aux intérêts d'une coterie,
comme Monseigneur et lui la désiraient, je me remet-
tais entre leurs mains, et j'étais prêt, uniquement pour
leur être agréable, et en leur laissant la responsabilité
devant Dieu des conséquences de mon changement, à
accepter Saint-Mathurin, conformément aux ouvertures
qu'il m'avait faites. Ma proposition fut écartée. La réponse

qu'on me donna me fit comprendre que je n'étais plus qu'un ambitieux et un brouillon, et que je ne devais attendre qu'une sortie humiliante.

Quelque temps après, dans les premiers jours de juin, je rencontrai, sortant de l'évêché, cinq de mes paroissiens, les meneurs de la coterie, au nombre desquels était le maire. J'allai immédiatement frapper à la porte de Monseigneur, pour répondre aux plaintes qu'à mon insu il venait infailliblement de recevoir. La thèse était toujours que je perdais la religion à Trélazé ; les faits à l'appui étaient :

1° J'avais changé l'un de mes sacristains, et je n'avais même pas pris pour cela l'avis du maire ;

2° Je vendais de la cire ;

3° Le budget n'était point encore fait, quoique la Quasimodo fût depuis longtemps passée, et qu'à la séance de Quasimodo, qui avait cependant eu lieu, le maire n'avait pas été convoqué.

Monseigneur ne riait point de ces accusations. Il en était ému, et il me renouvela son désir que je lui donnasse ma démission de curé d'une paroisse où les choses allaient si mal. Je demandai la permission de répondre à ces chefs d'accusation que Monseigneur avait notés.

1° Le premier chef de plainte était fondé dans le sens du fait. Monseigneur savait la question de droit ;

2° La fabrique de temps immémorial usait du droit de fournir la cire nécessaire au culte. Je n'avais rien innové ; j'avais simplement changé le mode de vente confiée au sacristain, et cela, d'après une délibération en règle, signée par tout le Conseil de fabrique, y compris deux des dénonciateurs. Monseigneur ignorait le droit des fabriques, il m'avait condamné ;

3° Le maire avait été convoqué comme les autres

5

membres du conseil de fabrique, le jour de Pâques, au prône de la grand'messe ; j'offrais le témoignage de la paroisse à l'appui. Seulement j'avais cru devoir, en plus de cet avis, écrire en particulier aux marguilliers pour leur rappeler la séance à laquelle je craignais que quelques-uns, par oubli ou par insouciance, n'assistassent pas. Le budget avait été fait et signé, ce jour-là, dimanche de Quasimodo, par tous les membres du conseil, excepté le maire, volontairement absent ; le même budget avait été envoyé les jours suivants à l'évêché, où il était encore.

Malgré cette explication, Monseigneur dit que son avis était que ces braves gens qu'il venait d'entendre, lui avaient paru de fort bons chrétiens, et que leurs plaintes ne laissaient pas que de l'impressionner beaucoup. Qu'il aviserait plus tard, mais que je devais sérieusement penser à sortir de Trélazé. Je répondis que les pratiques religieuses n'étaient pas toujours chez certaines gens, et spécialement dans ma paroisse, le *criterium* de la droiture ; que dans tous les cas, sur ces cinq hommes qui lui paraissaient des saints, il y en avait qui n'avaient pas été à confesse depuis plus de vingt ans. Je priai Monseigneur de ne pas les croire assez sensibles aux intérêts religieux, pour y voir le mobile unique de leur démarche. Si, en ce moment, j'avais su ce que j'ai appris plus tard, j'aurais peut-être eu la faiblesse de dire à Sa Grandeur que ces cinq hommes avaient reçu, avant d'entrer à l'évêché, la distribution de leurs rôles et la manière de les remplir, de la part d'un de mes confrères qui leur avait donné rendez-vous sous les cloîtres de la cathédrale.

C'était un samedi. Une rumeur extrême régnait dans le bourg à mon arrivée d'Angers. Forts de ce que leur avait dit Monseigneur, et s'exagérant sans doute son bon accueil et ses promesses, ces cinq hommes s'étaient répandus dans les villages, annonçant qu'ils venaient d'obtenir de l'évêque l'assurance de mon départ, avec un blâme sévère pour ma manière d'agir en maintes choses, dont vraisemblablement ils n'avaient même pas pensé à entretenir Sa Grandeur. Le maire avait donné avec une ostentation triomphante, au sacristain expulsé, l'autorisation écrite, et revêtue du timbre de la mairie, de vendre les cierges pour l'église. Le lendemain dimanche, la paroisse était sens dessus dessous. Grand nombre de personnes, en venant à la messe, s'attendaient à y voir un autre curé.

Au prône, je crus devoir, j'eus peut-être tort, afin d'apaiser les esprits et de rétablir le calme, rapporter ma visite à Monseigneur, les plaintes formulées et la manière dont je les avais réfutées. Je crois que je fus digne, convenable, sobre de paroles et de réflexions, et je me tins ensuite prêt à communiquer à qui de droit tout ce que j'avais pensé opportun de dire sur ce sujet délicat.

Quinze jours après, je reçus la lettre suivante :

« Évêché d'Angers, le 17 juin 1854.

» Monsieur et cher curé,

» Je reçois une lettre de M. le maire de Trélazé, en date du 15, dans laquelle il me demande d'autoriser le conseil de fabrique à se réunir extraordinairement. Je dois permettre cette réunion pour régler les comptes et dresser les budgets, ce qu'on n'aurait pas fait dans la séance de Quasimodo. Je charge M. le président de faire la convocation, et voici le texte de l'autorisation :

« L'Évêque d'Angers autorise le conseil de fabrique
» de la paroisse de Trélazé, à s'assembler extraordinai-
» rement pour régler les comptes de la fabrique et dres-

» ser le budget. M. le président de la fabrique est
» chargé de convoquer les membres du conseil.

» Recevez, etc.

» *Signé* : GUIL., *Évêque d'Angers.* »

Suivait ce post-scriptum :

« Cette demande de M. le maire, cette convocation
par le président, vous causera peut-être quelque peine,
mon cher curé; je n'ai pas dû m'y refuser, puisque la
demande est loyale, et j'ai voulu vous en prévenir.

» Mais ce que je me vois aussi obligé de vous dire,
c'est la peine profonde que j'ai éprouvée, en apprenant
qu'aussitôt après votre visite ici, et la communication
que je vous avais faite, vous en avez entretenu en
chaire vos paroissiens. J'ai dit et répété cent fois dans les
retraites ecclésiastiques et ailleurs, que je défendais ex-
pressément de parler en chaire d'autre chose que de
l'Évangile; que, sous aucun prétexte, la chaire ne devait
servir de tribune pour traiter des questions administratives ou personnelles. Plusieurs fois déjà, j'ai retiré les
pouvoirs à des ecclésiastiques qui avaient sur ce point
contrevenu à mes défenses. M. le maire a été justement
blessé des allusions trop claires qui le désignaient; et
j'avais chargé M. Bompois de vous dire combien je trouvais blâmable cette manière de faire. Vous m'avez mis
ainsi dans l'impossibilité de vous défendre. Vous avez
compromis votre ministère. M. l'abbé Bompois vous a
montré le remède et je désire, dans l'intérêt du bien,
dans votre propre intérêt, que vous y pensiez sérieusement. »

Que devais-je faire? Suivre le conseil de M. Bompois?
Mais je l'avais suivi pour Saint-Mathurin, en étais je
mieux? Envoyer à Monseigneur les quelques paroles
qu'on lui avait rapportées en si grand scandale, et des-

quelles il s'emparait avec tant d'adresse pour me condamner si sévèrement, sans se donner la peine de se renseigner autrement que par les délations passionnées de
mes adversaires? Ce n'était plus là qu'une question de
détail et d'une solution inutile. Comment ne pas voir un
parti pris de me harceler, la bonne fortune d'un prétexte pour me perdre, en invoquant des principes qui
n'avaient point là leur application, afin d'en déduire les
conséquences qu'on voulait? Que répondre à un évêque
qui, quinze jours après avoir eu la preuve de la puérilité
des plaintes formulées contre moi, et de l'imposture de
ceux qui les lui avaient présentées, autorise contre moi
une réunion extraordinaire du conseil de fabrique, en
appuyant le droit du maire sur des faits certainement
faux, et qu'il sait être faux?

XIV

Je n'avais plus qu'un parti à prendre, c'était de suivre
le conseil que m'avait donné plusieurs fois M. l'abbé Ménard, vicaire général honoraire, de faire un Mémoire détaillé de ma position à Trélazé, et de l'adresser en dernière ressource à Sa Grandeur. Une démarche de
M. Bompois rendait ce dernier effort encore plus pressant.

J'allai à l'évêché dans l'intention de le remettre moi-
même à Monseigneur, en suppliant Sa Grandeur de ne
voir dans cet exposé écrit rapidement, parce que je sentais que le sol tremblait sous mes pieds, que l'intention
de l'éclairer; affirmant que j'avais par-dessus tout la
crainte de lui déplaire; que si, contre mes intentions,

elle rencontrait dans cette lecture quelques mots mal-
sonnants, je déclarais formellement que je les rétrac-
tais d'avance; désirant avant tout rester dans les limites du plus profond respect et de la plus entière soumission. Monseigneur venait de s'absenter pour plusieurs jours, M. le vicaire général voulut bien se charger de transmettre à Sa Grandeur, avec le Mémoire,
l'expression exacte et accentuée de mes sentiments.

Je donnai confidentiellement lecture de cet écrit à
deux ecclésiastiques et à un laïc, tous les trois, hommes
très graves. Leur avis fut le même, et répondit parfaitement à mes impressions personnelles : « Tant que Mon-
» seigneur Angebault vivra, me dirent-ils, il ne vous par-
» donnera jamais de le mettre dans son tort ; mais vous
» êtes acculé, vous faites bien. »

Voici ce Mémoire déposé à l'évêché le 25 juin 1854.

« Monseigneur,

» Mercredi dernier, M. l'abbé Bompois m'a engagé,
de la part de Votre Grandeur, à donner ma démission de
curé de Trélazé, en me disant que tel était l'avis de votre
conseil, à la presque unanimité, avis basé sur ce que ma
présence prolongée dans cette paroisse y serait un obstacle au bien, dans l'état actuel des esprits, qui sont à
peu près tous, suivant les renseignements pris, plus ou
moins indisposés contre moi. Une lettre de Votre Grandeur en date du 17, qui m'annonce qu'elle vient d'autoriser en dehors de mon action directe et contre elle, une
réunion extraordinaire du conseil de fabrique, me rappelle la même intention, et m'engage à y penser sérieusement. Dans cette lettre Votre Grandeur me dit que
puisque j'ai porté en chaire des questions administratives
et personnelles, et que par là j'ai compromis mon minis-

tère, elle se voit dans l'impossibilité de me défendre, le cas échéant.

» A l'ouverture que M. l'abbé Bompois m'a fait l'honneur de me communiquer verbalement, j'ai répondu que j'étais tout disposé à recevoir de mon évêque ma démission, mais que je croyais ne pas devoir l'offrir, parce que, placé à un autre point de vue, j'étais persuadé, dans mon âme et conscience, que j'étais à Trélazé un instrument de bien. A ce que vous me faites l'honneur de m'écrire sur le même sujet, Monseigneur, je ne puis faire que la même réponse, parce que la réflexion ne fait que me confirmer dans ce qui est peut-être une illusion, mais une illusion telle qu'elle constitue en moi une conviction, que l'examen et la prière sont loin d'affaiblir.

» Je crois devoir vous dire en toute simplicité, Monseigneur, quelques-uns des faits, des faits publics qui me font penser que Dieu a bien voulu se servir de moi, quelque peu digne que j'en fusse, pour opérer un peu de bien dans cette paroisse. Il m'est pénible de n'avoir pas fait davantage, mais j'espère que dans sa miséricorde si paternelle, il me tiendra compte de ma bonne volonté.

» 1° Il y a deux ans, six cents individus ne connaissaient pas d'autres moyens d'existence que la mendicité, le vagabondage, le pillage. Ils infestaient toutes les paroisses circonvoisines, dans un rayon de trois ou quatre lieues. Avec les habitudes de vagabondage, ces pauvres gens en avaient bien d'autres, suites naturelles de leur triste vie. A l'aide d'une statistique qui m'a coûté trois mois du travail le plus assidu et le plus pénible, statistique qui se revise tous les trois mois ; à l'aide des démarches que j'ai faites et que je fais ; à l'aide des ressources que j'ai trouvées, ces six cents individus sont occupés depuis dix-huit mois, selon leurs facultés, reçoivent au prorata de leurs besoins, contrôlés chaque semaine par un homme digne de confiance, et chaque mois par les membres réunis de l'œuvre, des secours en pain, en viande, en bois, en vêtements, linge, médicaments, bains, visites de médecins, etc. etc. La mendicité éhontée et immorale, plaie spéciale dans cette paroisse, a disparu, et la pauvreté vraie est secourue charitablement. Si, depuis quelques semaines, cette plaie commence à se montrer, cela vient peut-être de ce que M. le maire m'a mis, par la grossièreté de ses procédés, dans l'impossibilité momentanée de diriger cette œuvre au-dessus de ses forces, et dont j'étais considéré comme le fondateur et le soutien.

» 2° A mon arrivée à Trélazé, la cure était dans l'état du plus complet délabrement; aujourd'hui, à l'aide de sommes successives que le conseil municipal a votées et de sacrifices personnels que je me suis imposés, le presbytère, quoique non terminé, est un des plus dignes de votre diocèse.

» 3° Il y avait dans l'administration des fonds de la fabrique, des vices et des illégalités que je ne puis énumérer ici ; dans l'église et dans la sacristie, manque de propreté, d'ordre et des choses essentielles. Je crois qu'aujourd'hui, sans que j'aie augmenté les dettes de la fabrique, il y a de ce côté autant d'ordre qu'on peut en désirer, et que l'amélioration sur ce point est non seulement incontestable, mais qu'elle est grande.

» 4° S'il est une chose pénible pour un curé, c'est d'entendre marchander pour affaire de casuel, et traiter ces questions comme des questions de commerce. J'ai réglementé le casuel en me basant sur le tarif des oblations de Monseigneur Montault, qui fait règle encore dans le diocèse. Deux classes existaient, mais ne me paraissaient pas suffisamment promulguées. Je les ai laissées telles qu'elles étaient, toutefois, en les diminuant de prix. J'en ai établi une supérieure. Les luminaires des deux premières classes ont été réglementés, celui de la troisième est facultatif. Ce tarif est approuvé par qui de droit, et légal. Il est imprimé, signé par tous les membres du conseil de fabrique, et affiché à l'église pour prévenir toute surprise.

» 5° Une chose importante dans une paroisse bien administrée, c'est un *coutumier* fondé sur les règles liturgiques, les usages locaux, les besoins spéciaux des populations. Dès lors, les paroissiens prennent l'habitude des choses de l'Église, les connaissent et s'y préparent d'avance. Rien n'est ainsi abandonné à l'hésitation, à l'oubli, aux changements arbitraires et toujours blessants pour quelques individualités. Ce *coutumier* est fait, imprimé et affiché sous la signature de l'ordinaire et du conseil de fabrique ; on s'y conforme depuis le mois de novembre 1852.

» 6° Le bail des places de l'église, données en location, finissait avec l'année 1852. Pendant l'année 1853, les choses sont restées en *statu quo*. Mais il était nécessaire de reconstituer des titres, tant pour la fabrique que pour les concessionnaires. J'ai profité de cela pour mettre l'ordre au lieu du pêle-mêle, et assurer à la fabrique des droits, imprescriptibles sans doute, mais qu'il lui eût été plus difficile de revendiquer, si un plus long temps lui en eût fait perdre l'usage.

» Notre église étant suffisamment grande, j'ai cru devoir y réserver des bancs gratuits pour les pauvres, pour les enfants des écoles, et pour des jeunes garçons hors des écoles, jusqu'à l'âge de quatorze ans. Ces derniers sont sous notre surveillance et sous celle de messieurs les instituteurs.

» Des chaises ont été établies à un prix annuel fixe et très bas, en faveur des fidèles peu aisés, afin d'éviter à tous l'humiliation, la fatigue, et le prétexte d'une impossibilité pécuniaire, pour s'exempter de l'assistance aux offices.

» Ces mesures essentiellement évangéliques, sans diminuer les recettes de la fabrique, ont augmenté le nombre des fidèles aux cérémonies saintes. Le nouveau règlement est affiché, signé par tous les membres du conseil de fabrique.

» 7° Le chœur se composait d'un seul chantre. Venaient l'accompagner *facultativement* un second chantre, deux cornets à piston, deux ophicléides, un clavicor ; quelquefois même une clarinette se mêlait à tout ce vacarme. Parfois le chantre était seul, parfois tous ces instruments donnant ensemble, produisaient un effet facile à comprendre. Aujourd'hui le chœur se compose de trois excellents chantres engagés à poste fixe, et d'un orgue que vient toucher, chaque dimanche et jours de fêtes, un organiste d'Angers. Sur ma demande, quelques familles de ma paroisse se sont empressées de payer l'orgue, et les dépenses annuelles de la fabrique ne sont presque pas augmentées dans ce nouvel arrangement. Nos cérémonies liturgiques se font avec autant de décence et de dignité que dans quelque église que ce soit, et des hommes placés par leur fortune, leur intelligence, la haute considération qui les entoure, à la tête des habitants de cette paroisse, ne dédaignent pas de venir, de temps en temps, chanter au chœur, depuis que la tenue du chœur est honorable.

» 8° Trélazé a deux écoles de garçons et deux écoles de filles, toutes subventionnées par la commune ; administrativement, c'est une fort mauvaise mesure, parce qu'ainsi les ressources sont divisées, et les écoles sont faibles. Je n'ai rencontré nulle part d'aussi tristes écoles que les nôtres, à mon arrivée dans cette paroisse, surtout quant aux résultats obtenus. La plus importante, dirigée par des sœurs de Saint-Charles, a été la première où j'ai cru devoir apporter, avec l'aide de M. l'abbé Bernier, alors supérieur de cette maison, des modifications essentielles et quant au personnel et quant au mode d'enseignement. Je ne puis entrer dans le détail des améliorations qui s'y sont opérées depuis un an. Qu'il me suffise de dire que le nombre des élèves s'y est élevé de cent cinq à cent soixante ; que les élèves y reçoivent aujourd'hui une instruction solide, religieuse, et en rapport avec leur position : qu'on leur fait chaque jour maintenant une classe de travail manuel de deux heures ; qu'il y a enfin chez les sœurs actuelles, dévouement, entente de leur mission, et non plus faiblesse dans les moyens, impuissance, néant dans les résultats. Aux sœurs chargées de l'enseignement, j'ai adjoint une sœur hospitalière qui tient une pharmacie pour les pauvres, dans un accord parfait avec les médecins, visite et soigne chaque jour à domicile les malades et les blessés. Avant cette année, il y avait en nom, mais pas en fait, une sœur chargée de ce soin.

» Quant aux trois autres écoles, elles sont loin d'être ce que je désirerais, surtout l'école des filles. Depuis un an je travaille à opérer dans les écoles de garçons un changement essentiel, mais l'œuvre n'est pas parfaite, quoiqu'elle soit en bon chemin.

» 9° La plus grande influence qui s'exerce sur Trélazé est celle de la *commission des Ardoisières*. Je devais donc travailler, dans le désir du bien, à me la concilier ; et j'ai été assez heureux, jusqu'ici, pour trouver là, toujours, un accueil favorable à mes demandes. La commission des Ardoisières a, en grande partie, alimenté le bureau de bienfaisance, elle a réparé la chapelle de Saint-Lezin ; elle a aidé à établir la sœur hospitalière ; elle s'occupe en ce moment de fonder des écoles d'établissements, pour donner une instruction tout d'abord religieuse aux nombreux enfants, et même aux adultes occupés à ces établissements. Pour comprendre l'utilité de ces écoles, il suffit de savoir que, cette année, sur environ cent vingt garçons inscrits sur la liste du catéchisme, treize seulement allaient aux écoles de la commune, et deux ou trois allaient aux écoles d'Angers. Tous les autres ne recevaient aucune instruction.

» 10° L'œuvre méritant essentiellement les soins d'un curé, est l'œuvre des catéchismes, œuvre d'autant plus importante à Trélazé, que le pasteur y est moins secondé par les familles qui ne voient là qu'une formalité d'usage fort gênante, et à laquelle le plus heureux et le plus adroit sait se soustraire, et faire ses pâques quand même. Avec des efforts d'autant plus grands qu'il a fallu briser des usages forcément tolérés par mes prédécesseurs, je suis parvenu à faire que *tous* les enfants, dès l'ouverture des catéchismes, y assistent le dimanche ; tous ceux de la première communion sur la semaine, et qu'il n'y ait à y manquer, sur la semaine, que ceux de la deuxième et de la troisième communion qui en obtiennent la permission pour de bonnes raisons. Les jours de la retraite ne sont plus des jours de dissipation et de scandale, où les enfants abandonnés à eux-mêmes, sans surveillance, se livraient dans les rues et dans les champs à mille indécences, mille mauvais propos. Aujourd'hui, ils sont tous amenés chaque matin, et repris chaque soir par leurs parents, dans les écoles du bourg, d'où ils ne sortent que pour être conduits en rang et en silence à l'église.

» 11° Toutes ces mesures d'ordre, au milieu d'une population essentiellement désordonnée, peuvent et doivent paraître superflues, exorbitantes, surtout quand elles sont présentées comme telles avec une astuce et une persévérance diaboliques, par ceux qui devraient naturellement les approuver hautement, et en démontrer l'excellence. Quoi qu'il en soit, elles produisent un bien spirituel incontestable, en vertu même de-leur opportunité et de la bénédiction que le Seigneur y donne; car l'assistance aux offices est notablement augmentée. Indépendamment des places gratuites, s'élevant à 72 pour les grandes personnes et à 140 pour les jeunes garçons en dehors des écoles, et qui sont presque toujours occupées, les recettes de la fabrique sur les chaises libres, constatent une augmentation d'assistance, d'environ cent personnes par dimanche.

» 12° J'ai mis une grande application à instruire ma paroisse, composée en général de gens d'une ignorance complète en fait de religion. J'ai été étrangement surpris de reconnaître que ceux qui étaient posés comme les plus religieux, de jeunes personnes citées comme modèles et longuement cultivées par les anciennes sœurs, savaient à peine, en religion, les choses élémentaires.

» Je me suis attaché également à leur inspirer de la dévotion au très Saint-Sacrement, et à faire prendre à un certain nombre la pieuse habitude d'approcher de la sainte table, le premier dimanche de chaque mois. La communion aux grandes fêtes est plus nombreuse que jamais. A Noël, elle était de près de 400 personnes ; à la Toussaint, elle n'était guère moins nombreuse. Je dois dire de plus que j'ai été vivement consolé de voir la communion pascale plus nombreuse cette année que je ne devais l'attendre. Pendant le temps de Pâques, neuf cent treize personnes se sont approchées de la sainte table. Sur ce nombre 261 hommes, dont 136 confessés par moi et 25 par mon vicaire ; 655 femmes dont 315 confessées par moi et 340 par mon vicaire. Si à ce chiffre de 913, nous ajoutons quelques personnes qui se sont confessées hors paroisse, et un plus grand nombre qui étant attardées par maladie ou tout autre motif, se sont présentées depuis la clôture des pâques, nous atteignons le chiffre de mille personnes sans compter les enfants, chiffre faible relativement à la population, mais bien consolant eu égard aux habitudes de cette paroisse, car je n'hésite pas à affirmer qu'il n'a jamais été si fort, excepté en temps de mission. Il est vrai de dire que certains mécontents se sont abstenus, et tendent à conclure et à faire conclure de leur abstention que la religion, qui pourtant n'est pas leur propriété exclusive, est ici en décadence. Mais il est vrai de dire aussi qu'ils ont été remplacés au banquet du Père de famille, par d'autres enfants plus nombreux, plus humbles, dont beaucoup apportaient de bien loin au sacrement de la régénération leurs âmes tout aussi précieuses au bon Dieu, et tout aussi bien rachetées au prix du sang de Notre-Seigneur.

Enfin, Monseigneur, le plus grand bien que je croie avoir fait, avec l'aide de Dieu, dans cette paroisse, bien qui, à mon sens, l'emporte grandement sur tout le reste, c'est d'avoir démasqué, non sans courage, une coterie qui a toujours été le plus grand obstacle à l'extension de la religion. Nous avons ici nos pharisiens qui, se tenant debout au haut du temple, regardent dédaigneusement le publicain qui ose à peine s'y présenter, de peur d'y être traité en étranger ; car il ne semble pas qu'il doive être considéré comme l'enfant de la maison. Un de mes prédécesseurs s'applaudissait, devant moi, d'être parvenu à séparer les boucs d'avec les brebis. Moi je m'efforce de les réunir tous, d'effacer toutes distinctions entre des familles que l'on avait habituées à se considérer comme patriciennes en religion, et celles qui n'y étaient que plébéiennes, sans méconnaître pour cela le mérite d'une fidélité de vieille date, quand elle me paraît sincère. De là, grand scandale, des persécutions sourdes, jamais avouées au grand jour, des intrigues poussées jusqu'à l'héroïsme de la persévérance, du mensonge, de l'abomination. Cette coterie, d'autant plus acharnée contre moi, qu'avant moi sa puissance était grande, aurait été réduite assez promptement à ronger son orgueil connu, dans le cercle de quelques affidés, si elle n'allait de temps en temps remonter son courage et apprendre la science des moyens chez des ecclésiastiques, dont, à force d'hypocrisie, elle a surpris la bonne foi, et à qui elle a inspiré une confiance sans limites. On conçoit facilement l'intérêt d'amour-propre qu'elle a, et l'application qu'elle met à s'entourer de plusieurs prêtres, à se glorifier de ses bons rapports avec eux, pour faire contraste, et pour mettre davantage le curé de la paroisse à l'index de l'opinion.

» J'avais cru bien faire en obtenant de M. le préfet la nomination aux fonctions de maire, d'un homme en qui je n'avais pas personnellement une confiance sans bornes, surtout sous le rapport du jugement, mais que je savais bien vu par mes persécuteurs, et que je croyais devoir être au moins, par un sentiment de reconnaissance et de foi, un trait d'union pour arriver à la paix. Mais l'orgueil comprimé à demi jusqu'à ce moment, a fait explosion chez cet ouvrier revêtu d'une écharpe de maire ; et cet homme, autrefois l'auxiliaire du curé mon prédécesseur, de ce moment s'est cru en tout mon supérieur. D'une part, poussé par des gens qui lui conseillent de se tenir à l'écart du curé, de ne pas se laisser mener par le curé, afin de le mener eux-mêmes ; d'une autre part, égaré par les adulations de prêtres maintenant étrangers à la paroisse, ce pauvre homme en est venu à se croire et à se dire chargé par la Providence, de sauvegarder les intérêts de la religion que, selon lui, je compromets. Faut-il vous dire, Monseigneur, que vous rendiez cet homme ivre d'orgueil, et plein des plus stupides prétentions contre son curé, lorsque vous lui preniez les mains dans les vôtres, au moment où il vous portait plainte contre moi, et que vous l'appeliez : *mon cher maire !*

» Si cette lettre n'était déjà beaucoup trop longue, j'énumérerais quelques-uns des obstacles bien nombreux et bien pénibles que j'ai eus à combattre dans l'accomplissement de mes devoirs de curé, depuis deux ans et demi que j'ai l'honneur de porter ce titre et cette charge. J'ai été mis par la maladie, pendant un an, dans l'impossibilité de paraître à la tête de ma paroisse. Cet obstacle est le plus apparent, il n'est pas le plus grand, il n'est pas surtout le plus pénible ; je tais tous les autres.

» Comme moyens de bien sur lesquels je puisse m'appuyer, je compte la commission des Ardoisières, la sympathie bien prononcée des principaux propriétaires de la paroisse ; et depuis la rentrée des classes, l'école des sœurs. En dehors de cela, rien. Je ferais injure à mon vicaire, si je le citais comme moyen de bien, en dehors de moi ; car ici le curé et le vicaire ne font qu'un, comme ils doivent ne faire qu'une personne morale, leur double action se concentre dans l'unité de direction.

» Ma paroisse est la plus populeuse du diocèse qui n'ait qu'un vicaire ; qui ait si peu de population près du clocher, qui ait, relativement, tant de ministère extérieur. Elle est unique, quant à la composition de ses paroissiens et à leurs besoins moraux. La masse de la population est d'une mobilité extrême dans ses impressions ; elle est nulle dans ses convictions ; on doit travailler à son bien spirituel, comme à son bien-être matériel, sans elle, malgré elle. Qui ne l'a pas profondément étudiée, ne peut se faire une idée du degré où elle est descendue.

» Je suis arrivé à Trélazé au milieu de novembre 1851, tombé gravement malade au commencement de décembre. Au commencement de janvier, alors que j'étais mourant, vous m'enleviez mon vicaire pour le donner à M. le curé de Longué. Le samedi suivant, M. Delangle arrivait pour remplacer le vicaire qu'avait réclamé M. Massonneau. Depuis décembre 1851, jusqu'à la troisième semaine de Carême 1852, il m'a fallu, quoique extrêmement malade, pourvoir moi-même ma paroisse d'une seconde messe, chaque dimanche et jour de fête. Au milieu du Carême, M. Péan est nommé second vicaire, puis remplacé par M. Dupé ; puis nommé de nouveau, avec promesse faite à M. le curé de la Visitation de Saumur d'où il venait, en contradiction avec une autre faite à moi-même, qu'il s'occuperait des deux vicariats. Avec votre permission et à mon insu, M. Péan disparut dans la semaine de Quasimodo, et fut remplacé par M. l'abbé Marchand. Vous m'imposâtes plus tard M. Delangle au lieu de M. Marchand que je désirais conserver. Par suite de mes peines, plutôt que pour toute autre cause, je retombai gravement malade, et des circonstances que je ne veux pas rappeler vous firent changer de décision ; M. Delangle partit et je restai avec M. Marchand. Après la mort de M. Marchand, je fus seul pendant cinq semaines. Depuis l'Assomption 1853, j'ai pour vicaire l'excellent abbé Chaillou. Permettez-moi de vous demander, Monseigneur, si un seul curé a été ainsi traité dans votre diocèse ? Permettez-moi aussi, Monseigneur, de vous dire avec respect, mais avec franchise, qu'il m'est impossible de ne pas reconnaitre une disposition dans Votre Grandeur, à se prononcer contre moi à *priori*, par suite des impressions que lui ont laissées des prêtres qui ont su gagner sa confiance, et l'indisposer contre moi, pour des motifs tels que je m'abaisserais si j'entreprenais de les relever. Entre autres faits, je ne relaterai que les plus récents qui sont, du reste, dans l'esprit, et même la plupart, dans les termes de votre lettre du 17.

» Avant la décision que vous avez donnée aux plaignants, au sujet de la cire, la fabrique faisait paisiblement bénéfice d'un droit fortifié par l'usage, ce bénéfice est estimable au moins à 300 francs par an. L'ordre était là. Depuis votre décision prise contre le curé, et sur l'exposé non contrôlé de ses opposants, il y a pour la fabrique perte d'un revenu légitime ; il y a dans la paroisse désordre dans l'espèce ; il y a pour le curé affaiblissement d'autorité et de considération ; il y aurait, pour Votre Grandeur, perte de respect, si le curé n'avait le courage de souffrir les avanies de cette position, et de faire taire son droit, pour l'accomplissement de son devoir.

» M. le maire vous a écrit le 15 juin pour vous demander

une séance extraordinaire du conseil de fabrique, se fondant sur ce que celle de Quasimodo était nulle, attendu qu'il n'aurait pas été convoqué. Du 15 juin au premier dimanche de juillet, jour fixé pour la séance ordinaire, et pour laquelle le curé est ici dans l'usage de convoquer, la distance était peut-être assez courte, pour que, dans une question qui n'avait d'important et d'urgent que le désaveu du curé à obtenir de Votre Grandeur, il fût possible de remettre la délibération demandée à la séance ordinaire. Surtout lorsqu'il était notoire que l'autorisation envoyée au président de la fabrique de Trélazé, homme sachant à peine signer, dans les circonstances actuelles et sur la demande du maire, devait être commentée, et considérée comme un blâme infligé au curé et une brèche faite à son autorité. Car ici, la gravité de la mesure se tire uniquement des conséquences. Et pourtant aussitôt mon évêque, celui qui m'a légué une portion de son autorité, comme un dépôt sacré que je dois avant tout sauvegarder, accède à une demande faite évidemment dans un but de persécution, à une demande non fondée en droit. Il arrive souvent qu'un père soit porté à commettre des illégalités pour protéger ses enfants ; mais un enfant est bien à plaindre quand son père commet des illégalités contre lui, en faveur des étrangers !

» Je crois devoir remarquer, Monseigneur, que la lettre écrite par vous au président de la fabrique, lui a été adressée de votre part sous le couvert du maire, et non sous celui du curé ; qu'aujourd'hui même, dernier dimanche de juin, le président est venu m'exposer son embarras tout naturel, son intention de fixer la séance extraordinaire à jeudi, pour qu'elle puisse se faire avant dimanche, jour de séance ordinaire ; et finalement l'impossibilité de cette séance extraordinaire, parce qu'un membre, révolté de ces choses, a exigé, comme c'était son droit, un délai de huit jours à partir de la convocation faite aujourd'hui.

» 1° M. le maire était suffisamment et légalement convoqué, dès que le dimanche précédent j'avais averti au prône que la séance se tiendrait au lieu et à l'heure ordinaire (Voir *Journal des fabriques*, 1er vol., page 161).

» 2° Le Maire n'ayant point été présent, et ne s'étant point fait représenter, n'était point fondé à demander une autre délibération (*Journal des fabriques*, 1er vol., page 357).

» 3° Les opérations d'une *séance ordinaire* d'un conseil de fabrique, ne sont pas nulles par cela seul que l'avertissement de cette séance n'a pas été publié au prône de la grand'messe du dimanche précédent (*Journal des fabriques*, 9e volume, page 89, 403 consultation).

» Je passe condamnation sur la question d'intention et de politesse ; si j'ai écrit aux autres marguilliers, j'avais mes raisons ; la question de droit n'est pas là.

» Vous me blâmez, Monseigneur, d'avoir porté en chaire des questions administratives et personnelles, et vous me dites que j'ai compromis mon ministère : voilà près de quinze ans que j'ai l'honneur de parler dans la chaire de vérité. Jusqu'ici j'avais toujours cru l'avoir fait avec convenance ; peut-être même avais-je quelque lieu de penser que je le faisais d'habitude avec dignité, toujours au moins avec application et bonne volonté. C'est la première fois qu'un reproche m'est adressé à cette occasion. Il m'est pénible qu'il me vienne de vous, Monseigneur, et que vous me l'adressiez encore sur les dires directs ou indirects des malcontents. Il vous appartenait, Monseigneur, de confirmer près des plaignants mon autorité qui n'est qu'une délégation de la vôtre, et sans laquelle tous ministère est nul ; et je ne puis douter que vous ne l'ayez fait. Dès lors donc que ces gens, abusant étrangement de vos paroles, et de la politesse avec laquelle vous les aviez reçus, disaient hautement que leur cause contre leur curé était gagnée ; dès qu'ils commençaient à tourner dans ce sens l'opinion publique, afin d'abaisser le curé sous le poids d'un désaveu qu'ils prétendaient avoir obtenu de Votre Grandeur ; il était de mon droit, il était peut-être de mon devoir de rétablir les faits, de maintenir mon autorité et la vôtre liées d'une étroite solidarité, d'expliquer les choses comme vous me les aviez dites une heure après leur visite, et par conséquent comme elles étaient ; d'établir la légitimité de mes actes administratifs, en en faisant toucher au doigt, aux plus simples, la légalité incontestable. J'ai fait cela, sans diatribe, sans trivialité, avec convenance et dignité.

» Je n'aurais fait aucun bien dans cette paroisse depuis deux ans et sept mois que j'y suis, peut-être avec un peu d'indulgence ou de justice, en trouverait-on facilement la cause en dehors de moi. Le travail effrayant, juridiquement constaté, du socialisme et de l'impiété, depuis dix-huit mois, au milieu de notre population ouvrière, pourrait être une excuse à défaut de toute autre. La disposition de la masse de ces pauvres gens, venus de tous pays, perdus de vices, sans tenue, sans ordre, haineux et défiants à l'endroit de toute autorité, spécialement de l'autorité religieuse, quel qu'en soit le représentant, leurs habitudes d'ivrognerie et de grossièretés ; tout cela expliquerait surabondamment l'absence de respect, et les propos outrageux contre leur curé, si la cause la plus efficace n'était pas dans les intrigues des pharisiens qui les poussent, et qui y réussissent d'autant mieux que, se posant en gens de religion, ils sont plus naturellement crus quand ils parlent mal de ses représentants. Toutefois, je soutiens, cela vous paraîtra bien étrange, Monseigneur, je soutiens que malgré leurs machinations infernales, l'autorité religieuse est plus respectée en moi dans cette paroisse, qu'elle ne l'a été du temps de tous mes prédécesseurs, tous hommes de zèle, tous obligés d'abandonner le poste après un temps moyen de cinq ans et demi, depuis cinquante ans. Encore faut-il observer que les temps ne s'améliorent pas à mesure que croît ici la population, composée de 887 habitants en 1813, et de plus de 5,000 aujourd'hui.

» Cette lettre, résumé de ce que j'ai diverses fois expliqué à plusieurs membres de votre conseil, notamment à M. l'abbé Bompois et à M. l'abbé Menard ; cette lettre, Monseigneur, j'ai l'honneur de vous l'adresser pour l'acquit de ma conscience, et non dans l'espoir ni le désir d'être maintenu à Trélazé ; car il n'y a rien dans cette lettre que je n'aie dit et redit à Votre Grandeur, et je ne suis jamais parvenu à lui enlever cette idée depuis longtemps arrêtée, que je suis un obstacle au bien dans cette paroisse. Du reste, ma position y est devenue incontestablement bien difficile, non à raison d'actes qui me soient imputables à imprudence, à zèle exagéré ou intempestif, mais à raison de la complaisance avec laquelle on n'a cessé d'accueillir et de croire les mécontents. Quelques paroles énergiques, un sentiment de répulsion laconiquement exprimé aux premiers plaignants, eussent arrêté les autres. La force de ces gens-là ne vient que de la conviction qu'une direction habile et parfaitement au cours de ce qui se passe à l'évêché, leur a donnée, qu'à force de demander et de calomnier, ils viendront à bout de moi. Cette conviction, ils ne la cachent pas. La difficulté de ma position est telle qu'on me l'a faite, et non telle que je me la suis faite. Si vous avez conservé, Monseigneur, deux lettres que j'eus l'honneur de vous écrire depuis moins de deux ans, à plusieurs mois d'intervalle, vous pouvez y voir que tout ce qui m'arrive, avait été prévu dès lors pas moi; je vous disais que, si vous vous refusiez à prendre certaines mesures que je me permettais de vous indiquer, ma paroisse serait bouleversée comme l'a été autrefois celle de Chaudron.

» Pour vous donner la paix, Monseigneur, je suis prêt, comme je l'ai dit à M. Bompois, à sortir de Trélazé, quand Votre Grandeur m'en retirera les pouvoirs de curé : j'irai dans le poste qu'il lui conviendra de me confier. Si je croyais avoir démérité; si, contrairement aux affirmations de M. Bompois et de M. Ménard, vous aviez à me reprocher autre chose que mes actes administratifs, actes que j'ai toujours entrepris et exécutés dans un ardent désir du bien, je m'humilierais devant Dieu et devant vous, et je me hâterais de me décharger d'un titre que ma conscience ne me permettrait plus de porter. Mais puisque j'ai la conviction d'avoir travaillé pour la gloire de Dieu et de son saint nom, d'avoir contribué et de contribuer encore à étendre son règne dans cette paroisse, j'attendrai qu'on m'inflige ma démission, mais je ne l'offrirai pas.

» J'ai l'honneur d'être avec les sentiments du respect le plus profond et le plus sincère, etc.

» Signé : J. SUBILEAU. »

Sitôt que je sus Sa Grandeur de retour, je m'empressai d'aller lui exprimer de vive voix les sentiments que M. l'abbé Menard avait bien voulu se charger de lui transmettre. Monseigneur voulut cacher, sous une apparence de grande bienveillance et surtout de grande abnégation personnelle, un dépit qui perçait malgré tous ses efforts à le dissimuler. Il me dit plusieurs fois et il me l'a répété depuis sept ans, presque à chaque fois que j'ai eu l'honneur de le rencontrer, qu'il était le seul évêque, en France, à ne pas répondre par un interdit, à un Mémoire si insolent, mais qu'il mettait tout au pied de la Croix.

Je sortis plus convaincu que jamais, que sitôt que le moment lui semblerait opportun, je serais écrasé, et que la foudre ne serait suspendue que le temps nécessaire pour que Sa Grandeur ne parût pas faire un acte d'emportement.

Ma visite se faisait en même temps que parvenait à mon presbytère la lettre suivante, et qui ne fut conséquemment pour rien dans cette démarche de respect et de soumission.

« Évêché d'Angers, 14 juillet 1854.

» MONSIEUR ET CHER CURÉ,

» Au moment de mon départ pour une tournée pastorale, vous m'avez adressé un long Mémoire en date du 25 juin. J'ai voulu attendre pour y répondre. La maturité de la réflexion pouvait peut-être vous éclairer. Mais, à mon retour, je ne puis vous dissimuler les sentiments pénibles que m'a fait éprouver sa lecture, sentiment qui a été partagé par les membres de mon conseil. Deux choses y manquent : la modestie et le respect. Vous êtes innocent et je suis seul coupable. C'est à une disposition préconçue à *priori* ; c'est à des *illégalités* commises par moi contre vous ; c'est à *la complaisance avec laquelle j'ai accueilli les mécontents*, qu'il faut attribuer l'irritation que vous *aviez le droit* comme le devoir de combattre du haut de la chaire, contrairement aux instructions données toujours par moi.

» Je dois être étonné qu'à la plume d'un prêtre rendant compte de sa conduite à son évêque, échappent de telles inconvenances. Je ne puis aujourd'hui dire qu'une seule chose; c'est que j'aurai à peser devant Dieu cette grave question, aimant à penser encore que vous regretterez une lettre échappée à un moment d'émotion.

» Recevez, etc.

» *Signé :* GUIL., *Évêque d'Angers.* »

Il y eut alors, pendant quelques semaines, de la part de l'Évêché, le calme qui précède l'orage.

Plus tard j'écrivais :

« Trélazé, le 5 septembre 1854.

» Monseigneur,

» ..... Il est impossible que vous puissiez vous figurer l'état de bouleversement d'idées où nous sommes, par suite du défaut d'autorité du maire actuel, homme bon, mais complètement mené et mal influencé.

» Et puis les agents socialistes ont agi parmi notre population d'une manière effrayante. Je ne pense pas que nous ayons deux hommes sur vingt, qui ne soient affiliés à des sociétés secrètes. Je suis le seul à maintenir le sentiment de l'autorité. Il faut que je lutte sans

appui, et que je me soutienne uniquement par le sentiment du devoir, et la force morale que le bon Dieu
daigne me conserver. Soutenu et encouragé par vous,
Monseigneur, j'ai la confiance que je ne faillirai pas.
Vos avis paternels me seront toujours bien précieux, et
je vous prie d'être assez bon pour ne pas les ménager à
celui de vos enfants qui se proclame avec le plus profond
respect, Monseigneur, de Votre Grandeur, le très humble
et très obéissant serviteur.

» Signé : J. Subileau. »

Quelques jours après, j'allai exprimer à Monseigneur,
de vive voix, mon respect, mon dévouement et lui demander à nouveau ses conseils. Sa Grandeur me reçut
avec une grande froideur, et me dit qu'un curé qui avait
sur sa paroisse des idées aussi fausses, aussi absurdes
que celles qu'exprimait la dernière lettre que je lui
avais écrite, n'y pouvait faire évidemment aucun bien ;
que j'avais beaucoup à me défier de mon imagination ;
que je péchais par un excès de confiance dans mes lumières ; que, par suite de l'aberration où me jetait le
besoin de ne tenir compte de rien, et de ne m'en rapporter qu'à moi-même, j'avais eu la maladresse d'éloigner
du chœur plusieurs jeunes gens, modèles de la paroisse,
et sur qui mon prédécesseur avait fondé les plus belles
espérances, etc. etc. ; que sa conscience ne lui permettait
pas de sacrifier plus longtemps une paroisse importante
à un prêtre dont elle ne voulait pas condamner les intentions, mais que rien ne pouvait empêcher de faire fausse
route...

L'explosion de la Marianne, onze mois plus tard, est
venue providentiellement me justifier. Et circonstance
vraiment extraordinaire, j'avais en effet éloigné du

chœur six jeunes gens particulièrement bien vus de mon prédécesseur, pendant et après son séjour à Trélazé ; et la Providence permit que ces six jeunes gens, parmi lesquels les deux fils du maire, furent pris, au moment de l'échauffourée, les armes à la main, et plusieurs furent condamnés à la déportation. Le fameux Athibert, chef de la bande, avait aussi lui reçu de mon prédécesseur une place dans le chœur. Le maire révoqué peu de temps après ma sortie, fut tellement suspect que, au procès, au moment où il déposait comme témoin, le tribunal, m'a-t-on affirmé, hésita et délibéra sur l'opportunité de son arrestation.

XV

Enfin je reçus la lettre suivante datée du 23 septembre et remise à la poste le 26.

« Évêché d'Angers, le 23 septembre 1851.

» MONSIEUR ET CHER CURÉ,

» J'ai pensé ainsi que les membres de mon conseil qu'il fallait mettre un terme à la position difficile qui doit vous fatiguer et qui nuit au bien. Je vous préviens donc que j'appelle à Trélazé M. Cellier, curé de Vivy, et que je vous ai nommé pour remplacer M. Cellier.

» Je désire que l'un et l'autre, c'est-à-dire M. Cellier et vous, soyez rendus dans vos paroisses respectives dimanche prochain.

» Recevez, etc.

» *Signé* : GUIL., *Évêque d'Angers.* »

Cette lettre me parvint le 27 Dès le samedi soir 23, jour de la date, la nouvelle de ma sortie avait été gracieusement annoncée par l'abbé X..., cet ami de M. Bompois, à sa famille et aux amis de la famille, et pendant toute la soirée on s'était livré à des réjouissances indignes. Je ne pouvais croire à une nouvelle s'annonçant ainsi, jusqu'au moment où la lettre officielle vint forcer ma conviction.

Je dois remarquer que Monseigneur s'appuie faussement sur l'assentiment de son conseil pour le rendre solidaire des conséquences de mon changement de cure, car sans que j'aie le moins du monde provoqué l'expression de leur sentiment, quatre membres de ce conseil, MM. Joubert et Menard, vicaires généraux, M. le curé de Saint-Joseph et M. Helly, supérieur du séminaire, m'ont spontanément déclaré, en m'exprimant leur peine du traitement qui m'était infligé, qu'ils y étaient absolument étrangers, qu'ils s'y étaient toujours opposés, et qu'ils avaient tous échoués près de Monseigneur dont *la tête était montée par M. Bompois.* M. Bompois a, en effet, une adresse merveilleuse pour exploiter au bénéfice de ses intentions le tempérament nerveux de Monseigneur. On l'a vu faire le guet pour empêcher certaines communications dangereuses à ses protégés d'arriver jusqu'au prélat ; et d'une autre part, il sait émouvoir, au bénéfice de ses vues, l'impressionnabilité de Sa Grandeur, la soulever, la porter à l'extrême, puis se donner les airs de la modérer, de la régler.

La lettre de Monseigneur m'était remise le mercredi, et je devais être rendu à mon nouveau poste le samedi. Une question secondaire, mais fort importante pour un desservant, la question d'arrangement en fait d'objets mobiliers à vendre, à céder, à transporter, eût pu être prise en considération, dans une permutation où il n'y avait pas péril en demeure. La précipitation, en pareil cas, est toujours la cause d'une perte sensible. Tout le monde sait, en Anjou, que Monseigneur apprécie autant que personne les questions d'économie. Monseigneur fut inexorable, inflexible à toutes mes représentations, à toutes mes supplications. Impossible d'obtenir un jour de sursis.

Le bruit de ma destitution éclata comme la foudre. A Angers, les personnages les plus graves crurent devoir esssayer de fléchir Monseigneur. Dérogeant à ses habitudes hautement professées d'abstention en matière d'administration ecclésiastique, M. Vallon, préfet du département, se donna la peine d'aller deux fois à l'évêché dans ce but, affirmant à Monseigneur que j'étais l'homme nécessaire à Trélazé, que M. le maire, qui avait su gagner la confiance de Sa Grandeur, était sous le coup d'une révocation imminente et trop méritée. M. le commissaire de police en chef du département, homme d'une honorabilité connue de tous, et en particulier de Monseigneur, avait reçu depuis quelques semaines la mission d'étudier de près la population de Trélazé où perçaient quelques éléments de troubles. La nouvelle de ma sortie lui parut également si intempestive, qu'il alla aussi spontanément communiquer sa surprise à M. Bompois. La commission des Ardoisières envoya une députation au même effet, à l'évêché. Une protestation se signait à la hâte dans ma paroisse, à destination de l'évêché, et en termes aussi énergiques que respectueux. J'arrêtai cette protestation sitôt que j'en eus connaissance ; mais je consentis cependant, pour condescendre aux instances extrêmement pressantes que l'on me faisait, qu'elle fût remise à Monseigneur. Au moment où cette pièce me fut communiquée, elle portait déjà la signature de tous les membres du conseil de fabrique, de neuf membres du conseil municipal, c'est-à-dire de la presque unanimité des membres présents ce jour-là à leur domicile, de tous les principaux propriétaires, et de tous les chefs de carrières unanimement.

Le jour où cette pièce était en circulation, mon vicaire à qui on en avait donné connaissance, alla à Angers pour l'annoncer à M. Bompois. « X... a-t-il signé ? demanda M. le vicaire général. — Mais, répondit mon vicaire, X... est le persécuteur forcené de M. le curé, on n'a pas pu lui présenter la pétition. — Eh bien ! reprit ironiquement M. Bompois, si X... n'a pas signé, la pétition ne prouve rien. » Ces paroles sont textuelles. Or X... est frère de l'abbé qui semble avoir pris sur M. Bompois l'empire qu'a M. Bompois sur Monseigneur. Mon vicaire exprimant que la population presque entière était indignée : « Comment s'est donc fait ce revirement ? demanda M. l'abbé Bompois. — Je vous assure, Monsieur, répondit mon vicaire, qu'il n'y a point eu de revirement dans l'opinion ; seulement on vous a égaré depuis longtemps sur l'état des esprits à Trélazé ; l'opinion et l'estime universelle ont toujours été pour M. le curé ; vous avez, en croyant le contraire, pris l'exception pour la règle. »

XVI

J'allai trouver Monseigneur, et je lui dis, dans les termes de la plus respectueuse soumission, que j'acceptais, comme venant de Dieu, le coup qui me frappait, que néanmoins, comme il y avait une si grande différence entre Vivy et Trélazé, j'étais sensible à un changement de position qui allait me présenter aux yeux du diocèse comme ayant commis quelque faute grave ; que consciencieusement, je croyais n'avoir pas mérité cette flétrissure ; que peut-être le Seigneur voulait-il aussi m'amener à suivre une vocation dont j'avais eu nombre de fois la pensée, et que je venais en ce moment de peine, confier à Sa Grandeur, en la priant de me donner sa décision. Assez souvent j'avais prêché des retraites et des missions, tant dans les collèges que dans les paroisses. Le bon Dieu avait daigné bénir jusqu'alors ces œuvres entreprises et suivies uniquement dans le désir de procurer sa gloire, et peut-être étais-je appelé à servir la cause de Dieu dans ce ministère. Mais comme j'avais toute raison de me défier de mes propres idées, surtout dans les circonstances présentes, je priai Monseigneur, à qui du reste plusieurs fois auparavant j'avais confié mon incertitude à cet égard, de vouloir bien prendre sur lui la responsabilité d'une détermination. J'ajoutai que j'étais disposé toutefois à me rendre de suite à Vivy, ou dans toute autre paroisse qu'il me désignerait. Monseigneur se chargea immédiatement de m'offrir à M. l'abbé Dalain, supérieur des missionnaires de Saint-Laurent-sur-Sèvre, dans le diocèse de Luçon ; et une demi-heure après, comme pour me fermer la seule porte qu'il m'avait ouverte pour me chasser de Trélazé, et peut-être avec une autre intention, il nommait curé de Vivy un jeune vicaire.

Des préoccupations de toute nature se pressaient et me torturaient pendant ces deux ou trois jours, qui se comptaient du mercredi au samedi : n'ayant plus de destination fixe, que faire de mon mobilier ? Où le transporter ?

Que garder? Quoi vendre, et à qui vendre ? Une nouvelle lettre de Sa Grandeur m'enjoignait derechef de quitter le poste, au plus tard le samedi. Je n'avais jamais réclamé la rentrée de ce qui m'était dû pour mon casuel, et il m'était dû beaucoup. Évidemment, un départ si précipité me ferait perdre et m'a fait perdre, en effet, la presque totalité de mes créances, sur des débiteurs qui n'étaient pas tous d'une honorabilité bien sûre.

Pendant que j'étais vicaire, je n'avais jamais manqué, après prélèvement d'une légère somme d'argent pour la vie de ma mère qui était veuve et pauvre, et dont j'étais l'enfant unique, de donner aux malheureux tout ce que me laissaient mes frais d'entretien. Cette habitude bien connue m'ouvrait, en faveur des indigents, la bourse de toutes les personnes à qui je faisais appel, et j'avais la consolation d'être fort connu des pauvres de Jésus-Christ. Nommé curé de Trélazé, je dus meubler à crédit une fort grande maison. Une maladie interminable vint augmenter mes dettes. Ma situation financière était effrayante. J'exposai à Monseigneur que j'avais fait les frais d'entretien d'un second vicaire pendant un an, sans en avoir été remboursé ; ma demande était tellement fondée qu'il me promit de me faire tenir, dans les jours suivants, la somme que je réclamais. La commune et la fabrique admettaient pleinement la légitimité de cette créance ; mais comme Monseigneur ne les avait prévenues ni l'une ni l'autre de l'envoi d'un second vicaire, c'était à qui ne paierait pas. Finalement M. Bompois me fit allouer, six ans après, par la Caisse des retraites diocésaines, un peu moins du tiers de ce qui m'était dû ; et après m'avoir laissé pendant six ans noircir en lettres au moins une main de papier, et faire une vingtaine de voyages à Angers dont j'étais éloigné de onze lieues.

XVII

Enfin il fallait pourtant partir. Le samedi soir, prenant les voies détournées, afin d'éviter de causer aucune sensation, je quittai une paroisse où, pendant trois ans, je m'étais sacrifié pour le bien des âmes et la gloire de Notre-Seigneur Jésus-Christ. Trois de mes paroissiens, le président de la fabrique, ex-officier supérieur de la marine de l'État, et les deux principaux chefs des Ardoisières, devenus depuis l'un maire, l'autre premier adjoint, m'attendaient silencieusement à la station du chemin de fer, où ils s'étaient rendus en cachette, pour ne pas heurter les sentiments qu'ils me connaissaient; ces trois amis aussi attristés que moi, s'inquiétaient en me voyant sans place, sans asile, jeté comme un larron hors de chez moi par mon évêque, le samedi soir à neuf heures et n'ayant que le ciel pour abri...

J'avais besoin de prières et de résignation.

Je pris mon billet pour Nantes, où je fis une retraite de huit jours, pour demander à Dieu le courage dont j'avais besoin, et la grâce de connaître et de suivre ma vocation. Pendant ces jours de prières et de recueillement, je fus un peu consolé et fortifié; et je m'en revins à Angers, bien décidé à boire jusqu'à la lie le calice des humiliations, tant qu'il plairait à mon évêque de m'en abreuver.

Arrivé à Angers, je pensai à demander l'hospitalité à M. le supérieur du grand séminaire, et à vivre dans cet asile de la piété, tant que je serais sans place. Pendant que j'étais vicaire à Saint-Serge, paroisse du séminaire, MM. les directeurs prêtres de Saint-Sulpice, m'avaient toujours honoré de la plus tendre affection, je savais que mes traverses ne l'avaient point affaiblie. Je fus reçu en effet par eux tous comme un ami, et toujours traité avec les égards de la plus douce et de la plus aimable charité. Cependant, en prenant asile au séminaire, je ne me dissimulais point que j'accréditerais ainsi dans le public l'idée qu'y devait faire naître tout naturellement une destitution d'un poste important, et que toutes les circonstances présentaient comme une punition devant avoir pour cause quelque faute secrète et réelle. Si autrefois j'avais pu m'enorgueillir d'un ministère quelque peu éclatant, et d'une considération quelque peu exceptionnelle, je ne trouvais dans ma réputation qu'une circonstance fort aggravante pour rendre plus croyable tout le mal auquel on devrait croire; on se dirait certainement que je subissais au séminaire un temps d'épreuves, et que j'y étais en pénitence. Plusieurs amis me parlèrent dans ce sens et m'offrirent l'hospitalité. Mon sacrifice était commencé, je priai Dieu de l'agréer tout entier.

Le 12 octobre, le père Dalain répondit définitivement qu'il ne m'admettait pas. « Depuis deux ans, écrivait-il, Monseigneur l'évêque d'Angers nous refuse un prêtre fort médiocre qui demande l'entrée dans notre maison. Comment ne pas soupçonner quelque chose de grave et de secret, dans un prêtre qu'il nous offre de lui-même, et au sujet de qui il m'écrit une lettre extraordinairement élogieuse ? Si ces éloges sont fondés, pourquoi ne garde-t-il pas un tel sujet ? »

Le raisonnement du père Dalain ne souffrait pas de réplique, et je ne pus être offensé de son refus. J'en conclus que Dieu ne m'appelait pas là.

D'après tout ce que m'avait dit Monseigneur, j'avais le
droit d'espérer qu'on ferait quelque diligence pour me
trouver une cure, et me soustraire à la situation anor-
male qu'on m'avait faite. La Providence fit vaquer,
comme à point, une paroisse beaucoup moins importante que Trélazé, la desservance de Tillers, à laquelle sont
attachées quelques terres, et que j'aurais vivement désirée
pour me tirer de la gêne où j'étais. Cette nouvelle me
fut communiquée par M. l'abbé Joubert, premier vicaire
général, qui m'engagea fortement à en faire la demande
à Sa Grandeur de qui je l'obtiendrais d'autant mieux,
qu'elle n'avait encore jeté les yeux sur personne pour ce
poste, et que j'y avais tous les droits. Dix minutes plus
tard, une demi-heure après la sortie de M. Joubert du
cabinet de Monseigneur, Sa Grandeur me disait *qu'il
n'était plus temps*, qu'un autre prêtre était nommé à
Tillers. Cela était faux.

« Vous apprendrez à connaître notre évêque, me disait
un prêtre éminent à qui je faisais part de ma surprise. Eh
bien ! prenez-en votre parti ; il vous laissera plusieurs
mois ronger votre frein ; vous seriez anéanti s'il le pouvait.
Il feindra des impossibilités, il fera des doléances sur
votre position, et il vous tuera moralement. Le seul bien
du prêtre, c'est une réputation sans tache, c'est son élément le plus puissant et le plus efficace pour travailler
au salut des âmes. Rien n'est beau comme un prêtre
reconnu pour bon prêtre ! Sa parole a une force à
laquelle on ne peut résister. Si on l'insulte, on l'estime.
Ce bien, vous l'avez eu jusqu'à ce jour. Votre réputation
même, sous certains rapports, a soulevé des jalousies,
qui applaudissent aujourd'hui à votre humiliation.
Votre évêque le sent. Cette approbation le soutient,
elle l'égarerait peut-être, s'il ne l'était déjà que trop,

à votre égard, par ses ressentiments personnels. »

Le personnage qui me tenait ce langage, devait connaître *intimement* le prélat dont il me parlait ; et les faits ont prouvé qu'il ne me disait rien de trop.

Le vide ne tarda pas, en effet, à se faire autour de moi. Certaines familles qui m'accueillaient d'ordinaire avec empressement, me reçurent avec une froideur qui me terrifia.

Parmi les prêtres de la ville, plusieurs de mes anciens amis semblaient craindre de se compromettre avec moi. J'étais comme un lépreux. Après un mois, un curé d'Angers, celui de la Trinité, se hasarda à m'inviter à prêcher. Cela fut su, et plusieurs autres eurent le courage de l'imiter. Il fallait du courage, car évidemment on déplaisait fort à Monseigneur. Il y avait pour Monseigneur mille manières de me témoigner quelque bienveillance, quelque confiance, et d'éloigner les soupçons que ses rigueurs et l'impossibilité prétendue de faire vaquer une cure devaient infailliblement faire peser sur moi. Monseigneur les évita toutes.

Je ne sais s'il est pour un prêtre qui a la conscience de son intégrité, une chose plus pénible que ce délaissement affecté de son évêque, cette flétrissure publique, cette exposition aux doutes, aux suppositions de toute une ville, de tout un diocèse. Il est si peu juste de traiter ainsi un prêtre régulier ; ce serait aux yeux des fidèles une chose si monstrueuse et si indigne d'un évêque, que les personnes les plus bienveillantes et les plus charitables ne sauraient s'empêcher de croire à un mystère quelconque d'iniquité dont ce prêtre s'est entaché.

« Mon ami, me disait un vénérable curé de la ville d'Angers, M. Pasquet, curé de Notre-Dame, vous êtes comme Notre-Seigneur devant Caïphe, exposé à tous les

7

opprobres. Vous devez être bien consolé cependant, car ce contrôle si terrible auquel vous êtes soumis : le diocèse entier qui vous dissèque dans votre passé : la disposition de notre évêque à s'emparer de tout pour vous perdre : tout cela vous trouve pur. »

M. le supérieur du séminaire essayait de me consoler, en me parlant dans le même sens.

Tout semblait se réunir pour m'accabler ; mon mobilier que je ne savais où mettre, était transporté d'un local dans un autre, de Trélazé à Angers, dans plusieurs chambres louées par moi, et à moitié brisé.

Au milieu de ces interminables tracasseries, M. le supérieur, jugeant que j'avais besoin d'une forte distraction, engagea M. le curé de Mozé, paroisse de 1,800 âmes, à six lieues de Trélazé, à me requérir pour prêcher le jubilé qui s'ouvrait alors dans son église. Je me sentais tellement affaibli que j'y allai uniquement par obéissance et offrant à Dieu, avec toutes mes humiliations, le reste de mes forces, ma vie même, pour le salut des âmes que j'allais évangéliser.

En m'entendant nommer, quelques habitants s'écrièrent :

« Il faut que notre curé ait bien peu de chance, pour ne pas trouver mieux, en fait de prédicateurs, que ce prêtre scandaleux qu'on a interdit et chassé de Trélazé. »

L'œuvre de jubilé dépassa toutes les prévisions et les espérances. Le succès spirituel fut complet. M. le curé de Mozé, qui savait mes peines et les préventions de Monseigneur, crut devoir aller exprès l'informer des consolations que ses paroissiens lui avaient données, dans le jubilé que je venais de prêcher. Sa Grandeur m'écrivit le jour même :

« Évêché d'Angers, 11 décembre 1854.

» Mon cher abbé,

» Je veux m'empresser de vous dire combien je suis heureux des détails que vient de me donner M. le curé de Mozé. Le bon Dieu a béni votre zèle et vos efforts, et je dois vous en remercier au nom de toute cette paroisse. Je crains seulement que vous n'en ayez été fatigué. Si vous ne l'étiez pas trop, je pense que beaucoup de paroisses qui demandent des secours, seraient désireuses de vous posséder.

» Recevez, etc.

» *Signé* : GUIL., *Évêque d'Angers.* »

J'aurais pu, j'aurais dû peut-être, laisser Monseigneur sous l'impression qui lui avait dicté cette lettre. Mais chez moi le *savoir-faire* s'est toujours effacé devant une fierté naturelle que je n'ai jamais abdiquée. La soumission d'un prêtre ne peut aller jusqu'à autoriser, par le silence, la calomnie.

Je répondis tout de suite :

« Séminaire d'Angers, le 11 décembre 1854.

» Monseigneur,

» On me communique à l'instant même la lettre, pleine de bonté, que Votre Grandeur a daigné m'écrire pour me faire part de sa satisfaction au sujet de la bénédiction que le Seigneur a bien voulu répandre, pendant le jubilé, sur la paroisse de Mozé. Je reconnais pleinement que le bien opéré par ce jubilé est dû principalement et peut-être uniquement aux prières de grand nombre de personnes qui se sont intéressées à cette œuvre, notamment de Messieurs du séminaire, et des âmes pieuses de Trélazé, mon ancienne paroisse.

» Vous voulez bien, Monseigneur, parler de zèle et d'efforts. Permettez-moi de vous affirmer que je n'ai déployé à Mozé, ni plus de zèle, ni plus d'efforts pour le bien, qu'à Trélazé. Les instructions que j'ai prêchées à Mozé sont les mêmes que je prêchais à Trélazé. Ce sont ces instructions où l'on vous disait que je faisais des personnalités. Dans l'une et l'autre paroisse, je me proposais la gloire de Dieu.

» Si j'avais à dire dans laquelle des deux je crois que mon ministère a été le plus utile, je n'hésiterais pas à dire que c'est à Trélazé.

» Si j'avais trouvé à Mozé un parti monté et soutenu contre moi par des prêtres égarés, les uns par des considérations de famille, les autres par de petites passions, et forts dans leur ensemble de l'affection excessivement confiante qu'accorde à plusieurs un personnage placé très près de Votre Grandeur, mon ministère assurément eût été infructueux.

» Quoique fatigué, je suis, Monseigneur, complètement à vos ordres. J'irai prêcher dans telle paroisse où il vous plaira de m'envoyer.

» Je suis avec un profond respect, etc.

» *Signé :* J. SUBILEAU. »

Cette réponse indigna Monseigneur ; M. le supérieur du séminaire, M. Helly, eut l'obligeance de se charger de me transmettre l'expression de sa colère ; et il le fit en termes si doux, qu'à peine si je compris que j'avais eu grand tort.

Comme on ne me laissait plus ignorer que je n'aurais pas de cure avant le mois de janvier, j'allai prêcher le jubilé dans une autre paroisse. Le bon Dieu voulut bien bénir cette œuvre comme celle de Mozé.

Un fait qui se passa dans le cours de décembre, est de nature à jeter quelque jour sur les dispositions de Monseigneur à mon égard.

Chaque année, un sermon de charité est prêché à la cathédrale, pour l'œuvre de la Maternité que patronnent toutes les dames de la haute société. Ce sermon a une certaine solennité. Madame la présidente m'écrivit à Mozé, tant en son nom qu'au nom des autres dames composant le conseil d'administration, pour m'inviter à faire le sermon, en me rappelant que deux fois déjà, elles m'avaient en vain témoigné le désir de me voir concourir de cette manière au succès de leur association. Je répondis que mon acceptation était subordonnée à la pensée de Monseigneur, et que je ne prêcherais que sur son avis clairement et librement exprimé. Monseigneur manifesta à ces dames qui allèrent lui soumettre leur désir, la plus vive satisfaction sur le choix du prédicateur. Je demeurai, malgré ces protestations, fermement convaincu que des circonstances en apparence fortuites, viendraient en aide à Monseigneur, pour l'empêcher de se déjuger, en me donnant cette marque publique et solennelle d'approbation. Ma conviction était si bien établie que le jeudi d'avant le dimanche où le sermon devait être donné, je ne m'y étais encore nullement préparé. Ce jour-là, à deux heures, M. l'abbé Ménard vint en effet m'annoncer que Monseigneur me nommait desservant de Montillers, paroisse de mille âmes, à onze lieues d'Angers, reléguée autant que possible, fort mal avec tous ses curés, et particulièrement avec le dernier, qui, depuis longtemps, demandait avec instance à en sortir. Puis, tout en me prévenant qu'on était fort persuadé à l'évêché que, à cause de mes préventions, j'y verrais mauvais vouloir, M. le vicaire général honoraire m'annonça que par suite de certaines complications dans les cérémonies de la cathédrale, le père Félix, qui prêchait la station de l'Avent, prêcherait exceptionnellement le dimanche suivant, à la messe de midi, et qu'en conséquence j'étais dispensé de mon sermon.

Je me tus sur ma nomination à Montillers, mais je m'applaudis beaucoup, devant M. le vicaire général, d'être devenu un personnage assez important pour que l'on contrevînt, à cause de moi, à tous les usages de la cathédrale et qu'on me donnât le Père Félix pour remplaçant. Le soir, les journaux de la localité qui, suivant la coutume, avaient annoncé mon sermon depuis plusieurs jours, insérèrent quelques lignes communiquées je ne sais par qui, pour faire savoir que : « M. l'abbé Subileau, obligé de partir pour une paroisse dont il était nommé desservant, serait remplacé par le Père Félix. » Or comme mon poste ne devait vaquer que huit jours après, et que je ne voulais point perdre l'occasion d'entendre l'illustre orateur, dont l'éloquence avait pour moi un charme inexprimable, je crus devoir aller quand même me placer avec les autres prêtres, dans le banc d'œuvre. Monseigneur, qui m'aperçut, me lança un regard foudroyant.

Ma nomination à Montillers me laissait sans reconnaissance pour mon évêque, d'autant plus que j'étais bien persuadé que s'il ne m'avait pas trouvé un poste encore plus insignifiant, je ne devais l'attribuer qu'à la pression de l'opinion publique qui s'indignait d'un traitement si dur et si persévérant, et aux pressantes sollicitations de personnages fort distingués que Sa Grandeur devait tenir à ne pas trop froisser.

Avant mon départ, j'écrivis à Sa Grandeur la lettre suivante :

« Séminaire d'Angers, le 6 janvier 1855.

» Monseigneur,

» Au moment de partir pour la paroisse de Montillers, dont Votre Grandeur m'a nommé desservant, j'ose prendre la liberté de la prier de m'éclairer sur plusieurs points qui sont pour moi de quelque intérêt.

» 1° Je ne sais si M. Fillin, mon prédécesseur à Montillers, doit garder intégralement le produit de la glane et de la récolte qu'il vient de faire, et qui semble naturellement destiné à alimenter jusqu'à la récolte prochaine le curé, quel qu'il soit.

» 2° Je ne sais si je dois compter sur une indemnité pour le temps que j'ai passé sans fonctions, n'ayant point encouru de peines ecclésiastiques ; ne jouissant d'aucune fortune, et ayant au contraire des dettes et des charges de famille.

» 3° Je ne sais comment Votre Grandeur entend que ma pension soit payée au séminaire.

» 4° Je ne sais si Votre Grandeur jugera convenable de me donner un secours à l'occasion des frais de déménagements, etc., comme elle a eu l'obligeance de le faire pour M. Massonneau, à l'époque de sa promotion de Trélazé à Longué.

» J'ai l'honneur d'être, etc.

» *Signé :* J. Subileau. »

XVIII

Cette lettre demeura sans réponse, et n'eut d'autre effet que d'exaspérer davantage Monseigneur, qui ne voyait plus en moi qu'un sujet révolté. Tous mes actes, toutes mes paroles, tout de ma part était une manifestation irrespectueuse et insubordonnée.

La première question que j'adressais à Monseigneur, trouvait sa réponse dans la démarche du maire qui alla à Angers faire visite à Sa Grandeur, et lui déclara en son nom et au nom de tous les paroissiens, qu'à Montillers, en échange du casuel presque nul, le curé recevait une offrande volontaire des paroissiens, sous le nom de glane; que les paroissiens entendaient, selon leur expression, *faire le grenier de leur curé*, d'une récolte à l'autre; que huit ans auparavant, précisément à la même époque de l'année, le curé que je remplaçais avait reçu de son prédécesseur, en blé, en vin, en bois, etc., de quoi alimenter la cure jusqu'à la récolte suivante. Donc la justice rigoureuse me réservait ce qui n'était pas consommé. Tel était en outre l'usage et la volonté de ceux qui donnaient.

Monseigneur déclara *qu'il était le maître*, et autorisa le curé qui partait à tout emporter. Cette année-là le blé valait 35 francs l'hectolitre. Je dus vivre huit mois sans récolter, Monseigneur l'évêque déclarait *qu'il était le maître*. Il avait encore quelques mots fort connus. *Je le prendrai par la famine*, disait-il de quelque prêtre en qui il soupçonnait résistance. *Je lui ferai faire cas-*

cade, disait-il encore en faisant allusion aux chutes, aux différences de situation qu'il infligeait dans ses déplacements.

Si je donne ces détails, c'est pour qu'on puisse avoir sur faits authentiques l'idée du pouvoir discrétionnaire qu'à cette époque Monseigneur s'attribuait sur ses prêtres.

Huit ans plus tard, à la même époque de l'année, je quittai la paroisse de Montillers. J'aurais été parfaitement fondé à m'approprier la décision de Monseigneur et à frustrer mon successeur, comme je l'avais été par mon prédécesseur ; mais je considérais comme un devoir d'honneur et de justice de lui laisser l'approvisionnement de l'année, selon l'usage qui n'avait été interrompu que pour moi, et par un abus criant d'autorité ; car si l'évêque trouvait là une occasion de satisfaire sa haine, il n'avait pas plus de droits que son valet de chambre à détourner une offrande volontaire de l'intention notifiée de ceux qui la faisaient.

XIX

Si j'avais à écrire mes Mémoires, je trouverais matière à de gros volumes dans les incessantes tracasseries de l'Évêché pendant huit ans que j'ai passés à Montillers. J'y heurtai encore M. Bompois en heurtant les sœurs de Saint-Charles dont il était le supérieur. Je me borne à rappeler deux faits qui ont comblé la mesure, et ont déterminé ma sortie. Impossible de comprendre combien de ces deux faits ont surgi de lettres, de délations, démarches concertées, toutes dans le but d'éloigner un curé, ennemi des religieuses et par conséquent de la religion. Il y avait, pour atteindre ce but, concours de fournisseurs patelins évincés, de confrères empressés, de quelques femmes zélées. L'une d'elles, ex-religieuse, faisait environ chaque mois le voyage d'Angers, et à son retour racontait aux affidés, comment elle avait traité les questions avec *son bon père Bompois*, et les promesses qu'elle en avait obtenues. Les événements ont toujours donné raison à ses prédictions, dont la dernière fut ma révocation à l'époque annoncée.

Certains familiers de l'évêché, certains serviteurs même, étaient connus et par leur flair à discerner, et par leur empressement à introduire dénonciatrices et dénonciateurs, comme par leur impertinence à écarter certains prêtres, et à donner la note de chacun.

« Cher abbé, » disait un valet de l'évêché à un jeune prêtre à qui Sa Grandeur venait d'annoncer sa nomination de vicaire près de moi : « Cher abbé, que je vous plains !
» Ah ! grand Dieu, vous êtes pourtant bien jeune et bien
» aimable pour être ainsi sacrifié ! Espérons que vous
» ne serez pas longtemps avec un tel curé ! A la première
» de vos peines venez me trouver ! »

1° Il existe à Montillers une école et un hôpital fondés par de bonnes filles de la paroisse qui s'étaient réunies pour soigner les malades et instruire les enfants, apportant chacune ses économies ou une part d'héritage. Jamais rien ne s'est vu de plus édifiant. Sur l'avis de leur curé, mon arrière-prédécesseur, elles firent aux évêques successifs d'Angers, donation entre-vifs, de leur établissement, sans avoir l'idée que jamais leurs intentions pourraient être méconnues. Quelques années plus tard, Monseigneur Angebault, maitre de *par la loi* cette fois, après avoir contraint ces bonnes filles à entrer dans l'ordre de Saint-Charles, passa à cet ordre l'établissement de Montillers avec bénéfices et charges, sous la direction de sœurs inconnues à cette paroisse.

Dans ma pensée le curé doit voir dans une communauté *établie sur sa paroisse, et pour le service de sa paroisse,* un des principaux éléments de bien subordonné à sa direction, et ne pas rester indifférent au spectacle d'obligations certaines méconnues, dès que ses paroissiens sont privés de secours auxquels, en honneur et en conscience, ils ont droit.

Après examen, je demeurai convaincu que :

1° Les recettes totales de la maison, provenant des biens-fonds, de la rétribution scolaire et de la pharmacie, se balançaient annuellement par 3,000 francs ;

2° Que quatre sœurs suffisaient abondamment au service de la maison ;

3° Que la maison comptait neuf sœurs présentes invalides à ses charges ;

4° Que l'hôpital n'était pas occupé, en moyenne, par plus d'un malade et à peine pendant cinq à six semaines pendant chaque année ;

5° Que dans un nombre assez considérable d'appartements, la salle affectée aux malades était la moins habitable, placée près des lieux d'aisances, en contre-bas du sol, humide, sans feu, sans air ;

6° Que les secours donnés aux pauvres étaient à peu près nuls ;

7° Que les sœurs, constituées juges et parties, étaient, avec trop de raison, soupçonnées de ne pas remplir les intentions des fondateurs, ayant à prendre et à garder d'autant plus qu'elles donnaient moins ;

8° Que cet état de choses nuisait à l'extension de cette

fondation et arrêtait le bon vouloir de personnes disposées à donner pour les pauvres et à l'hôpital.

Ce résultat de mes observations fut très respectueusement communiqué par moi à M. Bompois, supérieur des
sœurs de Saint-Charles, et j'ajoutai que je pourrais
mettre les sœurs à défi de justifier de la dépense annuelle de cinquante francs, sous une forme quelconque,
en faveur de la paroisse.

La seule conséquence de cette communication fut ma
révocation.

2° Autre fait. — Le curé d'une paroisse voisine, Cernusson, venait de mourir, et j'étais chargé par intérim
du service de cette paroisse. Le curé défunt avait légué
4,000 francs pour aider la commune à fonder une école
de sœurs. M. Bompois entreprit, de concert avec la supérieure de la maison de Montillers, fort détestée dans
la contrée, d'établir à Cernusson une obédience de Saint-
Charles. Le maire et la majorité du conseil municipal,
qui ne savaient de tout cela que ce qui leur était apporté par la voix publique, trouvant qu'on disposait de
leur commune d'une façon quelque peu leste, prirent la
résolution d'accepter, quand on daignerait reconnaître
leur existence, des religieuses d'un ordre quelconque, à
l'exclusion formelle des sœurs de Saint-Charles. Et
comme Monseigneur Angebault et M. Bompois n'ont
jamais voulu céder, il n'y a point encore de religieuses à
Cernusson.

Je n'ai jamais caché le rôle que j'avais rempli dans
cette affaire, et le voici : Je fus, comme le maire, comme
la majorité du conseil municipal, comme tous les habitants à l'exception d'un seul, tenu à l'écart des projets
de M. Bompois, bien que je fusse de fait le curé de la
paroisse. J'engageai, je déterminai le conseil municipal

à donner suite au vœu du défunt curé, et à recevoir des religieuses ; mais je leur donnai le conseil, dont toute la commune comprit l'importance, de n'admettre des sœurs de Saint-Charles que si la supérieure de Montillers était remp'acée. Les habitants allèrent plus loin, et dans la crainte d'un subterfuge, ils exclurent l'ordre de Saint-Charles.

Voici un autre fait qui me revient en mémoire.

Je ne citerai que les circonstances dont je me souviens absolument.

Quelques mois avant ma révocation de Montillers, un homme infirme né dans cette commune, qu'il avait quittée depuis quarante ou cinquante ans, y fut amené de fort loin, pour y recevoir les secours que rendaient nécessaires son âge et ses infirmités. Il ne lui restait aucun parent connu, et la commune devait prendre charge de ce malheureux. On alla chercher le maire, qui tout naturellement eut l'idée de le mettre à l'hôpital ; c'était l'époque de la retraite des sœurs et toutes étaient à Angers, excepté une bonne sœur converse. Cette pauvre et sainte fille, placée entre le sentiment de la charité et la crainte de la supérieure, était fort perplexe. Enfin, elle accepta le nouveau venu, au moins à titre provisoire, et pour ne pas engager l'avenir, plaça le pauvre vieux dans l'ensevelissoir, relégué au bout d'un pré. J'étais absent. Le surlendemain, apprenant ce qui se passait et témoin de l'indignation du public, j'allai à la communauté, et je fis à la sœur une obligation de conscience d'admettre, dans ce qu'on appelait la salle des hommes, à l'hôpital, le pauvre abandonné. Je ne me rappelle plus si cet homme vivait encore à mon départ de Montillers, mais deux choses sont demeurées dans ma mémoire : 1° La colère terrifiante de la supérieure, à son retour de la retraite ;

et les invectives dont elle vint m'accabler chez moi, prétendant que c'était moi qui avais fait venir cet homme dont j'ignorais le nom et l'existence, exprès pour imposer aux sœurs cette charge accablante ; 2° Quelques semaines après mon départ, Monseigneur Angebault vint à Montillers, y constitua, sous sa présidence, un tribunal dont le nouveau curé et le grand vicaire étaient les assesseurs, y fit comparaître le maire, Guibert, propriétaire cultivateur, homme simple, mais excellent, lui reprocha vivement d'avoir violé sa propriété épiscopale en y introduisant une personne sans l'agrément de la supérieure chargée de ses droits, et le condamna pour ce fait à *une amende de 20 francs*. Le maire s'humilia, mais ne fut pas convaincu. Quelque temps après, il me rencontra à Angers et me raconta cette scène que je savais par ailleurs. « Croyez-vous, monsieur le curé, me demandait-il, que ma conscience m'oblige à payer ces 20 fr. ? » — Je ne ne le crois pas, répondis-je. — Mais, repre-
» nait-il, c'est que notre curé ne veut pas me donner
» l'absolution, et refuse de m'admettre aux pâques, tant
» que je n'aurai pas obéi à Monseigneur ! »

XX

Il est facile de comprendre que la supérieure de Montillers, que M. Bompois, que Monseigneur l'évêque tournèrent à indignité ma conduite ; et après ces faits qui s'aggravaient singulièrement par les précédents, je reçus la lettre suivante :

« Évêché d'Angers, 24 décembre 1862.

» Monsieur et cher curé,

» J'ai arrêté dernièrement en conseil diverses muta-
tions ; dans ce nombre est comprise la paroisse de Montillers. Je vous préviens donc que je vous ai nommé à la
cure de Villebernier et que M. Dubois vous remplacera à
Montillers.

» Veuillez vous entendre avec lui pour ce changement
mutuel qui devra avoir lieu pour le premier janvier prochain, vos pouvoirs pour Montillers expirant le 31 décembre .

» Recevez, etc.

» *Signé :* GUIL., *Évêque d'Angers.* »

Je fus plus sensible à ma révocation de Montillers qu'à
celle de Trélazé ; je vivais là dans un calme parfait, et
pour mieux être en rapport avec mes paroissiens, tous
cultivateurs, je m'étais fais cultivateur et je réussissais.
Je les initiais aux méthodes qu'ils ne connaissaient
pas. J'introduisis chez eux le drainage. Je connaissais
presque toutes les paires de bœufs de leurs étables, et
j'avais mon mot à dire sur leur valeur relative ; je n'imagine pas un curé plus sympathique que je l'étais.

La lettre de l'évêque me brisa, bien que je l'atten-
disse. Je la tins secrète jusqu'au dimanche, où je fis à
mes paroissiens l'allocution suivante :

XXI

« 23 décembre 1862.

» Mes frères,

» Contrairement à mes habitudes, j'ai voulu écrire ce que j'ai à vous dire aujourd'hui, afin d'enlever à certaines personnes la possibilité de dénaturer mes paroles, en les rapportant.

» J'ai à vous annoncer une nouvelle à moitié connue et à moitié répandue par des personnes dont la joie n'a pu se taire ; nouvelle fort triste pour moi, et, je n'hésite pas à le dire, fort triste pour presque tous mes paroissiens.

Monseigneur l'évêque a jugé à propos de vous donner un autre curé ; sur l'exposé qu'on lui a fait de la situation de Montillers et de celle de Cernusson, il a cru que son administration serait moins gênée dans ces deux paroisses si j'en étais éloigné, et que la question des sœurs s'y résoudrait plus facilement ; c'est du moins ce que m'ont dit deux de ses grands vicaires, en m'affirmant que tel était le motif unique de la détermination de Monseigneur. Si Monseigneur avait jugé à propos de me demander des éclaircissements, j'étais prêt à lui en donner ; il a cru être assez éclairé par d'autres ; j'ai à me soumettre et non pas à le juger. Un prêtre est un soldat ; quand l'officier commande, le soldat obéit, et ne doit pas même se demander si son chef se trompe. Monseigneur m'assignerait la dernière paroisse de son diocèse, je n'aurais pas même l'idée de lui faire une observation ; je verrais dans la volonté de mon chef la volonté de Dieu ; j'offrirais à Dieu mon sacrifice pour le bien de mon âme, et pour le salut des malheureux dont les intrigues auraient égaré la bonne foi de mon évêque. Je vous ai assez prêché, de parole, la soumission à la volonté de Dieu, dans les épreuves de la vie, pour vous la prêcher aussi d'exemple. Quand je suis venu au milieu de vous je comptais y mourir ; Dieu seul connaît les déchirements de mon cœur, dans ces jours où il faut que je vous quitte. Mais grâce au sentiment qu'il m'a donné de mes devoirs, si je suis attristé outre mesure, je suis calme et soumis. La dignité dans les grandes tribulations de la vie doit se trouver chez le chrétien, et surtout dans le pasteur des âmes.

» Et puis, mes frères, je porte mes regards sur le passé ; et je me plais, non par orgueil, mais par amour pour vous, à reconnaître que pendant les huit années que j'ai marché à votre tête, le Seigneur a permis que notre temps n'ait pas été perdu : n'est-ce pas pour moi une consolation bien légitime au moment des adieux ?

» L'administration d'une paroisse peut être considérée, en ce qui regarde le curé, au point de vue matériel et au point de vue spirituel.

» Au point de vue matériel, la fabrique a augmenté ses revenus de plus d'un tiers ; tous les vases sacrés ont été renouvelés, ainsi que le linge de l'église, des ornements magnifiques ont été achetés ; une notable partie des objets qui servent au culte sont récemment achetés et payés. Des dons volontaires, qui tous sont venus sur un signe de ma part, ont accru le trésor de la fabrique, et nous ont permis d'avoir un ensemble de sacristie certainement supérieur à toutes les paroisses qui nous environnent.

» La tenue de l'église est irréprochable. Les offices s'y font avec une précision, une dignité, une simplicité de bon ton, plus rares et plus difficiles à atteindre que vous ne le croyez.

» Toutes nos processions sont admirables. Dites-moi ce qu'étaient vos processions du Sacre, il y a dix ans, et ce qu'elles sont aujourd'hui ?

» Les quêtes pour le séminaire ont monté de 56 francs à 130 francs.

» Il y a huit ans, la cure et ses dépendances ressemblaient, qu'on me passe l'expression, à une métairie ruinée ; vous savez ce qu'elle est aujourd'hui.

» La glane, cette offrande volontaire et si touchante que vous faites à votre curé, était devenue presque nulle ; aujourd'hui, grâce à la bonne entente et à votre affection, elle est réellement respectable. Je ne veux pas vous quitter sans vous en remercier.

» Si j'examine les progrès de cette paroisse, au point de vue spirituel, j'y vois une amélioration encore plus marquée.

» La paroisse de Montillers a enfin perdu, sous le souffle de la grâce du bon Dieu, cette réputation de chicane, de désordre, qui la déshonorait et y maintenait l'esprit de troubles. Une aimable plaisanterie d'un magistrat m'a fait quelquefois grand bien au cœur : « Si tous les » curés avaient sur leurs paroissiens la même influence » que vous, me disait-il, les huissiers mourraient de faim.»

» Je dois constater également une amélioration réelle dans les mœurs. Que les personnes d'un âge apte à juger et à raisonner, se reportent par la pensée à une époque qui n'est pas encore trop éloignée, et qu'ils fassent la comparaison avec les mœurs d'aujourd'hui dans cette paroisse. Dès qu'il y a désordre, si léger qu'il soit, il est de trop ; mais nous devons remercier Dieu qui veut bien, dans sa bonté, étendre sa main sur Montillers, et en repousser de plus en plus les scandales, les désordres, les veillées dangereuses, les fréquentations et les amusements coupables.

» Une preuve de l'augmentation de la foi dans une population, c'est la dévotion aux âmes du purgatoire. Savez-vous que le produit annuel de la quête des fidèles trépassés, est maintenant environ dix fois plus élevé qu'il y a huit ans ?

» Avez-vous remarqué que les messes chantées qui étaient en nombre à peine suffisant pour entretenir un seul prêtre, pendant la moitié de l'année, sont maintenant trop nombreuses pour deux prêtres et tous les jours de l'année ?

» Il y a huit ans, plus du tiers des habitants en âge, ne faisaient pas de pâques ; aujourd'hui, y en a-t-il bien une trentaine ? Et encore, ne les voyez-vous pas se rapprocher d'année en année, et tous sur le point de venir dire à leur pasteur : Mon Père, j'ai péché, et de recevoir en échange cette touchante parole : Mon fils, allez en paix !

» Non seulement on communie à Pâques, mais que Dieu en soit béni, mille fois béni ! les communions des grandes fêtes, du mois, de la quinzaine, deviennent de plus en plus fréquentes ! En voulez-vous une preuve assez piquante, indépendamment de ce que vous voyez de vos yeux ? Il y a quelques années la fabrique payait pour le pain d'autel 10 francs, puis 15 francs ; on a demandé 20 francs, il y a trois ans, et nous payons aujourd'hui 30 francs.

» Et qu'on n'allègue pas, comme on le reproche parfois à certaines localités, que la dévotion de ma paroisse est une dévotion de grimaces, de bigoteries. Les personnes que le monde appelle les dévotes, savent assez que la bigoterie n'est pas dans mes allures. Non, les pratiques de dévotion dans ma paroisse sont établies sur la conviction, sur une foi éclairée par les instructions. Souvenez-vous du temps où le bon M. Quinton, de respectable mémoire, n'avait pas même assez d'autorité pour imposer à l'église silence à un enfant turbulent. Aujourd'hui quelle dignité, quelle admirable tenue de la paroisse entière, dans le lieu saint ! — Je ne connais pas une paroisse où sur un avis du curé, donné une fois en trois ans, tous les fidèles se conformant aux instructions indiquées, se lèvent, se tiennent assis, à genoux, tous comme un seul homme, dans nos cérémonies saintes, et s'y présentent dans un costume aussi unanimement convenable.

» J'aime vivement mes paroissiens et je sens que je suis largement payé de retour ! Mais tout curé a des amis et des ennemis. Certains esprits, en raison de leur ardeur, de leur vivacité, de leur initiative, rencontrent d'une manière plus marquée les uns et les autres, dans le cours de la vie ; je suis de ce nombre. Et vous savez tous comme moi, avec quelle haine avouée, je dirais quelle fureur, certaines personnes me poursuivent, par leurs paroles, par leurs lettres, d'une maison à une autre maison, dans toute ma paroisse, chez tous mes confrères, dans toutes les paroisses voisines ; à l'évêché, à la préfecture, partout, elles ont porté le venin de leurs délations et de leurs calomnies. Elles n'ont rien négligé pour ternir mon honneur d'homme, mon caractère de prêtre. Dans toutes les paroisses, il y a des esprits droits, mais faibles, et naturellement quelques personnes ont dû être impressionnées par tant de persévérance dans les affirmations, par tant de gémissements sur des scandales qu'on inventait. Si, dans ma vie, j'ai eu à combattre une tentation longue et forte, ç'a été bien assurément la tentation de me venger et de poursuivre mes calomniateurs en diffamation, de les faire asseoir sur la sellette de la police correctionnelle, et de les envoyer méditer pendant quelque temps sous les verrous sur l'horreur de la calomnie. J'ai fait et fait faire secrètement plusieurs enquêtes, qui m'ont mis entre les mains les pièces les plus convaincantes, à la charge de mes détracteurs. Mais devant Dieu, je me disais : Notre-Seigneur est mort, lui, sous le poids de la calomnie, il ne s'est pas défendu ; il est mon chef et mon modèle ; je suis son ministre ; Dieu fera tôt ou tard justice de mes calomniateurs. Je ne me vengerai pas, que Dieu me pardonne, comme je leur pardonne. Et quand je voyais le bien croître dans ma paroisse, la table sainte longuement entourée aux jours de grandes fêtes, dans mon âme de pasteur, je disais : Recevez, ô mon Dieu, le sacrifice de ce que j'ai de plus cher au monde, de la réputation que l'on veut me ravir, recevez ce sacrifice en actions de grâces, pour le bien que vous faites aux âmes que vous m'avez confiées!

» Quelques-uns ont semblé croire que je faisais des allusions personnelles dans certaines instructions. Jamais je ne me suis abaissé jusque-là. Le pasteur doit chercher à prémunir ses brebis contre tout genre de mal et de péril, il doit prêcher et expliquer l'Évangile ;

j'ai bien plutôt été préoccupé d'écarter tout ce qui pouvait amener l'attention et frapper l'imagination, d'une manière défavorable à certaines personnes, de peur de les éloigner encore davantage de leurs devoirs. Je me rends facilement cette justice, c'est que je n'ai jamais, comme curé, cherché à blesser qui que ce soit ; et je crois que vous reconnaissiez tous assez le bonheur que j'avais à vous rendre service.

» Puisqu'il s'agit de services, je veux vous en rendre encore un.

» Ne vous troublez point de mon départ. Voyez-y la volonté de Dieu qui a ses raisons pour vous remettre entre les mains d'un autre pasteur. C'est un digne prêtre. Entourez-le de votre confiance et de votre affection. Il a tout ce qu'il faut pour vous soutenir dans les épreuves de la vie et vous conduire au ciel. C'est là qu'après nous être connus quelques années dans cette vallée de larmes, oh ! oui, c'est une vallée de larmes ! nous nous retrouverons pour ne plus nous quitter ! »

XXII

Le lundi, j'allai à Angers où j'écrivis et remis moi-même à Monseigneur la lettre suivante :

« Angers, le 27 décembre 1862.

» Monseigneur,

» Je ne veux point me donner le tort de manquer à la soumission que je dois à Votre Grandeur ; aussi suis-je prêt à me conformer en tous points à ses ordres. Mais je ne crois point manquer à mes devoirs, en vous priant

Monseigneur, de ne point m'obliger à aller à Villebernier.

» Je vous demande à essayer d'une œuvre que je rêve depuis longtemps, et à me vouer à la vie de missionnaire dans le diocèse d'Angoulême, en prenant gîte dans une maison dont M. le curé de la Salle de Vihiers est propriétaire. Je ne vous demande point d'*exeat*, Monseigneur, je veux continuer de vous appartenir, et me réserver le droit, si mes rêves sont déçus, de venir vous demander une paroisse dans votre diocèse que je n'entends quitter que conditionnellement.

» Veuillez être assez bon, Monseigneur, pour acquiescer à la prière que vous adresse un prêtre qui croit que votre religion est trompée à son endroit, et qui ne s'en proclame pas moins,

» Monseigneur, de Votre Grandeur, le très humble et très obéissant serviteur.

» *Signé :* J. Subileau. »

Monseigneur l'évêque, trouvant l'occasion de se débarrasser de moi, accéda avec empressement à ma demande, et me donna toutes les pièces canoniques que je demandais.

XXIII

Depuis plusieurs années un prêtre de génie et de sainteté, M. Catroux, curé de la Salle de Vihiers, fondateur d'un ordre de religieuses nombreux et florissant, me priait instamment de me joindre à lui pour établir une

compagnie de missionnaires. Monseigneur Angebault,
qui ne reconnut le mérite du père Catroux qu'après l'a-
voir accablé d'humiliations et hâté sa mort, lui avait toujours déclaré qu'il ne donnerait jamais, dans son diocèse, aucuns pouvoirs à des prêtres réunis par lui. Sur le
conseil de plusieurs autres évêques, particulièrement de
ceux d'Angoulême et de Poitiers, le père Catroux acheta
près de Confolens (Charente) une propriété de plus de
cent hectares, à destination des missionnaires que Dieu
lui donnerait à son heure, et y installa une colonie
agricole que lui amena un digne prêtre du Poitou,
M. l'abbé de Florimond.

Les instances persévérantes de mon vénérable voisin,
le curé de la Salle de Vihiers, me touchaient, et son
œuvre me souriait singulièrement; elle me semblait
absolument en rapport avec mes aptitudes et mes
goûts; mais je n'avais pas le courage de quitter ma
paroisse de Montillers où je sentais que je faisais du
bien et que j'étais aimé. Je me demandais si Monseigneur Angebault n'était point, à son insu, l'ouvrier de la
Providence, en me tirant de Montillers. Le père Catroux
pensa comme moi. Plusieurs prêtres de divers diocèses
lui avaient offert leur concours dans l'œuvre à créer, et
devaient s'y rendre sitôt que le père Catroux aurait
trouvé le supérieur à sa convenance. Et puis, il sentait
sa fin approcher, et son grand désir était de voir ses
missionnaires fondés avant de mourir. Notre association
se fit donc par acte authentique en date du 6 janvier
1863 et en voici les termes :

« Je soussigné, Joseph-Pierre Subileau, prêtre, en-
» tends par ces présentes m'associer à l'œuvre que veut
» fonder le respectable M. Catroux, curé de la Salle de
» Vihiers, et dont le siège au moins provisoire sinon

» définitif, est fixé à la colonie de Béthanie, commune
» d'Abzac près Confolens, département de la Charente.

» Cette œuvre comprend dans les intentions du fon-
» dateur et dans les miennes, une compagnie de prêtres,
» acceptés d'abord par le fondateur, et ensuite par ceux
» déjà associés au moment de la présentation de chacun,
» et qui se proposeront pour but, sous la direction et
» sous les ordres du fondateur et du supérieur :

» 1° Avant tout d'entretenir et de perpétuer parmi les
» filles de la charité du Sacré-Cœur de Jésus de la Salle
» de Vihiers, l'esprit de leur fondateur, la simplicité,
» l'humilité, le dévouement à la mission que la Provi-
» dence leur a confiée.

» 2° De donner le secours de leur ministère aux pa-
» roisses qui le réclament.

» 3° De former, de diriger dans l'esprit religieux et
» conforme à celui des filles de la charité du Sacré-Cœur
» de Jésus de la Salle de Vihiers, une compagnie de
» frères servants dont les règles et les obligations seront
» ultérieurement déterminées et fixées.

» 4° De diriger et d'étendre dans la mesure de ce qui
» sera possible et prudent, une colonie agricole fixée à
» Béthanie, dont le but est d'élever de jeunes garçons,
» dans des habitudes de foi, d'ordre et de travail.

» Le fondateur, et après lui le supérieur, désignera à
» chaque prêtre son emploi. Les prêtres associés, sans
» être liés par des vœux avant que l'autorité supérieure
» ecclésiastique le conseille, se feront un devoir d'obéir,
» comme à un père, au fondateur ou supérieur désigné
» par lui.

» L'esprit de cette fondation étant ainsi exposé, je dé-
» clare me vouer à l'œuvre du respectable M. Catroux,
» et me remettre dès ce jour entre ses mains, pour ac-

» cepter de lui, comme venant de Dieu, l'emploi et la
» mission qu'il jugera à propos de me confier. Depuis
» plusieurs années, j'ai médité devant Dieu les engage-
» ments que je prends. J'ai appelé par mes prières et
» par celles de personnes sincèrement pieuses, les lu-
» mières du Saint-Esprit sur ce projet. J'ai confiance
» que je suis dans la voie où Dieu m'appelle et je le prie
» de vouloir bien agréer pour le salut de mon âme, pour
» le succès de son œuvre et pour l'extension de sa gloire,
» le sacrifice que je lui fais de bon cœur, de ce que
» j'ai et de ce que je suis; je me mets de la manière la
» plus particulière, en suivant ce que je crois être ma vo-
» cation, sous la protection de l'auguste Vierge Marie.

Conditions temporelles

» Une estimation amiable des effets mobiliers que je
» possède, est faite et acceptée par le fondateur et par
» moi d'une autre part. Le chiffre de cette estimation
» dont le détail est ci-annexé s'élève à la somme de
» quinze mille francs.

» La communauté des filles de la Charité du Sacré-
» Cœur de Jésus de la Salle de Vihiers se reconnaît dé-
» bitrice envers moi de la somme de 15,000 francs, et,
» de mon consentement, prend pour son usage tous les
» objets mobiliers et immobiliers, soumis à l'estimation ;
» la communauté à partir de ce jour se charge de pour-
» voir à tous mes besoins, et de m'entretenir soit en
» santé, soit en maladie ou infirmité, comme un de ses
» pères.

» La communauté se met en mon lieu et place pour

» les dettes que je lui déclare, et dont le détail est-ci
» annexé, et s'engage à les payer au fur et à mesure des
» termes et échéances, en prenant à cet effet sur ladite
» somme de 15,000 francs, représentant le prix des ob-
» jets mobiliers que je lui ai cédés. La somme des
» dettes étant prélevée sur celle de l'estimation , le
» reste, c'est-à-dire 8,000 francs, constitue un capital
» placé par moi dans la communauté et dont elle me
» paiera l'intérêt à raison de cinq pour cent l'an. Si cette
» rente devenait insuffisante pour l'entretien de ma
» mère, en cas de maladie ou d'infirmité, la commu-
» nauté y suppléerait. Il est entendu que les honoraires
» de mes messes seront ma propriété, comme la rente
» sus désignée.

» Mon intention bien formelle est d'abandonner à la
» communauté ce que je posséderai au moment de
» mon décès ; néanmoins je déclare ne pas vouloir me
» lier, sous ce rapport, et conserver toujours le droit
» d'en disposer ; si je meurs sans dispositions testamen-
» taires contraires, j'entends instituer par ces présentes
» la communauté ma légataire universelle.

» En prévision d'événements qui amèneraient, con-
» trairement à mes intentions actuelles, ma sortie de
» l'œuvre à laquelle je viens aujourd'hui me donner
» corps et âme, voici ce que je me propose, et ce que
» j'arrête. Une séparation peut être voulue :
» 1° Par moi,
» 2° Par la communauté,
» 3° Ensemble par la communauté et par moi.

» Dans le premier cas, la communauté pourra, à son
» choix, me rendre en espèces le capital placé chez elle,
» ou m'en doner l'équivalent sur mes objets mobiliers,
» acceptés par elle, en prenant pour base l'estimation

» d'aujourd'hui, et en tenant compte de leur dépréciation
» par l'usage et par le temps.

» Dans le second cas, je serai libre de reprendre
» mon capital (bien entendu après défalcation faite des
» dettes payées), soit en espèces, soit en meubles, en pre-
» nant pour base de la valeur des objets l'estimation
» d'aujourd'hui, en tenant compte de la dépréciation par
» l'usage et par le temps.

» Dans le troisième cas, le remboursement de ce qui
» me sera dû, sera fait d'accord par la communauté et
» par moi.

» Au nom du Père, du Fils et du Saint-Esprit. Ainsi
» soit-il.

» La Salle de Vihiers, le jour de l'Épiphanie de
Notre-Seigneur, 6 janvier 1863.

» Fait en double expédition.

» *Signé :* J. SUBILEAU,

» *Prêtre.*

« Moi Jean-Maurice Catroux, fondateur et supérieur
» des filles de la Charité du Sacré-Cœur de Jésus de la
» Salle de Vihiers, soussigné, déclare adhérer, en ce qui
» me concerne, et après en avoir pris connaissance, à
» tout ce qui est exprimé dans le présent écrit de
» M. l'abbé Subileau.

» La Salle de Vihiers, le 7 janvier 1863.

» *Signé :* CATROUX,

» *Curé de la Salle de Vihiers.* »

« Nous religieuses, filles de la Charité du Sacré-Cœur
» de Jésus de la Salle de Vihiers soussignées, Marie
» Bidet, en religion sœur Rose, supérieure générale ;
» Perrine Cochard, en religion sœur Marthe, assistante ;
» Perrine Chemineau, en religion sœur Constance,
» assistante ; Marie Charbonnier, en religion sœur Aimée
» de Jésus, conseillère ; Marie Aubin, en religion sœur
» Saint-Éloi, conseillère ; Jeanne Delaunay, en religion
» sœur Saint-Bernard ; Mélanie Menou, en religion sœur
» Marie de l'Immaculée Conception, déclarons adhérer en
» ce qui nous concerne, et après en avoir pris connais-
» sance, à toutes les conditions et obligations passées
» dans ces présentes, par M. l'abbé Subileau.
» La Salle de Vihiers, le 7 janvier 1863. »

Suivent les signatures ci-dessus.

Je me rendis à ma destination nouvelle. Les évêques
de Poitiers et d'Angoulême me firent le plus aimable
accueil, et me donnèrent pleins pouvoirs pour toute l'é-
tendue de leurs diocèses. Je prêchai dans trois paroisses
pour le carême et les premières communions, l'affluence
y était grande.

XXIV

Peu de semaines après mon départ de l'Anjou, Monseigneur Angebault comprenant, puis s'exagérant l'importance de ma situation, et effrayé de celle qu'allait
me faire la mort prochaine du père Catroux, voulut à
tout prix briser ma carrière apostolique et déploya, pour

y parvenir, une énergie et une ténacité extrêmes. Il
écrivit et fit parler aux évêques de Poitiers et d'Angoulême pour exciter leurs défiances. Les prêtres des
environs de la Salle de Vihiers et les curés du diocèse,
qui avaient des obédiences de nos sœurs, me représen-
tèrent comme un agent de discorde et de bouleversement.
A Angers, les religieuses de notre ordre avaient journel-
lement à entendre les observations, à subir les reproches
d'amis bienveillants chargés de leur faire comprendre
les conséquences désastreuses de mon admission par le
père Catroux : l'association des deux prêtres que Monseigneur Angebault avait le plus en horreur n'était-elle
pas le comble de l'abomination et du scandale ? Enfin,
Monseigneur Angebault écrivit une lettre adressée à la
supérieure générale et à son conseil, pour lui déclarer
en sa qualité d'évêque et de premier supérieur de toutes
les communautés de son diocèse, qu'il lui faisait injonction formelle de briser avec moi, coûte que coûte, par
tous les moyens et à bref délai ; de me mettre à la porte
de toutes leurs propriétés, et de ne conserver avec moi
aucune relation, soit d'intérêt, soit d'une nature quelconque, et cela sous toutes peines qu'un évêque peut
prononcer contre des religieuses rebelles.

XXV

La colère de l'évêque avait été portée au paroxysme,
par l'indiscrétion d'un personnage qui, me voyant hors
de son autorité et de son diocèse, lui avait révélé un
secret. Une fois, une seule fois dans ma vie, je m'étais

occupé d'élection politique ; c'était en 1848, pour la Constituante. Je sortais un jour d'une compagnie de prêtres, tous attristés profondément de la ténacité de Monseigneur à vouloir être député. Sans méconnaître sa facilité de parole, la grâce de son élocution pour répondre à un discours de compliment, tous convenaient qu'il était trop dépourvu comme évêque de science canonique et théologique, et de sérieux comme homme, pour que les intérêts de l'Église ne fussent pas exposés s'ils étaient défendus par lui. Rentré chez moi, j'écrivis le soir même, et je fis imprimer le lendemain la lettre suivante, que le prote se chargea d'expédier par la poste à tous les curés du diocèse, en me promettant sur l'honneur que l'auteur n'en serait jamais connu.

» MONSIEUR LE CURÉ,

» Des questions d'une haute importance pour l'avenir de la religion dans notre patrie, vont se traiter au sein de l'Assemblée constituante.

» Il est grandement à désirer que la cause de notre sainte Église ait là ses représentants et ses défenseurs.

La présence à la nouvelle Chambre d'un petit nombre d'hommes dignes, profondément pénétrés de la science ecclésiastique, capables d'exposer et de soutenir nos droits sans passion comme sans crainte, avec la chaleur d'une foi vive et la modération persuasive de la charité, serait pour les catholiques de France un motif de légitime sécurité.

» C'est aux départements de l'Ouest et au nôtre en particulier, que la Providence semble avoir confié la mission de faire représenter notre sainte religion. On propose à votre suffrage les noms suivants : Monseigneur Parisis, évêque de Langres, monseigneur Régnier, évêque d'Angoulême, le R. P. Lacordaire, dominicain.

» Différentes listes ne manqueront pas de vous être adressées, Monsieur le curé ; nous aimons à penser qu'elles ne réclameront votre vote qu'en faveur d'hommes véritablement honorables par les sentiments du cœur.

» Prenons garde qu'elles ne divisent nos rangs.

» Les calculs établissent que dans le département de Maine-et-Loire aucun candidat ne sera élu, s'il ne réunit de quarante à cinquante mille voix.

» Rallions-nous tout d'abord autour des défenseurs de notre foi : notre premier devoir sera rempli.

» Il est évident que les populations catholiques de votre paroisse demanderont à faire choix d'hommes qui puissent soutenir, au besoin, les grands intérêts d'une religion qu'elles aiment et pour laquelle elles verseraient leur sang. Il est évident aussi qu'elles ne savent guère à quels hommes elles devront confier ce glorieux mandat. N'êtes-vous pas, Monsieur le curé, leur guide et leur lumière ?

» L'union fait la force.

» Tout royaume divisé sera dérobé.

» Que chaque paroisse fournisse, en moyenne, cent vingt ou cent trente voix, et les candidats de l'Église seront les élus du peuple. Les pieux habitants de l'arrondissement de Beaupréau et de l'arrondissement de Segré peuvent donner un ensemble de votes qui compensera le petit nombre des voix fournies par les autres arrondissements.

» A d'autres de vous transmettre les noms des laïcs avec lesquels vous compléterez la liste de votre scrutin. Notre seul but, c'est de vous rallier, avant tout, autour des trois représentants des intérêts exclusivement religieux, et de vous prier de ne pas vous laisser entamer de ce côté.

» Nota. Nous nous sommes abstenus, à dessein, de donner connaissance de cette circulaire à l'autorité diocésaine, afin qu'il ne puisse venir à l'idée de personne que l'on tende à violenter les consciences. »

— Je garde précieusement les lettres flatteuses par

lesquelles Mgr Parisis et le R. P. Lacordaire me noti-
fièrent leur adhésion.

Malgré ses recherches, l'Évêché ne put parvenir à
connaitre la provenance de cette lettre. Il essaya d'en
détruire l'effet par une insertion sur les journaux; et
finalement, tant par cette diversion et par cet autre cours
donné à l'attention du clergé, que par la publicité d'une
correspondance entre Monseigneur Regnier, porté par le
comité angevin, et Monseigneur Angebault, porté par
lui-même, celui-ci dut se retirer.

L'indiscrétion commise au moment où Monseigneur
était si vivement ému de ma situation comme missionnaire et futur supérieur d'une de ses grandes communautés, dont il redoutait de voir transférer le siège dans
le Poitou, le fit réellement sortir de lui-même.

Les religieuses de la Salle se trouvèrent dans une
perplexité facile à comprendre. Les femmes, et surtout
une communauté religieuse dont le personnel se recrute
exclusivement dans les rangs du peuple, procèdent toujours avec ténacité et par voies détournées, et rarement
elles manquent d'arriver au but. Le but, le seul qu'elles
pouvaient viser, était pour les religieuses de la Salle de
m'évincer en m'amenant à exprimer l'intention de les
quitter. De cette façon, elles n'auraient pas l'odieux d'une
expulsion sans motifs, et ne seraient pas obligées de
compter, si je l'exigeais, la somme représentant les objets
mobiliers que je leur avais cédés, à prix d'estimation
faite par elle, et par elles seules, et qu'évidemment je
ne reprendrais pas, parce que la plupart me seraient
inutiles, dans une situation autre que Montillers.

XXVI

Toutes choses se seraient passées convenablement entre nous et un arrangement aurait été facile, sans la mission que se donnèrent certains prêtres d'influencer les bonnes religieuses, et de les lancer, sous prétexte de défendre leurs intérêts, dans une voie imprudente et peu délicate.

A la colonie de Béthanie, près Confolens, où je résidais et dont j'avais la direction, je m'aperçus tout à coup que la soumission, puis les égards, puis le respect faisaient défaut. On recevait toujours mes ordres, mais on ne les exécutait jamais. Bien plus, par un hiver pénible, on me laissait manquant de chaussures, de bois, etc. etc Je partis pour venir en Anjou, à la maison mère de la Salle de Vihiers, chercher explication. Là, on me fit connaître la lettre de Monseigneur, et l'on me dit qu'on ne pouvait n'y pas obéir, et que j'eusse à quitter. Le père Catroux qui vivait encore ne savait comment m'exprimer sa peine. Je déclarai immédiatement que le cas de séparation étant prévu dans notre contrat, je partirais sitôt que la communauté se déclarerait en mesure d'en exécuter les clauses, et que j'en attendrais le règlement à Béthanie, où je retournai. La supérieure générale m'écrivit alors par ordre de l'Évêché, disait-elle, que j'eusse à quitter l'établissement immédiatement, et à reprendre les effets que j'avais cédés à la communauté, et qui étaient déjà dispersés dans plusieurs départements. C'était folie. Puis elle me fit écrire, en quelques jours, cinq lettres par le juge de paix de Vihiers, avec les même conclusions, et finit par me menacer du tribunal civil. Je répondis que je n'étais point effrayé des menaces qui venaient du reste moins des religieuses que de leurs conseillers ; mais qu'il était infiniment plus convenable de prendre un prêtre *de leur choix* pour arbitre, avec engagement de part et d'autre d'accepter sa décision en dernier ressort.

Je ne puis écrire les choses incroyables et vilaines qu'on tenta ; je dis seulement que le dernier choix des religieuses s'arrêta sur un ecclésiastique extrêmement digne et capable, M. l'archiprêtre de Confolens. Je me rendis chez ce très honorable arbitre, avec l'ecclésiastique envoyé par les sœurs de la Salle pour les représenter et défendre leur cause.

Nous étions porteurs des exemplaires identiques du contrat d'association, et d'engagement identique de nous soumettre sans recours au jugement de M. l'archiprêtre. Je tenais également à sa disposition toutes les lettres de la communauté et du juge de paix.

Je commençai par remettre sur le bureau de M. l'archiprêtre mon engagement de m'en tenir à son jugement. M. l'abbé X..., invité à remettre le sien, s'y refusa ; et finit par déclarer qu'il ne devait le déposer qu'après avoir pressenti le jugement, et dans le cas seulement où ce jugement serait favorable à la communauté ; ce ne fût pas sans peine que M. l'archiprêtre parvint à lui faire comprendre l'inconvenance de sa déclaration, et à se faire remettre l'engagement signé de la supérieure générale.

Voici le jugement de M. l'archiprêtre :

« Je soussigné, Pierre - Médéric Berguin, curé de Saint-Maxime de Confolens, arbitre choisi par la Communauté de la Salle ;   d'une part,

» Et par M. Subileau,   d'autre part ; pour

régler leurs différends au sujet d'un traité conclu à la Salle, le 6 janvier 1863,

» Après avoir pris connaissance de la cause par l'audition des parties intéressées,

» Prononce :

» 1° La communauté de la Salle paiera à M. l'abbé Subileau en numéraire la somme de 15,000 fr. ;

» 2° Intérêt à cinq pour cent depuis le six janvier jusqu'au remboursement du capital de ladite somme ;

» 3° 40 francs pour le voyage de M. Subileau relatif à son retour dans son diocèse.

» Toutes ces sommes seront versées à M. Subileau, en l'étude de M. Bouju, notaire à Coron, dans un délai qui n'excédera pas le trente du présent mois.

» Il est entendu que les dettes payées pour M. Subileau par la communauté, s'il y en a, seront déduites des 15,000 fr.

» Il est entendu aussi que toutes dépenses faites jusqu'à ce jour pour M. Subileau, soit pour transport de ses meubles, qui sont propriété de la communauté, soit pour lui personnellement jusqu'à la fin de son association avec la communauté, sont à la charge de la communauté.

» L'association sera dissoute par l'effet du règlement de compte définitif en l'étude du notaire précité.

» Il est entendu que les objets que M. Subileau achèterait à partir de ce jour, par suite d'une entente réciproque avec la communauté ou ses mandataires, seront à la charge de M. Subileau pour le transport.

» Confolens, ce 15 avril 1863.

» *Signé:* P. M. BERGUIN,
  » *Curé de Saint-Maxime.*

» SUBILEAU, *prêtre.*

» BLOUIN, *prêtre.* »

Le lendemain, je dus écrire à Madame la Supérieure la lettre suivante :

« Colonie de Béthanie, près Confolens (Charente),
» Le 16 avril 1863.

» MADAME LA SUPÉRIEURE,

» Je suis informé par plusieurs témoignages, entre autres par celui de M. l'abbé X..., que par suite de rapports émanés de votre maison, le bruit s'est accrédité dans le canton de Vihiers, et au delà, que vous aviez accepté mes objets mobiliers à un prix exagéré ; que, dans notre traité, j'avais exercé envers vous une sorte de captation, que vous étiez maintenant victime de votre bonne foi, et qu'enfin mes manœuvres supposant la fraude, dénotaient chez moi une honnêteté pour le moins problématique. Cette opinion, en s'étendant, serait parvenue jusqu'à Monseigneur l'évêque, et l'un de MM. les vicaires généraux n'aurait pas pu retenir l'expression de son indignation qui se serait traduite à peu près par ces paroles : On dirait que M. Subileau aurait tout arrangé dans la prévision de la rupture de son association.

» Je ne veux me venger du tort que votre communauté me fait, Madame la Supérieure, qu'en faisant appel à votre mémoire, et en remettant sous vos yeux quelques extraits de ma correspondance ; extraits auxquels, bien entendu, il n'a pas été fait de réponse, par la raison qu'il n'y en avait pas de possible.

» Mais avant d'entrer en matière, je suis heureux de vous faire observer, Madame la Supérieure, aujourd'hui qu'un arbitrage a réglé notre différend, que je n'y ai fait intervenir aucun homme de loi, tandis que *vous*, avant même de prendre connaissance de mes conclusions, vous avez mis ma correspondance aux mains du juge de paix de Vihiers et l'avez chargé de l'affaire en litige. Je suis heureux encore que la demande positive de l'arbitrage d'un prêtre soit émanée de *moi*.

» Venons au fait.

» 1° Quand on jette en proie aux commentaires la somme de 15,000 fr., valeur représentative de *mon mobilier*, et que l'on demande si jamais le mobilier d'un curé s'est élevé à ce prix, on abuse des mots, dans ce sens que ce qui s'appelait vulgairement *mobilier* n'était pas plus du tiers de 15,000 fr. dans la totalité de ce qué je vous ai vendu.

» 2° Extrait d'une lettre que j'avais l'honneur de vous écrire, en date du 29 mars :

» Vous m'avez proposé de régler notre séparation par
» un compromis dans lequel vous vouliez me laisser une
» partie de mes meubles dispersés, en m'exprimant le
» désir de faire un arrangement dont Monseigneur l'é-
» vêque n'aurait pas connaissance ; et vous m'avez me-
» nacé de tout remettre entre les mains de Sa Grandeur,
» si je n'acceptais pas vos propositions.

» Or si, dans votre pensée, l'intervention épiscopale
» est nécessaire pour valider vos contrats, pourquoi ne
» l'invoquez-vous que pour repousser ceux qui vous
» semblent onéreux ? Vous ne vouliez point de cette inter-
» vention le 7 janvier dernier, et vous venez m'en
» menacer aujourd'hui, parce que vous pensez que Mon-
» seigneur l'évêque ne m'est pas bienveillant !

» Vous dites, à titre de reproches, que vous avez été
» *surprise* dans l'estimation des objets que je vous ai
» cédés. Permettez-moi de vous rappeler qu'une esti-
» mation par personnes étrangères avait été faite, et que
» vous n'en avez pas voulu ; que vous-même, accompa-
» gnée de sœur Constance, votre assistante, en avez
» faite une seconde que j'ai acceptée ; que vous-même,
» accompagnée de vos sœurs, avez tout manipulé, tout
» emballé, tout déballé, et que seulement après dix
» jours, en présence de toute la communauté de la Salle,
» de manipulation et d'examen des objets que vous ac-
» ceptiez, l'estimation et le contrat ont été définitive-
» ment signés.

» Le contrat, fait de concert, a été copié à la commu-

» nauté, livré pendant deux jours à l'examen libre de
» toute votre maison, et lu une dernière fois dans la
» chambre du père fondateur, avant de re cevoir les
» signatures. »

» 3° Extrait d'une réponse en date du 1ᵉʳ avril, à une
lettre en date du 28 mars, que vous m'avez fait écrire
par le juge de paix de Vihiers.

« Comme complément à la lettre que j'ai écrite à
» Madame la Supérieure et en réponse directe à cer-
» taines allégations de la vôtre, Monsieur, je crois devoir
» vous dire :

» Que trois personnes avaient d'abord fait dans leur
» âme et conscience et *en mon absence*, l'estimation de
» mes valeurs mobilières, en dehors de toute idée,
» de tout soupçon que je les voulusse vendre ou céder.
» Ces personnes feraient serment au besoin de n'avoir
» été influencées par aucune considération quelconque
» dans leur appréciation.

» Madame la Supérieure et sœur Constance, son assis-
» tante, rectifièrent dans cette première estimation dont
» le total les effrayait, tous les articles qui leur parais-
» saient exagérés, en les parcourant tous un à un. Je
» fus d'une condescendance, d'une largeur extrêmes pour
» accepter leur prix et me mettre d'accord avec elles. La
» rectification étant faite, et les articles non cotés dans
» la première estimation étant établis de concert, le
» total des deux estimations ne varia que d'une cinquan-
» taine de francs, preuve évidente que l'ensemble des
» objets n'atteignait pas un chiffre exagéré.

» En faisant les rectifications et diminutions au coin du
» feu, et de bon accord, nous écrivions simplement sur
» une feuille volante les chiffres, sans prendre la peine
» de les faire précéder des articles rectifiés, nous réser-
» vant sans doute de copier à nouveau la longue liste des
» objets inventoriés. Mais lorsque l'addition nous
» montra une différence insignifiante entre les deux
» estimations, nous ne jugeâmes pas à propos de recom-
» mencer un travail d'écriture fort long ; et nous conser-
» vâmes la liste première, avec les chiffres partiels,

» devenus inexacts, en raison du total reconnu et accepté
» de part et d'autre.

» Il n'y a donc pas justice à venir exhiber cette liste,
» et faire montre de tel ou tel article pour crier à l'exa-
» gération.

» Maintenant je suis obligé de toucher une question
délicate. Pour ne pas m'exposer à écrire des choses que
la charité pourrait condamner, je ne qualifierai rien, je
ne ferai que narrer les faits.

» Quand nous réglâmes nos affaires avant mon départ
de la Salle pour la colonie, la somme de mes dettes se
montait à 7,350 fr. et celle de mon avoir à 15,688 fr.

» Le lundi cinq, vous aviez payé pour moi en déduc-
tion des 7,350 fr. diverses choses, au total de . . 360 fr.

» Je vous avais racheté un petit meuble . . 40

» Je vous devais auparavant. 40

Total. . . 440 fr.

» Tenez, Madame la Supérieure, pour faire des comptes
ronds, vous dis-je, établissons au contrat le chiffre de
mon inventaire à 15,000 fr., celui de mes dettes à 7,000 fr.,
et il y aura 8,000 fr. placés chez vous. Je ne vous tiendrai point compte des 440 fr. précités, pas plus que vous
ne me tiendrez compte des 688 fr. qui dépassent 15,000 fr.
En d'autres termes, je vous rembourse en ce moment
440 fr. que vous avez payés pour moi par 688 fr. que
vous me devez.

» La proposition ne pouvait pas être refusée, aussi fut-
elle accepté avec empressement.

» Par la plus heureuse des précautions, j'écrivis rapidement ce petit arrangement transitoire, vous le signâtes,
je le signai, et je l'ai.

» Or, avant-hier, à son arrivée de la Salle, M. l'abbé
X... me remit de votre part une lettre où se trouvent
ces paroles :

» Monsieur, je vais joindre ici la note de ce que j'ai
» payé pour vous et de ce que je n'ai pas touché qui
» est porté dans l'estimation. »

» Cette note n'étant pas contenue dans la lettre, je la demande à M. X... qui me la remet avec précaution. C'était la réclamation des objets ci-dessus désignés, et composant notre total de 440 fr. ! ! !....

» Au cri d'indignation que je ne pus retenir, M. X... me reprit immédiatement la note, et refusa de me la rendre.

» La seconde partie de la note contenait des objets ou rayés de l'inventaire ou qui n'y avaient jamais figuré, et dont le montant, un total d'environ 400 fr., n'est pas compris dans l'addition générale ! ! !.....

» Et pourtant, si mes pièces n'étaient pas en règle !!!

» Malgré tout, Madame la Supérieure, sitôt que je reconnaîtrai la position que Monseigneur me réserve, je mettrai mon bon vouloir à racheter de vous les objets dont j'aurais besoin et qu'il ne vous conviendrait pas de garder.

» J'accepte volontiers aussi, comme vous le désirez, le 30 avril pour règlement définitif.

» J'ai l'honneur d'être, etc.

» Signé : J. SUBILEAU. »

« P. S. M. l'abbé X... vient de me dire, en soupant, qu'il vous avait écrit ce matin, pour vous engager à me donner congé au plus tôt en accélérant le règlement de compte ; et qu'aucun objet ne me serait cédé à un prix autre que ceux portés sur la liste de l'estimation. Cela est venu à l'occasion du rachat de ma voiture et de mon cheval qui n'est plus dans l'état où il était quand je l'ai vendu. J'ai proposé que vous le fissiez estimer et de le payer 100 francs en plus de l'estimation, M. X... a rejeté ce mode d'arrangement. Cette manière d'agir abrège bien les choses et simplifie les transactions. »

On comprend que tous ces faits donnassent à cette époque ample matière aux conversations parmi le clergé du diocèse et surtout dans le canton de Vihiers. L'un des plus ardents à me décrier, et aucun de ceux qui le connaissent n'en peut être surpris, fut le curé du canton, mon ancien condisciple du collège et du séminaire. Au service funèbre du vénérable père Catroux, qui s'était éteint au milieu de cette tempête, ce prêtre de charité et de bon sens établit et prouva que j'étais un escroc, que cela était de notoriété, et qu'en conséquence aucun curé ne devait me permettre de célébrer la messe. Il écrivit à l'évêque pour le prier de me défendre de reparaître au pays, et surtout à Vihiers. Quelques jours après, ne sachant rien de tout cela, j'arrivai à Vihiers, pour aller le lendemain régler mes comptes chez le notaire des sœurs de la Salle. Je me présentai au presbytère pour faire visite au curé ; celui-ci me refusa sa porte, et dans la soirée m'envoya chez des parents où je dinais, la réponse de l'évêque. Sa Grandeur, en raison surtout de ses dispositions à mon endroit, avait accueilli la demande du curé de Vihiers ; mais dès le lendemain, comprenant l'infamie de tels procédés, Elle m'écrivait une seconde lettre destinée à détruire l'effet de la précédente.

Cela n'empêcha point quelques-uns de mes bons confrères de ce pays-là, s'appuyant, disaient-ils, sur des paroles de M. Bompois, de maintenir que je n'avais de ressources que d'aller mendier un gagne-pain, dans un pays où je serais inconnu, attendu que Monseigneur ne pouvait pas infliger à son clergé l'ignominie de compter un escroc parmi ses membres.

La nécessité de ne pas interrompre la suite des faits que je viens d'exposer, m'a empêché de mentionner à son ordre chronologique une nouvelle démarche pour entrer dans une maison de missionnaires.

Je copie les lettres, pour ne donner rien que d'authentique.

XXVII

« Colonie de Béthanie, 26 mars 1863.

» Monseigneur,

» Je ne puis rester à la colonie de Béthanie et je n'ai pas l'idée de demander ni d'accepter de position dans le diocèse d'Angoulême. Si je rentrais dans le ministère, ce ne pourrait être que dans le diocèse d'Angers.

» Mais Votre Grandeur m'a plusieurs fois exprimé la pensée que je ferais bien d'entrer dans une *vraie congrégation religieuse*, où sous la direction d'un supérieur éclairé et prudent, je pourrais faire quelque bien. Dans la retraite profonde où j'ai vécu depuis plusieurs mois, j'ai demandé ardemment au bon Dieu la grâce de connaître sa volonté, et la force de la suivre. Mes convictions et mes désirs sont devenus conformes à votre pensée, Monseigneur. Je me suis ouvert de tout cela à M. le supérieur des Lazaristes qui dirigent le grand séminaire d'Angoulême, et lui aussi m'encourage à suivre ce qu'il croit être une vocation. Cependant, dans une affaire si grave, je ne veux rien faire sans un nouvel avis de Votre Grandeur. Vous êtes mon évêque, et par conséquent mon premier père devant Dieu. J'ose donc vous prier de vouloir bien me faire connaître au plus tôt votre pensée. Sitôt la réception de votre lettre, Monseigneur, j'écrirai à M. le supérieur général des Lazaristes pour lui demander l'entrée de sa maison.

» Je saisis cette occasion pour vous prier, Monseigneur, de vouloir bien agréer l'expression des sentiments profondément respectueux avec lesquels je suis,

» Monseigneur, etc.

» *Signé* : Subileau. »

— 139 —

« Lvêché d'Angers, 27 mars 1863.

» Monsieur et cher abbé,

» Vous me priez de vous donner mon avis sur une question bien grave : Devez-vous entrer dans une con-grégation religieuse ?

» Après avoir prié Dieu de m'éclairer et considérant la question à la lumière de la foi et dans l'intérêt de votre âme, je vous dirai franchement ma pensée, sans crainte de vous blesser en vous disant la vérité, car cette pensée est bien loin de moi.

» La Providence vous a doué de certains talents et d'une grande facilité. Ces qualités sont jointes à une grande vivacité d'imagination, à une activité dévorante et à un besoin incessant de mouvement et d'action.

» Avec une nature aussi richement dotée, vous pouvez rendre beaucoup de services ; mais la vapeur bouillon-nante a besoin d'une modération et d'un frein, autrement tout vole en éclats. Vous ne le trouverez, je crois, que dans l'obéissance religieuse. Pour devenir libre, il faut se faire esclave. Ici se présentent de nouvelles difficultés.

» Vous êtes susceptible d'une résolution généreuse ; mais aurez-vous la constance, la ténacité nécessaire ? Il vous faut un supérieur ; un supérieur qui ait une main ferme, mais non pas rude ; qui ait de l'affection, de l'in-dulgence, qui sache vous contenir et vous diriger. Hu-mainement un pareil supérieur peut être difficile à trouver. Il faut donc y suppléer d'une autre manière. C'est-à-dire, il faut que l'obéissance religieuse, sans examen, sans discussion, passive, complète, matérielle, vienne dompter, briser cette nature ardente qui voudra discuter, disputer au moins avec elle-même, et alors toute direction devient impossible.

» Tout consiste donc dans ce brisement de l'esprit, de la volonté. Il y aura des luttes terribles après une pre-mière satisfaction du cœur, pourvu qu'elle ne soit pas imprégnée d'exaltation. Tout cela est bien difficile, mais *omnia possum in eo qui me confortat.*

» Voilà mon avis, pourvu qu'en entrant, vous ayez la volonté bien arrêtée de ne pas sortir.

» En vous parlant ainsi, je crois, mon cher abbé, vous donner une preuve de mes sentiments dévoués.

» *Signé :* GUIL., *Évêque d'Angers.* »

« Congrégation de la Mission, dite de Saint-Lazare,
» Rue de Sèvres, 95.

» Paris, 9 avril 1863.

» MONSIEUR,

» Je suis désolé de la mission dont M. le Supérieur me charge auprès de vous. C'est vous dire trop clairement que, malgré la vive sympathie que votre position nous inspire, il ne nous semble pas que vous soyez appelé de Dieu à vivre dans notre Compagnie.

» Je veux espérer que quelque autre communauté s'ouvrira à votre attrait, à votre zèle, à vos aptitudes de missionnaire, et utilisera, mieux même que nous ne l'aurions fait, le talent signalé que nous révèle votre lettre.

» Agréez.

» *Signé :* X. »

« Colonie de Béthanie, 10 avril 1863.

» MONSEIGNEUR,

» Je reçois à l'instant du Père supérieur des Lazaristes, la réponse à la demande que je lui avais faite. Contrairement aux espérances que m'avait données M. le Supérieur du grand séminaire d'Angoulême, cette réponse est négative.

» Comme mon unique désir en faisant cette démarche était de suivre la volonté de Dieu que je croyais entrevoir de ce côté, je ne dois ni m'étonner ni me plaindre; pas plus que de mon départ forcé de Béthanie où ma

position ne s'est dessinée ni conformément aux engagements pris, ni conformément, parait-il, à la volonté
de Votre Grandeur.

» Je viens donc naturellement vous prier, Monseigneur,
de vouloir bien me donner, dans votre diocèse, le poste
que vous croirez devoir me confier. Je puis bien assurer
Votre Grandeur que cette demande ne m'est pénible en
aucun sens ; car je ne suis venu ici qu'avec son plein
agrément, et ce n'est seulement qu'après lui en avoir
demandé avis que j'ai écrit au Père supérieur des Lazaristes. Je suis donc resté dans la voie directe de la
volonté de mon évêque; c'est pour moi, au milieu des
épreuves de toute nature que le bon Dieu m'envoie
pour mon plus grand bien, un motif de grande consolation.

» C'est dans ces sentiments que j'ai l'honneur de vous
offrir, Monseigneur, les hommages respectueux de
filial abandon avec lesquels je suis,

» Monseigneur, de Votre Grandeur le très humble serviteur.

» Signé : J. SUBILEAU. »

« Évêché d'Angers, 13 avril 1863.

» MONSIEUR ET CHER ABBÉ,

» Je reçois votre lettre du 10 et je m'empresse d'y
répondre suivant votre désir.

» Je suis peiné que M. le Supérieur général des Lazaristes refuse de vous recevoir dans sa congrégation. Le
bon P. Meslier, supérieur à Angers, était venu me trouver
de sa part pour me demander mon avis. J'ai insisté beaucoup pour que vous fussiez reçu. Je l'ai prié instamment
de vous rendre ce service. Je regrette que cette négocia-
tion n'ait pas eu un heureux succès.

» Je persiste à penser que, dans l'intérêt de votre
âme, tout ce qu'il peut y avoir de plus avantageux pour
vous, c'est d'entrer dans une communauté où votre

volonté soit soumise entièrement à l'obéissance. Si vous ne pouvez pas réussir, nous verrons comment il serait possible de vous occuper, mais dans tous les cas, il faut que vos affaires soient réglées avec M. Catroux et la communauté de la Salle de Vihiers. Des bruits de discussions et de conflits, assez étranges, sont venus jusqu'à moi ; je dois désirer que cet état de choses soit expliqué plus clairement.

» Je vous prie de croire à mes sentiments dévoués.

» *Signé :* GUIL., *Évêque d'Angers.* »

« Colonie de Béthanie, 16 avril 1863.

» MONSEIGNEUR,

» Un sentiment de réserve que vous apprécierez sans peine, m'a empêché de faire savoir à Votre Grandeur les difficultés survenues entre la communauté de la Salle et moi. Puisque le bruit de ces difficultés a monté jusqu'à vous, Monseigneur, je suis heureux de vous apprendre qu'elles ont cessé par un arbitrage en date d'hier, et dont j'ai l'honneur de vous envoyer copie. Hélas ! pourquoi la Supérieure a-t-elle fait tant de difficultés pour échapper à une conclusion qu'elle ne pouvait éviter ? Pourquoi tant de bruit et de scandale ?

» Je crois devoir aussi vous adresser, Monseigneur, la copie d'une lettre que j'écris à madame la Supérieure de la Salle, et qui peut éclairer Votre Grandeur sur cette affaire.

» Quant aux *causes* qui ont amené la rupture, vous me permettrez, Monseigneur, de ne pas les écrire.

» Maintenant, Monseigneur, je suis aux ordres de Votre Grandeur. Je ne puis demeurer ici plus tard que le 25. La nécessité de connaître le poste que vous me réservez, Monseigneur, afin de savoir quels meubles et effets je dois reprendre avant mon départ, me fait désirer vivement d'être informé des intentions de Votre Grandeur. Si, dans

vos prévisions, je dois occuper un poste que des raisons
administratives ne permettent pas de faire savoir au
public, pour ce moment, j'oserais prier Votre Grandeur
de croire à ma discrétion.

» Puisque le bon Dieu ne semble pas vouloir que je
sois religieux, et que vous me reconnaissez, Monseigneur,
la nécessité d'un *supérieur comme en ont les religieux*,
je vous demande la permission de vous choisir pour mon
supérieur, et je ne crois pas être téméraire, en vous
promettant que vous ne vous repentirez pas de m'avoir
adopté pour votre fils.

» Daignez agréer, etc.

» *Signé :* J. Subileau. »

XXVIII

Je retournai donc en Anjou. Monseigneur me reçut
avec un embarras visible, une colère contenue. J'ai appris
plus tard qu'il savait que j'étais l'auteur de la circulaire
relative aux élections de 1848. Le personnage qui avait
mon secret et que je ne nommerai pas, avait réservé cette
arme suprême, et avait pensé que le moment était venu
de s'en servir. Cependant Sa Grandeur trouva quelques
paroles pour flétrir la lettre du curé de Vihiers et la conduite de quelques prêtres de ce pays-là. Monseigneur
ne pouvait se soustraire à l'obligation de me donner une
cure ; il s'agissait d'en trouver une dans les conditions
les plus humiliantes et les plus pénibles. Une paroisse
de 400 âmes, Montreuil-sur-Loir, aussi pauvre que possible, ayant pour presbytère quelque chose d'inhabitable,
je dirai d'indécent, me fut assignée, sous prétexte qu'il

n'y en avait pas d'autre. Depuis trente ans on reconnaît la nécessité, l'urgence d'un presbytère à Montreuil-sur-Loir, me dit Monseigneur. Vous trouverez là un aliment à votre activité. Cependant, quelques jours plus tard, Sa Grandeur parut avoir un mouvement au moins de compassion, et elle fit savoir aux curés des environs que si Elle m'envoyait dans cette paroisse si peu digne d'envie, ce n'était que provisoirement, pour que j'y bâtisse le presbytère, et aussi pour mater mon caractère ; mais qu'Elle n'avait absolument rien à me reprocher du côté de la conduite, et qu'en conséquence Elle les invitait tous à me faire bon accueil.

Je me trouvai à Montreuil-sur-Loir dans le vide le plus absolu. Le seul aliment à donner à mon activité était la construction du presbytère. Je m'y heurtai contre des difficultés inouïes ; enfin, au bout de cinq ans, il était terminé.

XXIX

Parmi les prédicateurs des retraites ecclésiastiques annuelles, j'avais goûté particulièrement le Père Caussette, supérieur d'une société de missionnaires dans le diocèse de Toulouse. En 1864, un de ses religieux, le Père Sourieu, aujourd'hui évêque, prêcha la retraite à laquelle j'eus le bonheur d'assister. Je lui fis part de ma situation, lui exprimai le désir d'utiliser dans sa compagnie les quelques facultés que Dieu m'avait données et que Monseigneur Angebault me forçait à étouffer à Montreuil-sur-Loir ; je lui donnai connaissance absolue de ma vie, et il voulut bien se charger de me proposer au conseil de son ordre sitôt son retour. Toutefois, il fut convenu que rien ne se ferait sans l'agrément de Monseigneur l'évêque d'Angers.

La lettre suivante fait suffisamment connaître l'issue de cette nouvelle tentative.

« Pibrac, près Toulouse, 31 octobre 1864.

» Monsieur le Curé,

» Désireux de satisfaire vos pieuses intentions, sur les excellents renseignements fournis au R. P. Caussette par Monseigneur l'évêque d'Angers, le conseil du Calvaire, s'est réuni afin de délibérer sur votre admission au noviciat.

» Après mûre délibération, la lumière du Saint-Esprit invoquée, on n'a pas cru devoir, quoique à regret, acquiescer à votre demande. Tout chez vous, Monsieur le Curé, plaisait au conseil, mais on a été arrêté par la considération de votre âge un peu trop avancé. Votre admission eût été un fait sans précédent. Déjà bien des fois on a été obligé de reculer devant cette difficulté, pour des sujets aussi vénérables et appartenant au diocèse de Toulouse Peut-être le Seigneur a-t-il ses desseins sur vous pour d'autres œuvres.

» Le R. P. Sourieu est désolé de cette petite contradiction, tant il eût désiré vous avoir pour confrère.

» Toute la France connait la bonne réputation du clergé d'Angers. Le Calvaire souhaitait vivement de voir ses rangs s'ouvrir à un membre d'un clergé si vénérable.

» Si nous ne sommes pas unis en effet, Monsieur le Curé, nous resterons toujours au moins unis de cœur, de sympathies, et surtout nous n'oublierons pas de cimenter cette union par de ferventes prières.

» Le R. Père Caussette vous prie de vouloir bien le rappeler au bon souvenir de Monseigneur l'évêque d'Angers, et de lui offrir ses hommages très respectueux. Le R. Père Sourieu sollicite de vous la même faveur.

» Soyez assez bon pour vouloir vous même agréer les hommages de tous nos pères,

» Et le respect de votre très humble et très obéissant serviteur.

» Pour le maître du noviciat,

» *son secrétaire,*

» *Signé :* T. Boureau. »

La **carrière** de la vie religieuse active m'était donc fermée.

Et il ressort assez clairement des documents cités que l'empressement de Monseigneur Angebault à seconder mes tentatives de ce côté, et à montrer son grand désir à se débarrasser de moi, avait pu y contribuer. Le père Meslier, supérieur des Lazaristes d'Angers, le déclara formellement quelques années plus tard à l'un de mes amis. Pendant vingt ans je n'ai guère trouvé Sa Grandeur abordable, que lorsque j'eus à lui demander son autorisation et son concours pour quitter son diocèse. Combien de fois me suis-je présenté à l'évêché, sollicitant l'honneur d'un entretien, exposant le besoin que j'avais d'une explication, demandant instamment à savoir les griefs dont on semblait si profondément irrité, sans pouvoir obtenir autre chose que des saluts d'une affectation pleine d'ironie, au milieu desquels je distinguais quelques paroles comme celles-ci : *Qu'est-ce qui vous a donné mission de conduire le diocèse ?*

J'étais à Montreuil-sur-Loir depuis deux ou trois ans, lorsque l'un des curés d'Angers eut le courage de

m'inviter à prêcher **la fête** patronale de sa paroisse.
Ces fêtes comportent **une** grande solennité ; **l'évêché y**
est présent, avec une **partie** du clergé de **la** ville. Le
sermon est à vêpres. **Au** dîner qui suit la **grand**'messe,
Monseigneur ne put **cacher** son dépit de me voir et de
savoir que j'étais le prédicateur. Lorsque, suivant l'u-
sage, le clergé sortant du chœur vint prendre sa place
en face de la chaire, Monseigneur, sous prétexte qu'il
n'entendrait pas, s'obstina à rester au chœur, et récita
son bréviaire en me tournant le dos, pour protester,
coram populo, contre le prédicateur.

XXX

Après quatre ans de séjour à Montreuil-sur-Loir,
une éclaircie commençait à poindre dans l'esprit de
Monseigneur ; ses préventions tendaient à diminuer, à
tomber en présence d'une série d'événements où il lui
fut impossible de ne pas reconnaître que depuis plus de
vingt ans son opinion avait été égarée. Il voulut bien
provoquer des explications vainement offertes par moi,
sur des faits où ses convictions s'étaient formées. Un des
prêtres d'Angers les plus intelligents et qui connaissaient le mieux Sa Grandeur m'avait dit souvent : « Monseigneur a de la foi, il craint les jugements de Dieu,
il sent que la direction d'un diocèse est un lourd fardeau
et d'une inquiétante responsabilité ; un jour viendra où
il vous rendra justice : toutefois, vu son caractère, il ne
le fera que graduellement, pour ne pas trop afficher ses
torts. »

Vers la fin de 1868, je fus nommé desservant d'une paroisse importante, mais qui fut occupée par un autre prêtre qu'appuyaient des influences que Sa Grandeur ne put s'empêcher de satisfaire. Quelques semaines plus tard, on m'offrit Saint-Saturnin, paroisse de 900 habitants, mais fort agréable.

Après quelques mois, Monseigneur Angebault, absolument revenu de ses préjugés, éclairé sur un passé où il m'avait injustement et inconsciemment abreuvé de tant de peines, m'en exprimait le regret de la façon la plus touchante et la plus paternelle. Je dois garder le secret sur le poste éminent qu'il se proposait de me donner dans son diocèse, mais je puis dire qu'il était impossible de faire une réparation plus éclatante de ses erreurs. Il mourut quelques semaines après, et Dieu ne put lui tenir rigueur d'une persécution dont il se repentait sincèrement, et qui aurait été évitée si les lois canoniques avaient eu leur application dans notre diocèse.

XXXI

Il y a des secrets professionnels, il y a des secrets d'honneur, il y a des secrets de convenances. J'apporte dans cet écrit une attention spéciale à les respecter tous. Si cette discrétion nuit à ma défense, elle s'accorde avec mes sentiments, avec ma conscience, avec mes habitudes. Je crois ne commettre aucune indélicatesse, en insérant ici la notice biographique que publièrent les journaux à l'époque de l'élection de Monseigneur Freppel, comme député de Brest; j'ai cherché et fait chercher sur les

feuilles publiques une réfutation de cette notice biographique et je n'ai pu en trouver aucune, d'où je conclus
que les faits sont vrais et que je puis les rapporter, puisqu'ils sont du domaine public.

MONSEIGNEUR FREPPEL

Monseigneur Freppel est né en 1827, à Obernai, petite
ville du Bas-Rhin, située à 25 kilomètres de Strasbourg.
Son père y était greffier de la justice de paix. Il avait un
frère plus âgé que lui de deux ans, mort sous-lieutenant.

Le jeune Freppel fit ses classes élementaires au collège
communal de sa ville natale. Il avait une imagination
vive et une rare mémoire. Il travaillait beaucoup, malgré
les apparences d'une santé délicate. Il entra en rhéto-
rique au petit séminaire de Strasbourg, où il fit également ses études philosophiques, à la fin desquelles il
obtint le diplôme de bachelier et fut reçu au grand séminaire. Ses parents crurent, à cause de la pétulance de son
caractère et de ses sorties quelquefois violentes, qu'il
choisirait plutôt l'état militaire, et son frère, plus doux,
l'état ecclésiastique : ce fut le contraire.

Le jeune abbé Freppel fut un sujet brillant ; travail-
leur infatigable, il acquit de nombreuses connaissances
et il fut toujours l'un des premiers de son cours de théologie. Il était en quatrième année de théologie quand
éclata la révolution de février. Ardent, fougueux, libéral,

il professait dès ses jeunes années un vrai culte pour la république ; cela était héréditaire dans sa famille. Un de ses parents s'était fort distingué en 1793, en faisant abattre toutes les croix le long des routes dans le val de Ville où il habitait. Aussi ne fut-on pas étonné, le 24 février 1848, que le jeune abbé Freppel, en apprenant la proclamation de la république, entonnât en plein séminaire *la Marseillaise*. Le lycée de Strasbourg est contigu au grand séminaire : les deux établissements ne sont séparés que par un mur de trois mètres de haut. Quand les lycéens entendirent les jeunes séminaristes chanter *la Marseillaise*, ils firent chorus avec eux. L'évêque de Strasbourg, monseigneur Rœss, encore vivant, prévenu de ce qui se passait dans son séminaire, s'y rendit et fit une semonce bien sentie aux séminaristes et en particulier à l'abbé Freppel.

Quand celui-ci eut terminé son cours de théologie, l'un des professeurs du séminaire étant tombé malade, il s'agissait de le remplacer.

Tout indiquait M. Freppel pour remplir cette chaire ; mais le supérieur, craignant l'impétuosité du caractère de M. Freppel, ses idées indépendantes, son esprit de critique et ses tendances novatrices, repoussa sa candidature. On le plaça alors comme professeur d'histoire au petit séminaire. Il n'était que sous-diacre parce qu'il n'avait encore que 21 ans. Il fit aux élèves de philosophie un cours sur la grande révolution. Ses élèves étaient des jeunes gens ardents de 18 ans. Il les exalta et leur inspira un véritable amour pour les grands hommes de la révolution. En 1849, lors des journées de juin, quand les gardes nationaux stationnaient sous les armes sur la place Kléber, à Strasbourg, il se mêla à eux et les harangua. Lors du coup d'État, le 2 décembre, il n'eut pas d'expressions assez énergiques à employer pour flétrir le parjure du président de la république.

En 1852, il y eut une lutte philosophique entre M. Maret, aujourd'hui doyen de la faculté de théologie de Paris, et M. Bonetty, directeur des *Annales philoso-phiques*, mort l'an passé, sur le traditionnalisme et le rationalisme chrétien. Ce dernier était soutenu par M. Maret et combattu par M. Bonetty. L'abbé Freppel se mêla à la lutte, prit parti pour monseigneur Maret et se fit ainsi connaitre dans le monde des lettres. Seulement il faut dire pour être juste que nul de ses articles n'a été imprimé sans avoir passé par l'examen du professeur de philosophie du petit séminaire de Strasbourg, M. Reich, un des philosophes les plus distingués de l'Europe.

L'année suivante M. Freppel se rendit à Paris et sollicita de M. Cruice, alors directeur de l'école des hautes études et plus tard évêque de Marseille, une place de professeur. Il fut accepté à titre de suppléant de M. Bautain. Il occupa cette situation pendant deux années, au bout desquelles l'évêque de Strasbourg le rappela, pour le mettre à la tête d'un collège libre que le prélat venait de fonder. M. Freppel choisit comme collègues **des** jeunes professeurs capables et le collège prit bientôt **de** belles proportions. Seulement si les classes étaient bien faites, l'esprit de la maison laissait à désirer aux yeux de l'épiscopat. Tout le personnel enseignant, à commencer par le directeur, affichait un libéralisme et une indépendance qui soulevèrent de graves objections dans le monde officiel. D'autre part, le collège était une vaste tabagie où naturellement on fumait, on buvait de la bière et le reste.

Des plaintes arrivèrent de toutes parts à l'évêque, et un beau jour, quand il fut certain que les remontrances souvent réitérées et les menaces ne parvenaient pas à modifier l'état des choses, l'évêque destitua M. Freppel et le nomma vicaire à Saar-Union, un des derniers vicariats du diocèse. Plusieurs ecclésiastiques, trouvant que la disgrâce était trop forte, intervinrent auprès de l'évêque, qui, se laissant fléchir, nomma l'abbé Freppel vicaire à Mutzig, mais toujours vicaire.

Sur ces entrefaites, l'Empereur, d'accord avec Monseigneur Sibour, avait fondé l'association des chapelains de Sainte-Geneviève, au Panthéon. Les journaux avaient publié un concours. L'abbé Freppel se rendit directement à Paris et s'y présenta. Il parait qu'il échoua, c'est au moins ce qu'a publiquement raconté un professeur actuel de la Sorbonne. Son échec lui fut extrêmement pénible.

Dans le jury du concours figurait M. Maret, en faveur duquel l'abbé Freppel avait écrit, et M. Bautain, personnellement en mauvaises relations avec l'évêque de Strasbourg, qui avait provoqué contre cet abbé une condamnation doctrinale à Rome. On dit que M. Freppel exprimant à ces deux Messieurs, les larmes aux yeux, l'impossibilité où il était de rentrer à Strasbourg à cause de sa brouille avec l'évêque, ceux-ci trouvèrent un biais. Il y avait alors une suppléance vacante à la Sorbonne. Ces messieurs la proposèrent à M. Lavigerie, un des lauréats du concours de Sainte-Geneviève et aujourd'hui évêque d'Alger, à condition qu'il céderait sa place de chapelain. M. Lavigerie accepta, et sans nouvel examen, on mit M. Freppel à la place de M. Lavigerie, qui passa à la Sorbonne.

A Paris, l'abbé Freppel passa ses examens du baccalauréat, de la licence et du doctorat en théologie, et fut plus tard nommé lui-même suppléant, puis professeur à la Sorbonne. Il demeurait alors rue Neuve-Sainte-Geneviève, en face de l'ancien collège Rollin. A Rollin, il y avait pour second aumônier l'abbé Bourghard, ancien professeur de philosophie au lycée de Besançon. Les deux abbés voisinèrent et se lièrent. Un jour, M. Troplong étant président du Sénat, on cherchait un prêtre qui pût ou qui voulût dire trois ou quatre fois la messe par semaine à la chapelle du Luxembourg pour faire plaisir à Mme Troplong, personne très pieuse. On proposa ces fonctions à l'abbé Bourghard, mais soit que cet abbé n'aimât pas à se déranger, soit que l'heure à laquelle cette messe devait être dite se trouvât trop tardive, il refusa en ce qui le concernait, mais proposa à l'abbé Freppel de prendre sa place. Celui-ci, plus fin, plus perspicace que son ami, accepta. Il se disait avec justesse : M. Troplong est président du Sénat ; il est influent à la cour ; je suis jeune, l'avenir... Et il ne se trompa pas ; la chapelle du Luxembourg le conduisit à la porte de son évêché.

Quoique violent de caractère, rude dans son langage, tranchant dans ses entretiens, il sait être très aimable quand son intérêt l'exige. Il se fit donc bienvenir de Mme Troplong et de M. le président.

Il n'était déjà plus républicain, l'empire semblant bien assis. Invité à dîner assez souvent chez M. Troplong, il y fit la connaissance des ministres et surtout de M. Rouland, alors ministre des cultes. Il faut croire qu'il séduisit ce dernier. M. Rouland le présenta donc aux Tuileries, où il fut invité à prêcher un carême. Ses discours ont été imprimés. Mais, soit que le prédicateur eût peur de lui-même et peur de son auditoire, soit que d'autres sentiments, comme celui de la flatterie, l'aient dominé, toujours est-il que ces discours n'ont absolument rien de remarquable, ni comme forme ni comme fond. L'Empereur, en reconnaissance, lui donna une magnifique tabatière en or.

En même temps, M. Renan fit sa *Vie de Jésus*. M. Freppel en tenta la réfutation, et cette réfutation qui a paru d'abord dans l'*Univers*, puis en brochure, est d'une faiblesse extrême.

Si les cours de M. Freppel à la Sorbonne ont eu du succès, il faut l'attribuer évidemment à son labeur persistant et à sa grande mémoire. Mais ce qui leur a surtout donné de la valeur, c'est que M. Freppel, connaissant la langue allemande, a puisé à pleines mains dans des ouvrages écrits dans cette langue sur les Pères des premiers siècles de l'Église.

Dans aucun pays, en effet, on n'a poussé aussi loin qu'en Allemagne les études en ce genre.

A cette époque, M. Freppel était absolument bonapartiste. Il souhaita la croix de la Légion d'honneur. Mais il y avait une difficulté. M. Duruy voulait en même temps que lui décorer M. Littré. Or la cour de l'Impératrice avait des préventions contre M. Littré. Que fit Monseigneur Darboy, archevêque de Paris ? Il demanda personnellement la croix pour M. Freppel à l'Empereur ; le 15 août suivant il l'obtint. C'était en 1866. A ce même moment M. Freppel fut nommé doyen de Sainte-Geneviève.

Il fit également à cette époque un voyage à Rome, et déposa aux pieds de Pie IX les volumes de son cours qu'il avait fait imprimer. Il logeait à l'Ambassade de France qui le mit en relation avec les sommités du monde ecclésiastique. Adroit comme il était, il se montra ultramontain au Vatican, gallican à l'Ambassade. Aussi, quand il s'agit de préparer les travaux du concile, en 1868, il fut appelé à Rome en qualité de consulteur. Il savait à ce moment-là que les jésuites préparaient le dogme de l'infaillibilité pontificale et il n'ignorait pas non plus combien le *Syllabus* avait déplu aux Tuileries. Avant de partir pour le concile, il répétait à ses amis qu'il y combattrait l'infaillibilité à outrance et qu'il ne cacherait pas l'inopportunité du *Syllabus*. Il supposait en ce moment-là que les évêques résisteraient à l'infaillibilité. C'est cette position prise ostensiblement par lui qui détermina l'archevêque de Paris à porter son nom sur la liste des candidats épiscopaux.

Cependant, s'étant convaincu à Rome que l'infaillibilité serait proposée et adoptée, il fit volte-face, il parla et écrivit contre les opposants, notamment MM. Darboy, Dupanloup et Maret, son ancien bienfaiteur. Il disait publiquement que l'archevêque de Paris n'avait plus la foi. Le père Gratry ayant écrit quelques lettres où il prenait l'infaillibilité et les jésuites à partie, il poussa l'évêque de Strasbourg à publier une lettre à son clergé dans laquelle les écrits du père Gratry étaient condamnés. Il obtint le même acte de monseigneur Caverot, alors évêque de Saint-Dié, aujourd'hui archevêque de Lyon. Il fit renvoyer de Rome l'abbé Guthlin, ami de l'évêque d'Orléans et partageant ses idées d'alors.

Toutes ces manœuvres, plus ou moins occultes, furent connues des intéressés, et l'archevêque de Paris le fit effacer de la liste des candidats épiscopaux sur laquelle il l'avait indiqué.

Sur ces entrefaites, le siège épiscopal d'Angers devint vacant. M. Freppel sentit qu'il lui échappait. Que fit-il ? Il revint en toute hâte à Paris. Monseigneur Donnet, cardinal-archevêque, était en ce moment très malade. Il n'avait pu assister aux premiers travaux du concile, retenu qu'il était dans son lit à Bordeaux. Le vieux cardinal avait de la sympathie pour M. Freppel. Celui-ci n'alla pas le trouver pour implorer l'appui de son influence, très grande auprès de l'Empereur ; non, mais il envoya son ami Bourghard ; voici comment un prélat raconta alors cet épisode à un dîner où assistaient une quinzaine d'ecclésiastiques.

M. Freppel, très anxieux, expédia l'abbé Bourghard au cardinal Donnet, avec un brouillon de lettre destiné à l'Empereur. Voici la teneur de ce brouillon :

« Sire, à la veille de mourir et de paraître devant Dieu,
» j'ai une dernière prière à vous adresser. Vous ne refu-
» serez pas à un mourant de l'exaucer. Je demande à
» Votre Majesté l'évêché d'Angers pour l'abbé Freppel,
» que des ennemis occultes ont tâché de noircir près de
» l'archevêque de Paris. J'espère, Sire, apprendre cette
» nomination avant ma mort qui est prochaine. »

Le cardinal fit copier cette pièce, la signa dans son lit et la remit à l'abbé Bourghard, qui revint en toute hâte à Paris. C'était à la fin de 1869. Le lendemain le *Moniteur* annonçait la nomination de M. Freppel. Monseigneur Donnet se remit de sa maladie et sacra lui-même M. Freppel à Rome, le lundi de Pâques 1870. M. Freppel avait également employé en sa faveur l'appui de Monseigneur Bécel, évêque de Vannes, très lié avec les Bacciocchi.

Voilà comment M. Freppel devint évêque d'Angers. Si Monseigneur Darboy avait été à Paris lorsque l'on circonvenait ainsi l'Empereur, il est bien certain que M. Freppel n'aurait porté la mitre que depuis l'ordre moral.

Le diocèse d'Angers est très légitimiste ; aussi la chute de l'empire vint-elle à propos pour dégager M. Freppel de la reconnaissance qu'il devait à l'Empereur et pour lui permettre de devenir subitement plus royaliste que le Roi. Cela ne l'a pourtant pas empêché, à l'occasion de la pose de la première pierre de l'église du Sacré-Cœur à Montmartre, de passer le temps de la cérémonie à faire sa cour au duc de Nemours.

Nous avons dit que M. Freppel est très entreprenant par caractère ; aussi, dès son arrivée à Angers; il entreprit toutes sortes d'œuvres nouvelles. Il fit construire deux nouveaux collèges ecclésiastiques coûtant ensemble 1,200,000 fr. Il réunit cette somme au moyen de quêtes et d'impôts dont il frappait ses diocésains. A peine eut-il terminé ces établissements, et avant même qu'ils fussent intégralement payés, il commença la construction d'une université. Il emprunta et l'on dit qu'à cette heure le diocèse a encore deux millions de dettes. Il use sans façon de ses paroissiens.

Un jour, il fit une visite à M. de C., et à brûle-pourpoint lui demanda la cession à titre gratuit de son hôtel patrimonial pour l'adjoindre à son université. Une autre fois, se trouvant en tournée de confirmation dans les environs de Durtal, un châtelain l'invita à diner.

« Combien d'argent votre diner coûtera-t-il ? »

Le comte répondit qu'il n'en savait rien.

« Mais combien de personnes avez-vous invitées ?

— Trente.

— Mettons 10 fr. par tête, cela fait 300 fr. Donnez-moi les 300 fr., monsieur le comte, et je dinerai chez le curé. »

Il a aussi fait construire une très belle église au Sacré-Cœur, en concurrence à celle de Montmartre.

Il crut en 1871 être nommé archevêque de Paris. Quelqu'un qui lui en parla le trouva fort désappointé du choix qu'on avait fait de l'archevêque de Tours.

« Que voulez-vous, disait-il, on a préféré un homme anodin comme Monseigneur Guibert, pour pouvoir mieux le manier et en faire ce que l'on veut. »

Néanmoins, comme Monseigneur Guibert était vieux, il espérait encore lui succéder. Ainsi lorsqu'il s'est agi de M. Langénieux pour l'évêché d'Amiens, il poussa de très actives démarches auprès de M. Beulé pour faire envoyer M. Langénieux à Tarbes, Amiens étant trop près de Paris, et M. Langénieux un compétiteur trop à craindre pour le siège de la capitale. Aussi s'est-il souvent vanté d'avoir fait expédier M. Langénieux dans les Pyrénées.

Si l'évêque d'Angers a beaucoup de mémoire, une vaste érudition, il manque de ce qui est plus nécessaire à l'homme que l'esprit. Infidèle à l'amitié, il a payé d'ingratitude tous ceux qui lui ont rendu service. Il mène son clergé avec une rudesse orientale. Ses prêtres peuvent être fiers d'avoir pour évêque un homme de ce talent, mais ils ne peuvent le chérir pour sa bonté. Son caractère a été d'ailleurs altéré par une affection des fosses nasales qui rend son voisinage désagréable. Il s'en console cependant avec le kirsch alsacien, qu'il avale à pleins goblets. Quoi qu'il en soit, le clergé angevin sait ce qu'il en coûte lorsqu'il s'attire à tort ou à raison la colère de son chef spirituel. Monseigneur Freppel a voulu à plusieurs reprises être député, puis sénateur. Aujourd'hui il se présente à la députation dans l'arrondissement de Brest. Que fera-t-il à la Chambre ? Il compromettra le clergé dont il se croit le représentant.

M. de Falloux disait, il y a dix-huit mois, dans un salon :

« L'évêque d'Angers se ferait radical si l'extrême-gauche lui promettait un chapeau de cardinal. »

Voilà un jugement sévère ; peut-être n'est-il que juste.

XXXII

Monseigneur Freppel a un talent très remarquable. Il n'est pas homme de **génie**, car il ne prend rien en lui. Il n'est pas homme **d'éloquence**, parce que le cœur lui fait défaut. Il est **professeur**, expose **admirablement**, raisonne très logiquement, mais il compromet **quelquefois** sa thèse en poussant ses déductions à l'extrême. La violence du caractère se retrouve dans le raisonnement.

Ce qui le distingue particulièrement, c'est l'aptitude à s'approprier presque instantanément ce qu'il lit, ce qu'il entend, l'ensemble d'une situation en vue, et de rendre tout cela dans un fort beau langage. En le lisant chacun est charmé de voir exprimé, clairement et énergiquement, ce qui est, ce qu'il a entrevu. Mais cette facilité à s'assimiler ce qui est hors de lui, a pour conséquence l'appropriation des idées, des préventions, des haines, des répulsions de ceux qu'il rencontre, sans prendre la peine, en respirant une atmosphère chargée d'exagérations, de faussetés, de passions, d'en faire un triage nécessaire. Son talent d'analyse, qui est si remarquable pour ce qu'il lit, fait défaut pour ce qu'il entend ; et étant données la connaissance qu'il a de sa supériorité et sa confiance en lui-même, il est dans les conditions les plus favorables pour être trompé. Ses prêtres prétendent qu'il est de l'avis du dernier qui parle. Aussi est-il souvent le serviteur abusé des personnes à l'élocution facile, à l'accent convaincu, sur la foi desquelles il prend des déterminations, aussi graves qu'injustes.

Aussi encore est-il mené par des gens qui n'ont guère d'autre talent que celui de le flatter. Il est bien le premier à constater leur peu de valeur, et ils ne sont pas les derniers à parler, en son absence, de ses boutades et de ses emportements. Mais certaines nécessités les rassemblent et chacun apportant ses nouvelles, ses impressions, les recommandations imposées, les engagements pris, il sort du choc des idées et des discussions, des incohérences que le bon clergé n'explique pas, mais auquel il se soumet toujours. Des vicaires méritants, après quinze ans de bons services, se voient préférer, quand une desservance est vacante, de jeunes, très jeunes ecclésiastiques qu'un souffle (d'où vient-il ?) y amène : *C'est au hasard de la fourchette*, dit-on, car ce n'est pas au mérite.

« Ce pauvre X..., aurait dit Sa Grandeur, je ne » sais qu'en faire..... Je l'avais mis dans cette école où » il avait affaire à des bambins de huit ans. On n'en » veut plus ! Il est d'une nullité !..... Je n'ai de ressource » que de le nommer curé. »

Et Sa Grandeur l'a nommé curé. Il avait deux ans de prêtrise !.....

Mais qu'est-ce qu'une paroisse aux yeux de Monseigneur Freppel ?

Monseigneur Freppel a une mémoire qui sait tout caser, et tout retrouver pour la facture d'un discours, et une puissance de travail qui défie la fatigue. Son estomac peut absorber autant que plusieurs, et des meilleurs. La digestion s'y fait si merveilleusement que ses idées ne paraissent jamais entravées dans leur lucidité. Sa constitution résiste à tout : aux voyages, aux discours à préparer et à déclamer, aux honneurs à recevoir, aux cérémonies multipliées et prolongées, aux interruptions de tout régime, à toutes les exigences

d'affaires, de luttes, aux tumultes d'une vie qui ne lui
semble jamais assez mouvementée. Il est habituellement
aimable, sans gêne, laissant à ses interlocuteurs même
les plus inférieurs une grande liberté. On dit cependant
qu'à certains moments de triomphe manqué, d'idées
contrariées, la violence de son caractère éclate en emportements qui effraient même les familiers. On a vu que
sa plume, ordinairement si correcte, n'échappe pas toujours à l'expression de sa colère. Qui ne se rappelle, par
exemple, ces admonestations adressées par la voie des
journaux au conseil général du département et au conseil
municipal d'Angers ?

Le clergé d'Anjou est flatté d'avoir un évêque de
grand talent ; mais chaque année, à la retraite pastorale, les avis donnés par l'évêque à ses prêtres, bien
qu'acceptés avec un respect religieux par le plus grand
nombre, le déconsidèrent dans l'esprit des plus observateurs et des plus réfléchis. J'ai entendu plusieurs fois
dans les groupes où l'on commentait les avis et les
ordres de Monseigneur, en les comparant à ceux des
années antérieures, ces propres paroles : « Il ne croit pas
un mot de ce qu'il dit. »

Monseigneur Freppel a la bonne et unique fortune de
se trouver au Parlement, comme évêque, le soutien naturel de thèses aussi nombreuses que faciles, et d'un
travail de compilation, d'élucidation, de dissertation
absolument en rapport avec ses aptitudes. En lisant
le compte rendu des discussions de la Chambre, on a
souvent lieu d'être surpris des échecs de l'évêque, après
des discours si lumineux et si concluants. Les uns se
disent qu'un homme de génie, enflammé du feu sacré,
aurait trouvé un de ces mouvements auxquels ne résiste
pas un auditoire, même prévenu, même ennemi.

D'autres prétendent qu'il y a parti pris par la majorité, et que toute cause défendue par Monseigneur Freppel est perdue d'avance. Si le parti pris est contre l'idée, contre la doctrine, rien n'est personnel à Monseigneur l'évêque d'Angers ; et il donne raison, en parlant contre tout espoir de succès, à ceux qui le félicitent d'établir, par ses discours et ses protestations, des monuments de résistance et de vérité pour l'avenir.

Pour le cas où le parti pris s'adresserait à sa personne, je sais d'excellents catholiques qui se plaignent que Monseigneur Freppel n'abandonne pas à des orateurs mieux acceptés l'honneur de présenter et de défendre des vérités reconnues par bien des gens qui ne les repoussent que parce qu'il en est le champion, et l'amour-propre étant engagé par un vote public, élève une barrière qui ferme tout espoir de retour.

Ciceron définissait l'orateur : *Vir bonus dicendi peritus.*

S'il avait dit : *Vir gratus dicendi peritus,* sa définition n'aurait pas semblé applicable à Monseigneur Freppel, en tant qu'orateur de la Chambre.

Si les raisons constitutives d'une situation dans l'ordre moral s'analysaient comme les éléments des êtres dans l'ordre physique, le public se rendrait mieux compte de la disproportion entre les facultés extrêmement remarquables de Monseigneur Freppel, et le peu de fruits qu'elles produisent, ou plutôt les fruits contraires à ceux qu'il prétend produire.

A la Chambre, il est le défenseur énergique, habile, savant, infatigable des intérêts religieux, et nul ne les compromet plus que lui ; parce que l'on sent, parce que l'on voit qu'au lieu d'être l'apôtre de l'Église, il n'est l'apôtre que de lui-même. On cherche en vain l'évêque dans cet orateur ; son ton, son attitude, son audace, ses interruptions, ses répliques, l'idée que tout le monde a de sa personnalité, de la nature de ses moyens de combattre, de son savoir-faire trop... humain, le placent, dans l'esprit de plusieurs, au premier rang des gens que l'on redoute, et au dernier rang des gens que l'on estime. On ne peut nier que s'il n'eût jamais paru au Parlement, les intérêts catholiques y eussent été infiniment moins compromis : et parce qu'on ne les aurait point appréciés et jugés sous l'influence du manque de sympathie qu'il inspire, et parce qu'on ne l'aurait pas pris pour type et représentant autorisé du clergé français. La violence de son caractère, son esprit dominateur, sa passion l'entraînent à poursuivre et à exiger l'absolu, à écarter les concessions nécessaires, à confondre les principes et les erreurs avec les hommes qui les défendent, et à soulever contre l'Église toutes les répulsions qu'il soulève contre lui-même.

Notre-Seigneur Jésus-Christ a dit : *beati mites, quoniam ipsi possidebunt terram.* Si aux magnifiques facultés que Dieu a prodiguées à l'évêque d'Angers, celui-ci avait joint, sinon les vertus d'un saint, du moins quelque peu de l'humilité, de la charité, de l'oubli de soi-même, de la douceur préconisées par le divin Maître, il eût possédé ce monde, c'est-à-dire la sympathie, l'affection, l'influence, la puissance avec lesquelles on entraîne et on gouverne le monde, dans le ressort de la mission que l'on tient de la Providence.

Cet esprit dominateur, ou plutôt cette fougue de volonté qui, lorsqu'elle est fouettée par l'orgueil froissé, va jusqu'aux limites extrêmes de la passion entêtée et de l'injustice, Monseigneur Freppel la subit surtout dans le gouvernement de son diocèse. Qu'il sente une résistance, si raisonnable, si respectueuse, si canonique qu'elle puisse être : il se cuirasse de toute l'armure de son épiscopat, et se fait grand en se portant comme le soutien des droits de Dieu, quand il n'est que le supérieur rapetissé par l'abus de la force, l'homme rageur bataillant pour ses prétentions purement personnelles, avec non plus de dignité que d'équité...

Le Concordat établit l'accord de l'évêque et de l'État pour la nomination des chanoines et des curés. Or si l'État n'accepte pas les sujets désignés par Monseigneur Freppel, les postes restent vacants indéfiniment, quelles qu'en puissent être les conséquences pour le salut des âmes. Mais il sera reconnu que Monseigneur ne cède pas... Quelle gloire !... Et nombre de ses prêtres, assouplis de longue date, serviles en se croyant obéissants, fiers d'avoir un prélat qui ne plie pas, le proclameront de ce chef, une fois de plus, un des grands évêques dont l'Église puisse s'honorer !... Le dernier degré du désordre, c'est quand les inférieurs, par l'impulsion et la direction venue d'en haut, par crainte, par flatterie, en vue de la faveur, ont perdu les notions du juste et de l'injuste, du droit et de l'abus, et tiennent à mérite de se courber sous la pression de la passion de l'homme, d'aduler ses excès, de fouler aux pieds ses victimes innocentes, parce qu'ils sentent leur sort dans les mains de cet homme, parce que cet homme est leur évêque, et parce que cet évêque n'admet pas de limites à son pouvoir.

Les remontrances respectueuses de vénérables curés à Monseigneur Montault, remontrances dont la légende a tant édifié la génération sacerdotale qui nous a précédés, par la lumière qu'elle a jetée sur l'humilité du saint évêque, sur son union intime avec son clergé, sur l'application de tous à mettre entre ses mains, pour le service de l'Église, le faisceau de toutes les facultés ; l'évo-

cation de cette légende, en regard des prétentions de
Monseigneur Freppel à imposer à tous ses prêtres ses
idées personnelles sur la politique, sur la conduite so-
ciale, sur les choses contingentes et terrestres, sur les
hommes vus dans leur caractère et dans leurs opinions,
sur les événements, sur le passé, sur l'avenir : l'évoca-
tion de la légende de Monseigneur Montault suffit à faire
apprécier l'évêque actuel d'Angers, la situation de son
clergé et l'état de son diocèse. Tous les prêtres d'Anjou
reconnaissent et respectent par foi et par tradition, en
Monseigneur Freppel, et en toute leur plénitude, ses
droits et son autorité d'évêque, de chef spirituel. — Ce
n'est pas assez. Un prêtre qui hésite à le reconnaître
pour évêque *temporel*, évêque du dehors, traçant et
limitant les devoirs, même individuels et privés, envers
les hommes revêtus de quelque pouvoir civil, est un
prêtre rejeté, perdu.

Sous le prétexte de la connexité des intérêts religieux
avec les faits politiques, de la réaction qu'ont l'un sur
l'autre le spirituel et le temporel, notre prélat s'attribue
la mission de diriger les événements humains, et d'obliger ses prêtres, chacun dans l'étendue de ses facultés et
de ses forces, à embrigader des groupes pour les combats
de la vie civile et de la vie politique, et pour les élections
de tout genre et à tous les degrés. — La résistance publique de quelques prêtres aux fonctionnaires du gouvernement est citée par Sa Grandeur comme actes
méritoires, et officiellement proposée en exemple. Monseigneur Freppel ressuscite une école condamnée par l'É-
glise, et dont les prétentions à notre époque entraînent
pour la religion un péril suprême : la subordination en
toutes choses, de l'autorité temporelle à l'autorité spirituelle. Dans ses visites pastorales, il accueille comme

chose due les hommages publics des autorités civiles,
et il condamne un curé qui se joint au cortège officiel
pour recevoir le préfet à sa première tournée. Le décret
sur les préséances qui, depuis le Concordat, a réglé les
rapports des représentants de l'Église et des représentants de l'État, n'est reconnu par Monseigneur Freppel
que pour les honneurs qu'il peut recevoir, et nullement
pour les devoirs qu'il a à rendre. Nul, plus que Monseigneur Freppel, n'exalte les passions irreligieuses, ne
fournit plus d'arguments contre le clergé, ne pousse plus
activement à la rupture des engagements concorda-
taires, à la séparation de l'Église et de l'État. Son goût
pour les aventures batailleuses, son ambition... y entre-
verraient-ils un rôle, et à la suite, une grande situation ?....

On peut croire que si Monseigneur Freppel avait été
évêque d'un diocèse en possession des canons réglant la
conduite et les pouvoirs de l'évêque, l'idée ne lui serait
pas venue de s'y soustraire. Déjà depuis quelques années,
sur les observations réitérées du souverain pontife, et
après les déclarations formelles des conseils provinciaux,
Monseigneur Angebault était devenu très sobre des
changements de curé. Mais à l'exception de cet abus
de pouvoir rendu impossible, Monseigneur Freppel ag-
grava, au profit de son omnipotence, tous ceux dont il
trouva tradition.

Poursuivi par le besoin d'argent pour des œuvres aussi
nombreuses qu'éclatantes, il reconnut où gisent, en Anjou,
la fortune et la générosité, et il se jeta dans un milieu
où les convictions religieuses et politiques se tiennent.
Notre pays, plus qu'aucun autre, possède ces familles
riches, généreuses, chevaleresques, puissantes par leurs
ramifications et le souvenir du bien accompli par leurs

ancêtres, dévouées à l'Église, à condition toutefois qu'elle soit représentée près d'eux par des ministres partageant et professant leur foi politique. Ces familles étaient toutes disposées à recevoir avec empressement un évêque, un auxiliaire d'une activité extraordinaire, d'un talent incontesté. Elles virent l'homme de la Providence dans ce prélat dominant son clergé, lui imposant ses vues, sa tactique, le secouant et l'excitant pour faire de tous ses prêtres des agents d'élection éclairés, influents, convaincus, dévoués, et, en retour, elles ne ménagèrent au prélat, ni distinctions, ni argent, ni démonstrations d'amitiés. Monseigneur Freppel avait jeté dans le fossé son bagage bonapartiste, son bagage républicain, et peut-être quelque autre, et marchait en tête de toute l'intransigeance légitimiste, se faisant suivre de ses congrégations, de ses prêtres, de ceux de ses diocésains à qui il parvenait à faire prendre sa route comme la seule qui pût conduire au salut de leurs âmes et au salut de la France. Et ceux de ses prêtres (je suis presque le seul) et les laïques éclairés et profondément chrétiens qui ne s'y engageaient pas, étaient stigmatisés comme gallicans, comme catholiques libéraux de la mauvaise espèce, comme les plus dangereux ennemis de l'Église.

Étant curé de Saint-Saturnin, j'arrivai un jour chez mon curé de canton, M. Ouriou, curé des Ponts-de-Cé ; c'était à l'époque des élections. « Je viens de recevoir
» par exprès l'ordre de Monseigneur, me dit M. Ouriou,
» de faire échouer les candidatures de MM. Ferré et de
» Soland, parce que, dit le prélat, ces messieurs sont
» de l'école de M. de Falloux, de l'école des catholiques
» libéraux. Il faut voter et faire voter pour M. X... qui
» n'a aucune religion, mais qui n'est pas condamné par
» l'*Univers.* »

Monseigneur Freppel avait de bonne heure compris qu'en Anjou la noblesse et les congrégations donnent à un évêque une force sans limites ; et que toute résistance serait vaine, dès qu'il pourrait la représenter comme s'attaquant à ces deux institutions, ou aux idées retranchées dans ces institutions. Son plan de bataille était là, sa victoire était assurée dès qu'il parviendrait à montrer ceux qu'il aurait à détruire comme ennemis des congrégations et de la noblesse, ou des idées religieuses retranchées dans les congrégations et des idées politiques retranchées dans les salons de la noblesse. Avoir pour soi les congrégations et la noblesse d'Anjou ; éviter avec un soin extrême tout ce qui pourrait amoindrir la solidarité des vues, des intérêts, des aspirations, des projets entre lui et ces deux forces sociales en notre pays, et fortifier cette solidarité par tous les actes que les circonstances présenteraient, telle a été la règle de conduite de Monseigneur Freppel. De là cette affectation de mépris pour le gouvernement et ses représentants, de là ce dédain de certains organes de publicité très religieux, et cette attache ostensible à certains autres ; de là cette faveur marquée pour certains prêtres, et cette répulsion affectée pour quelques autres ; de là cette protection, ce dévouement, peut-être plus retentissant que réel pour certaines congrégations dans les épreuves desquelles il y avait pour lui une heureuse occasion de popularité et de réclame.

XXXIII

J'étais venu à Montreuil-Bellay pour en être le curé et gouverner ma paroisse selon mes petites lumières. A Montreuil comme ailleurs, j'avais l'intention bien déclarée de voir également tous mes paroissiens, et de ne faire acception de personne, ni exception de personne : je devais apporter une application particulière à pratiquer une impartialité incontestable entre les établissements d'instruction, laïques et congréganistes. Au catéchisme, je suivis une méthode qui m'avait toujours réussi, et qui est forcément exclusive de toute faveur, de toute apparence même d'injustice, en même temps qu'elle est une source de grande émulation chez les enfants. Je préside au catéchisme et les enfants s'interrogent. A la récitation, si un enfant hésite à répondre, le suivant a droit de le faire et de prendre sa place ; après la récitation, j'explique, et je fais répéter les explications par les élèves ; et toujours celui qui sait prend la place de celui qui ne sait pas. C'est une composition continuelle. Je ne connais pas d'autre récompense, ni d'autre punition. La seule récompense, et qui est grande, c'est de placer une ou deux fois par an pendant la grand'messe, sur un banc en face de la chaire, les enfants occupant dans les trois communions les quatre premières places, et en les interrogeant devant la paroisse réunie, de constater leur savoir.

Ces précautions infinies pour être à tous, et exclure même le semblant d'une préférence, pour exciter, et par

les mêmes moyens, l'émulation au bien chez tous, eurent
pour résultat de déplacer certaines réputations, de blesser au vif certaines prétentions, et de m'aliéner bientôt
une école des sœurs établie dans une maison appartenant
à Mme de X... et une école de frères placée dans une
propriété de M. Y...

D'ordinaire, un curé est assuré du concours des frères
et des sœurs, au moins pour ce qui est de la gloire de
Dieu, pour la décence du culte, pour les cérémonies de
l'Église ; et il en était bien ainsi à Montreuil-Bellay,
avant que j'y apportasse des pratiques aussi étranges,
aussi condamnables, aussi fécondes en scandale que
celles que je viens de décrire. Mais je ne tardai pas à
m'apercevoir que tout était changé, non seulement le
curé et sa manière de faire, mais les dispositions des
frères et des sœurs. J'avais annoncé au catéchisme et au
prône, que la quête pour les fidèles trépassés qui a lieu à
la grand'messe serait faite chaque dimanche par deux
jeunes filles du catéchisme, celles qui, le dimanche précédent, auraient occupé la première place sur les bancs
de la troisième et de la deuxième communion. Les
élèves des sœurs, quand cet honneur leur revenait, furent
toujours empêchées de faire la quête. Les vendredis de
carême, au cantique du Chemin de la croix, les sœurs et
leurs élèves éteignaient leurs bougies et fermaient la
bouche, sitôt qu'elles s'apercevaient que les élèves et
les maîtresses de l'école communale prenaient part au
chant auquel tous les fidèles étaient conviés.

Je n'en finirais pas si j'entrais dans l'énumération de
ce refus obstiné, affecté de concours, des écoles de Mme de
X... et de M. de Y... Cette dernière, l'école des frères,
a presque toujours mis obstacle au choix de mes enfants
de chœur parmi ses élèves. L'organiste qui donnait à

ses élèves des leçons de chant, m'offrit un jour de former un chœur pour le chant des psaumes de vêpres ; j'en fus ravi, mais le dimanche où il devait commencer, il vint piteusement me prévenir que le frère supérieur s'y opposait absolument. Les enfants des frères sont groupés à côté du chœur, et ils chantent quand bon leur semble. Plusieurs fois depuis que je suis sans vicaire, mon chantre unique se trouvant malade, j'étais réduit à célébrer une messe basse le dimanche, et je chantais les vêpres en alternant les versets des psaumes avec l'orgue. Quand arrivait le chant de l'oraison, du *Dominus vobiscum*, les frères et leurs enfants gardaient un silence absolu, et je devais chanter *Amen* et *et cum spiritu tuo*.

J'étais assez simple, assez naïf, pour ne pas comprendre que ce refus de concours était le résultat d'un ordre supérieur, et j'écrivais à l'évêché lettres sur lettres pour demander des explications, pour éclairer la bonne foi de Monseigneur, sans me douter qu'un plan dressé par l'évêché pour me rendre le séjour de Montreuil impossible, était confié quant à l'exécution, et aux frères et aux sœurs, et à leurs patrons et patronnes, et que mon remplacement par un curé du choix de ces derniers serait la récompense de leur zèle et de leur triomphe.

Mme la supérieure générale des religieuses de Sainte-Anne m'écrivit la lettre qui suit :

(Je dois noter que cette dame est la sœur de M. le curé de Vihiers.)

« Saint-Florent, 15 juillet 1878.

» Monsieur le curé,

» La santé de ma sœur Sainte-Sophie ne lui permettant plus de s'occuper de votre sacristie, et d'autre part, nous trouvant dans l'impossibilité de donner une autre sœur pour la remplacer, veuillez agréer qu'avec regret je vous prie, monsieur le curé, de vouloir bien en confier le soin à d'autres personnes qu'à nos sœurs.

» J'ai l'honneur d'être avec un profond respect,

» Monsieur le curé, votre, etc.

» *Signé* : Sœur Marie-Saint-Augustin,

» *Supérieure générale.* »

Je dois dire que sœur Sophie ne s'occupait pas de la sacristie, mais une sœur quelconque sous ses ordres.

Je répondis :

« Montreuil-Bellay, 16 juillet 1878.

» Madame la supérieure générale,

» J'ai l'honneur de vous accuser réception de la lettre que vous m'adressez en date d'hier et dans laquelle vous me dites de confier à d'autres qu'à vos sœurs le soin de notre sacristie.

» A la manière dont ce service était fait depuis assez longtemps, il m'était facile de comprendre que sœur Sainte-Sophie voulait me mettre dans la nécessité de me priver de son concours. Il me paraissait toutefois si naturel que le soin du linge de l'église et de la sacristie fût entre les mains des religieuses, surtout lorsqu'elles tiennent trois ou quatre établissements dans la paroisse, que j'avais proposé à la supérieure de l'orphelinat de s'en charger moyennant l'adjonction d'une sœur. Sa réponse fut si prompte et si négative, qu'il fut une fois de plus évident pour moi, que le crédit de sœur Sainte-Sophie fait loi à Sainte-Anne, et qu'il faut qu'on le sache à Montreuil, et qu'on s'y résigne.

» J'ai lutté depuis plusieurs mois contre la pensée de confier à des laïques ce qui si naturellement doit être géré par des religieuses ; j'espérais même faire, aux vacances prochaines, un nouvel appel à la raison plus éclairée de votre conseil, madame la supérieure générale, et essayer de vous convaincre que les intérêts de votre communauté, en ce qui regarde Montreuil-Bellay, sont mis en péril par une attitude qui ne semble pas toujours inspirée par la sagesse chrétienne.

» Votre lettre vient m'arrêter et m'imposer tout d'un coup une détermination que je n'aurais prise qu'à toute extrémité. Je vais donc chercher une personne à qui je puisse confier la sacristie et le linge de l'église. Mais avant de l'investir de ces fonctions très délicates, il faudra que le bureau de la fabrique reçoive de vos sœurs, avec les clefs, tous les objets à elles confiés ; qu'un examen et inventaire en soient faits en bonnes formes, afin qu'on puisse leur en donner décharge.

» Recevez, etc.

» *Signé :* J. SUBILEAU, *curé.* »

En août de la même année 1878, je reçus la visite de madame la supérieure générale. Cette dame prit un ton tellement étrange, tellement hautain, que je m'expliquai le sobriquet de *boulangère* sous lequel elle est assez souvent désignée dans nos pays. Elle se sentait, sans aucun doute, forte d'appuis puissants. Selon elle, j'étais ennemi des religieuses, cela était connu, et cela faisait comprendre mes injustices au catéchisme, les premières places données par moi aux enfants de l'école communale, etc.

L'année suivante je fus plutôt prévenu qu'invité pour la distribution des prix des sœurs.

J'adressai à la supérieure locale, sœur Sophie, la lettre suivante:

« Montreuil-Bellay, 7 août 1879.

» Madame la supérieure,

» L'année dernière, à pareille époque, j'eus l'honneur de recevoir la visite de madame la supérieure générale, accompagnée d'une de ses dames assistantes et de madame la supérieure de Montreuil.

» A la manière dont je fus traité par madame la supérieure générale, je dus me demander si convenablement je pouvais le surlendemain assister à la distribution des prix de votre établissement. Rester chez moi eût été une manière indirecte, mais sûre, de faire comprendre à qui de droit que si j'avais tenu à être réservé et poli dans mon salon, et à laisser à madame la supérieure générale la satisfaction de m'avoir très facilement battu, je ne m'en sentais pas moins justement blessé.

» Mais en ne paraissant pas à la solennité de la distribution, j'aurais transporté dans le public un incident qu'il valait mieux ensevelir dans le silence. J'avais d'ailleurs la pensée qu'on se montrerait sensible à ma bonne volonté et qu'on saisirait l'occasion d'atténuer les effets de la scène de l'avant-veille.

» Or, vous ne pouvez pas avoir oublié, madame la supérieure, qu'à la distribution des prix, aucune place ne fut indiquée à mon vicaire; que m'étant laissé conduire à la sixième chaise, je dus encore, sur l'ordre qui m'en fut très ostensiblement donné, la céder à M. Mollet.

» Je résistai à l'idée de sortir, mais je me proposai de ne plus m'exposer à pareille mésaventure. — Même à l'école libre des religieuses de Montreuil-Bellay, le curé, quel qu'il soit, doit être traité en curé.

» Or, comme, depuis un an, aucune excuse, aucun témoignage de regret, ne sont venus me donner l'espoir que le titre et la dignité dont j'ai l'honneur d'être revêtu, seraient aujourd'hui moins méconnus, vous voudrez bien, je vous prie, madame la supérieure, ne pas compter sur ma présence ni sur celle de mon vicaire à la solennité de votre distribution, et agréer quand même avec mes sincères regrets l'expression de mon respect.

> » *Le curé de Montreuil-Bellay,*
> » *Signé :* J. Subileau. »

Dans le cours de cet écrit, on verra que Monseigneur Freppel saisit toutes les occasions pour accentuer son intention de me faire sortir de Montreuil, et ne cessa d'encourager les personnes qu'il avait prises pour auxiliaires dans l'exécution de sa volonté.

XXXIV

Un incident dont l'exposé trouve ici sa place, par ordre de date, vint par surcroît blesser vivement Sa Grandeur.

Au printemps 1880, une lettre de M. Pessard invitait les curés de canton à provoquer près de leurs confrères des adhésions publiques à Monseigneur, au sujet d'une protestation faite par les évêques de la province de Tours. Je rencontrai dans ce temps-là à Angers, deux curés qui, comme moi, trouvaient ces approbations réputées spontanées, fort inopportunes et fort imprudentes ; car enfin, disions-nous, le droit d'approuver implique celui de désapprouver. Pour moi, leur dis-je, je ne prendrai point l'initiative dans mon canton, mais je ne refuserai point de rédiger une adresse à Monseigneur, si mes confrères m'en expriment le désir. Chaque samedi, la *Semaine religieuse* insérait les adhésions de cinq ou six cantons, en style d'épopée. L'enthousiasme des deux curés que j'avais rencontrés était à la hauteur des autres. Pressé par les prêtres du canton de Montreuil-Bellay, j'acceptai d'envoyer notre adresse. La voici telle qu'elle fut enfin agréée et imprimée par la *Semaine religieuse.*

« 26 avril 1880.

» Monseigneur,

» Le divin fondateur de l'Église a établi les évêques pour la gouverner. En communion de foi avec eux, et prenant notre part de leur esprit, de leurs sollicitudes, de leur zèle, nous pasteurs des paroisses, n'avons qu'à faire connaître Jésus-Christ et administrer les sacrements aux âmes qu'ils nous ont confiées.

» Si aujourd'hui nous prenons la liberté de donner publiquement notre suffrage aux actes de votre charge, Monseigneur, nous trouvons notre excuse *devant vous*, dans la gravité extraordinaire des circonstances qui a déterminé vos prêtres de toute situation et de tout âge, à vous adresser, comme nous le faisons, le témoignage notoire de leur confiance et de leur adhésion à tout ce que la foi inspire à Votre Grandeur pour le maintien des droits de l'Église et l'affermissement de la religion.

» Pour tous les prêtres du canton,
» *Signé :* Subileau, *curé.*

J'adressai à M. l'abbé Grimault, chanoine secrétaire de Monseigneur, et directeur de la *Semaine religieuse* pour la chronique diocésaine, la lettre suivante :

« Montreuil-Bellay, 17 mai 1880.

» Monsieur le Directeur,

» Le 26 avril j'ai eu l'honneur d'adresser à Monseigneur l'adhésion des prêtres du canton de Montreuil-

Bellay, à la protestation des évêques de la province de Tours.

» N'ayant pu communiquer le texte qu'à un certain nombre de mes confrères, mais fort de l'assentiment des autres qui s'en étaient rapportés à ma rédaction, j'ai seul signé, mais au nom du canton entier.

» Nous nous étonnons de ne point avoir vu figurer, comme les autres, notre lettre sur la *Semaine Religieuse*, et je viens, tant en mon nom qu'en celui de mes confrères, vous prier de vouloir bien réparer cet oubli.

» *Signé :* J. SUBILEAU,

» *curé.* »

M. Grimault répondit :

« Évêché d'Angers, 18 mai 1880.

» MONSIEUR LE CURÉ,

» J'avais donné votre lettre à l'imprimeur pour qu'elle parût dans la *Semaine Religieuse*, quand Monseigneur m'a fait observer qu'on ne pourrait pas y joindre la mention ordinaire : *Suivent les signatures*, puisqu'elle était signée de vous seul. D'un autre côté, l'indication de votre seule signature *au nom de tous les prêtres du canton* pouvait ne pas convenir à tous vos confrères ; et, de fait, il nous est revenu que plusieurs n'auraient pas voulu signer la pièce. Dans ces conditions, Monseigneur a pensé qu'il valait mieux ne pas la publier.

» Je regrette, monsieur et cher confrère, d'avoir à vous transmettre ces explications, et je vous prie d'agréer quand même l'assurance de mon respectueux dévouement.

» *Signé :* E. GRIMAULT,

» *chanoine.* »

12

Je répliquai :

« Montreuil-Bellay, 19 mai 1880.

» Monsieur le chanoine,

» Je n'ai point l'habitude de faire d'allégations fausses, surtout en matière grave.

» Je viens donc vous dire que vos renseignements sont inexacts en ce qui concerne le refus d'adhésion de plusieurs prêtres de mon canton, au texte de la lettre que j'ai eu l'honneur d'adresser à Monseigneur, en date du 26 avril.

» Je fais toutefois exception :

» Pour deux prêtres qu'il m'a été impossible de rencontrer avant l'envoi de ma lettre, mais que je crois avoir droit de compter pour adhérents, par suite des faits et des dires subséquents.

» Votre lettre, Monsieur le chanoine, impliquerait mensonge de la part de plusieurs de mes confrères ; et vous voudrez bien admettre que je me refuse à y croire, jusqu'à preuve.

» *Signé :* J. Subileau, *curé.* »

« Montreuil-Bellay, 19 mai 1880.

» Monsieur le chanoine,

» J'ai déposé à la poste ; il y a une heure, une lettre à votre adresse, et à laquelle je crois devoir ajouter quelques mots.

» Les prêtres à qui j'ai lu le texte de ma lettre adressée à Monseigneur, ont tous voulu le signer ; s'ils ne l'ont pas fait, c'est que je n'avais pas eu le temps de la copier sur papier propre. Donc à ceux-là ne s'appliquent pas ces mots que je trouve, Monsieur le chanoine, dans la lettre que vous me faites l'honneur de m'écrire en date d'hier : *Il nous est revenu que plusieurs n'auraient pas voulu signer la pièce.*

» Parmi les autres confrères à qui j'ai communiqué mon texte, après l'envoi, pas un seul n'a fait l'observation restrictive ; ç'a été le contraire.

» Enfin, en ce qui concerne ceux à qui je n'ai pas eu l'occasion ou la pensée de lire la pièce qui n'existe que dans mon bureau, à l'état de brouillon ; et à l'évêché, à l'état de lettre au propre, ce n'est évidemment qu'à l'évêché que provoqués ou non, ils ont pu déclarer ne pas accorder leur adhésion.

» Je rejette cette pensée.

» Je retiens seulement de votre lettre, Monsieur le chanoine, qu'à l'évêché, on a encore été une fois le jouet des intrigues de quelque fourbe.

» *Signé* : J. Subileau, *curé*. »

Quelques jours après, je rencontrais au petit séminaire Mongazon M. l'abbé Grimault, qui me déclara que :

1° Mon adresse avait d'abord été classée par lui pour l'impression ;

2° Que Monseigneur, après l'avoir lue et relue, y avait trouvé des sous-entendus qui lui avaient fort déplu, et avait défendu de la rendre publique.

M. Grimault m'engagea à refaire un autre texte, dans les termes de tous les autres cantons. Je refusai ; et j'écrivis le lendemain à M. Grimault que la seule modification que je pusse apporter était d'ajouter après les mots : *Nous trouvons notre excuse*, ces deux autres *devant vous*. Cette addition qui, dans mon esprit, ne changeait rien au sens de la phrase, l'expliquait à ceux qui ne voulaient ou ne pouvaient pas la comprendre. Ainsi modifiée, et peut-être par peur de la voir paraître ailleurs que dans la *Semaine Religieuse* d'Angers, l'adhésion de Montreuil-Bellay fut enfin acceptée par cette feuille.

Depuis cette époque, je n'ai pas eu personnellement

connaissance d'autres demandes d'adhésion spontanée.
C'était, du reste, dans les traditions inaugurées avec un
large succès par M. Bompois. Qui ne se souvient de ces
listes signées par les petites élèves des écoles dans la plupart des paroisses au temps du concile du Vatican ? Qui
est-ce qui a pu oublier ces manifestations sous forme de
pétition portée dans tous les quartiers par les habituées
de certaines chapelles, manifestations qui remplissaient
les pages de la *Semaine Religieuse*, en ce langage par
exemple :

*Au Pape infaillible, une cuisinière qui ne pense
pas comme M. Dupanloup ! ! !*

*Au Pape infaillible, une humble enfant de Marie
qui n'est pas gallicane ! ! !*

Etc., etc., etc., etc., etc.

Un jour de conférence des prêtres du canton des Ponts-
de-Cé, un de nos confrères exprima le regret qu'en présence de cet universel mouvement de la catholicité, le
clergé de ce canton n'eût pas encore publié ses aspirations pour la proclamation du dogme de l'infaillibilité, et
proposa à notre signature un libellé qu'il tira de sa
poche, ajoutant qu'il ne le présentait qu'après l'avoir
soumis à l'approbation de M. Bompois, administrateur
du diocèse pendant la vacance du siège, au nom de qui il
faisait sa motion, laquelle du reste reçut un accueil de
savoir-faire du plus grand nombre, et de grand empressement de quelques-uns. Bonne note pour ceux-ci.

Dans l'histoire récente de l'Église en France, n'a-t-on
jamais vu qu'un zèle de bonne circonstance fût utile à
certains prêtres ? Le zèle alors prouvait qu'ils étaient
purs, au moins de gallicanisme. Au grand étonnement
de la majorité, je m'approchai de la table où était dé-

posée la pièce à signer. Je pris un autre papier et écrivis et signai ces quelques mots dont j'atteste le sens exact et à peu près les expressions :

» Je ne reconnais à aucun de mes confrères le droit
» de se dire plus catholique que moi, mais je n'ai pas à
» préjuger les décisions de l'Église. Quand elle se sera
» prononcée, personne n'adhérera à ses jugements plus
» promptement que moi. Je ne signe pas la pièce pro-
» posée au nom de M. Bompois, parce que j'ai horreur
» des petites manœuvres. »

Quatre autres confrères, parmi lesquels le curé du canton des Ponts-de-Cé, le curé d'alors, bien entendu, mirent leurs signatures à côté de la mienne. Les autres signèrent le papier où avait été consignée, sous la dictée de M. Bompois et à leur insu, l'expression spontanée de leurs aspirations.

XXXV

Ne pouvant me résigner à croire qu'un évêque refusât la vérité et s'obstinât dans l'injustice ; attribuant toujours à erreur son parti pris évident de m'obliger à quitter Montreuil, j'écrivis à Sa Grandeur, le 6 décembre 1880 un long Mémoire où je faisais l'historique de mon ministère de curé dans cette paroisse, des difficultés que j'y avais rencontrées et de leurs causes ; des faits qui m'avaient déterminé à solliciter près du ministre des cultes la révocation de deux conseillers de fabrique, et de toutes les circonstances qui avaient précédé, accompagné, suivi cette demande, dont je donnais copie exacte.

Ne recevant pas de réponse et sachant par ailleurs que Monseigneur était courroucé contre moi, je me hasardai de me présenter devant lui à Angers le 18 décembre 1880.

Les pièces suivantes donnent à la situation sa couleur vraie et son caractère authentique.

« Montreuil-Bellay, 14 janvier 1881.

» Monseigneur,

» Le 6 décembre dernier, je crus devoir adresser à Votre Grandeur, à Paris, un rapport circonstancié sur la situation de ma paroisse.

» Le samedi 18, vous me fites l'honneur de me donner audience à Angers, et de me communiquer verbalement vos impressions. Vous taxâtes de faute grave la plainte que j'avais adressée directement à M. le Ministre des cultes, contre certains de mes conseillers de fabrique, et vous me prévîntes que vous les soutiendriez contre moi.

» Votre langage fut dur, et vos conclusions, excepté sur la question transitoire du vicaire, furent les contradictoires et parfois les contraires de celles de mon rapport, lequel cependant, je le crois encore, ne manquait ni de vérité ni de logique.

» Le 3 janvier, je vous écrivais :

« Montreuil-Bellay, 3 janvier 1881.

» Monseigneur,

» J'ai appris par voie très indirecte que, sur une lettre de Votre Grandeur, quelques-uns de mes paroissiens notamment M. A... doivent ou ont dû vous adresser des plaintes contre moi.

» J'ose vous prier, Monseigneur, de vouloir bien me

mettre en demeure de porter la lumière sur les dires qu'on vous aura transmis.

» Daignez agréer, etc.

» *Signé :* J. Subileau, *curé.* »

» Le 5 janvier, vous me répondiez en ces termes :

« Evêché d'Angers, 5 janvier 1881.

» Monsieur le curé,

» M. le Ministre, saisi de la plainte que vous lui avez adressée contre le conseil de fabrique, me l'a renvoyée en me demandant mon avis.

» Conformément au droit naturel qui exige qu'aucun accusé ne soit condamné avant d'avoir été entendu, j'ai dû demander des explications à M. le président du conseil de fabrique. Par suite, M. le Ministre va se trouver saisi à la fois de la plainte et de la réponse, ce qui lui permettra de se prononcer en pleine connaissance de cause. Demandeur ou défendeur auront eu la parole tour à tour. Ce qui est tout à fait équitable.

» Agréez, monsieur le curé, l'expression de mes dévoués sentiments.

» *Signé :* CHARLES-ÉMILE,
» *évêque d'Angers.* »

» Et le 7 janvier je vous écrivais.

« Montreuil-Bellay, 7 janvier 1881.

» Monseigneur,

» Comme vous me faites l'honneur de me l'écrire en date du 5, il est juste que demandeur et défendeur soient entendus. Aussi j'ose espérer que Votre Grandeur n'acceptera point, et surtout ne transmettra point à M. le Ministre des cultes, des allégations que je n'aurais pas été à même de contrôler et de réfuter.

» Daignez agréer, etc.

» *Signé* : J.Subileau, *curé.* »

» Le **10** janvier, je reçus de Votre Grandeur la communication suivante :

« Évêché d'Angers, 9 janvier 1881.

» Monsieur le curé,

» Vous êtes accusé :
» 1° D'avoir affiché en regard du tableau contenant le
» tarif épiscopal approuvé par M. le président de la Ré-
» publique et simultanément, un autre tableau conte-
» nant un tarif soi-disant de la fabrique, mais auquel
» aucun fabricien n'a participé, et signé uniquement
» *Subileau.* Le conseil aurait protesté contre les prix
» très élevés que contient ce tarif, et vous auriez cons-
» tamment refusé de le retirer.

» Cette accusation est très grave, car vous n'avez pas le droit de faire un tarif sans la participation du conseil de fabrique, moins encore de le lui faire endosser, alors qu'il n'y a pris aucune part.

» 2° On met en avant : L'impossibilité d'obtenir de
» vous aucun compte de l'argent reçu, la prétention de
» toucher vous-même l'argent des chaises, le refus d'an-
» noncer les chaises à louer, la petite cloche *seule* ac-
» cordée aux sépultures de dernière classe, ce qui frois·
» serait beaucoup la population.

» Veuillez, monsieur le curé, me transmettre le plus tôt possible vos réponses à ces divers griefs.

» Je regrette beaucoup pour vous, que vous ayez commencé une pareille affaire. Vos démêlés avec la fabrique de Saint-Saturnin, pour ne parler que de cette

question, ne sont pas faits pour montrer que vous té-
moignez aux fabriciens les égards qui leur sont dus.
Qu'avez-vous à gagner à réveiller toutes les histoires de
la Salle de Vihiers, de Montillers, de Saint-Saturnin ?
Malgré vos adversaires si nombreux et qui triomphent
aujourd'hui, j'avais tout fait pour vous créer dans le
clergé une situation considérable. Vous répondez à mes
procédés de bienveillance en vous suscitant à vous-même
des querelles et des animosités. Vous feriez bien mieux
de conclure la paix avec vos paroissiens que d'aller les
dénoncer pour des griefs futiles qui amènent nécessairement des représailles. Votre conduite serait d'autant
plus étrange que ces messieurs n'avaient accepté la charge
de fabriciens que sur vos vives instances, comme le
prouve évidemment la lettre que vous adressiez, le
15 juillet 1880, à M. B... Encore une fois, quel intérêt
avez-vous à susciter de pareilles disputes ?

» Agréez, monsieur le curé, l'assurance de mes sentiments dévoués.

» Signé : CHARLES-ÉMILE,
» évêque d'Angers. »

« Je demande permission à Votre Grandeur de répondre à ces chefs d'accusation l'un après l'autre et avec
assez d'ampleur et de détail pour ne lui laisser aucun
doute sur la bonne foi de mes accusateurs et le bien
fondé de leurs reproches.

» Je n'ai point à vous rappeler, Monseigneur, qu'un
tarif paroissial se compose de deux parties distinctes.
L'une pour tout un diocèse dressée par l'Évêque et pro-
mulguée par lui, après homologation, par le chef de
l'État (Droit du curé et honoraires du chœur) ; l'autre,
particulière aux paroisses de chaque commune, réglée
par le conseil de fabrique, et en extrême rigueur, visée
par le conseil municipal et soumise au conseil d'État.
(Droits de la fabrique sur les fournitures, et honoraires
des serviteurs de l'église.)

» Votre Grandeur ne peut avoir oublié qu'elle autorisa exprès le conseil de fabrique à se réunir extraordinairement le 24 février 1877, pour délibérer et réglementer la partie du tarif paroissial qui est de sa compétence; qu'à la suite de cette séance un tableau fut imprimé, signé par tous les membres du conseil de fabrique au complet, avec cette formule: *Délibéré en séance extraordinaire spécialement autorisée, le 24 février 1877, par les membres du conseil soussignés, et approuvé le tarif paroissial ci-dessus, en ce qu'il appartient au conseil de fixer.*

» A la demande qui fut adressée à Votre Grandeur pour approbation de la partie du tarif qui émane de son autorité, vous fîtes cette réponse que je copie sur votre lettre en date du 4 novembre 1877:

» Il m'est impossible d'approuver aucun tarif, par la » raison bien simple que je suis en instance devant le » conseil d'État pour la revision des tarifs diocésains » qui, datant du commencement de ce siècle, ne sont » évidemment plus de mise. »

» Mais quant à la partie réglée par le conseil de fabrique, Votre Grandeur la tenait pour tellement établie en droit et en raison, que dans sa même lettre du 4 novembre 1877, elle ajoutait:

» Par cette formule (les lignes qui précèdent les si- » gnatures), le conseil se trouve déchargé de toutes res- » ponsabilités qui ne rentraient pas dans le cercle de » ses attributions. »

» Le tarif diocésain promulgué par Votre Grandeur avec ordre aux curés de le mettre en vigueur à partir du 16 mai 1880, est donc venu compléter la légalité de notre situation.

» Mais ce tarif rendait nécessaire un tableau nouveau, par la raison qu'il diffère sensiblement de celui qu'il remplace. Il fallait en additionnant la partie réglée actuellement par l'autorité épiscopale, et la partie déjà réglée par la fabrique, réduire, comme sur l'ancien tableau, les frais de chaque classe à un *total*, afin que d'un coup d'œil les familles puissent se rendre compte du cérémonial et du coût de la classe qu'elles choisissaient.

» Aujourd'hui deux tableaux sont affichés : 1° Le tableau ou tarif de Votre Grandeur, conformément à son ordonnance du 5 mai 1880 ;

» 2° Un tableau coutumier portant ce titre général en très gros caractères : **Ordres des cérémonies religieuses de la paroisse de Montreuil-Bellay** : et les sous-titres suivants : **Heures et jours des offices, Dimanches, Jours de fêtes, Jours de la semaine, Observations et exceptions, Catéchisme ; Offices et cérémonies tarifés partie par ordonnance épiscopale homologuée par le chef de l'État, partie par la fabrique en ce qui la concerne : Baptêmes, Mariages, Sépultures.**

» Pour cette partie relative au tarif, baptêmes, mariages, sépultures, le total des frais de chaque classe est l'expression mathématiquement exacte de l'ensemble des deux tarifs partiels : celui de l'évêque en date du 5 mai 1880 et celui de la fabrique en date du 21 février 1877. Cette concordance n'est point ignorée de mes accusateurs ; car pour répondre à leurs plaintes aussi mal formulées que dénuées de raison, j'ai plusieurs fois mis sous leurs yeux l'addition des deux tarifs qu'ils ont forcément reconnue exacte, et en rapport absolu avec les chiffres du tableau.

» Au surplus, il est impossible d'analyser les dispositions d'esprit de plusieurs de ces hommes ; et l'on se demande laquelle de l'intelligence ou de la bonne foi leur fait défaut, et si l'une et l'autre ne sont pas obstruées par la passion.

» Veuillez me permettre Monseigneur, d'en citer un exemple entre cent.

» Par délibération d'octobre 1867, à la sonnerie d'usage aux baptêmes et qui était payée deux francs, le conseil d'alors ajouta un carillon facultatif moyennant deux autres francs, total 4 fr. — Les familles avaient en outre à faire les frais du cierge et des enfants de chœur, ce qui entraînait une dépense moyenne de 5 à 6 fr. — Ce règlement a été suivi jusqu'à celui du **21 février 1877**, lequel a fixé sonnerie, carillon, cierge, enfants de chœur, au total de 3 fr. Or le sieur A... s'obstine à me reprocher et à dire que *je prends* pour les baptêmes plus cher qu'autrefois.

» Ces insanités prises en quelque sorte au hasard dans le nombre donnent l'idée de ce qui est possible en administration avec de tels hommes. Et si un tarif de fabrique devait être retouché après quatre ans d'épreuve sans réclamation, est-ce avec un conseil composé de membres aussi passionnés et aussi ineptes que le curé devrait l'entreprendre ?

» Le tableau affiché sous le titre : *ordre des cérémonies religieuses de la paroisse*, étant dans sa partie relative aux cérémonies tarifées l'expression rigoureusement exacte, pour chaque classe, des frais prescrits par l'ordonnance épiscopale et par le règlement non rapporté de la fabrique, n'est qu'un *memento*, une pièce indicative, un exposé sommaire de deux actes officiels, et qui n'a besoin d'aucune signature. Si j'y ai apposé la mienne, c'est d'abord parce que le tableau contient l'annonce des coutumes, des heures des confessions, des offices, des règlements de catéchisme, toutes choses qui ne se réfèrent à aucun autre document, et qui sont exclusivement de ma compétence ; et secondement parce que ma signature, en qualité de curé, est une attestation de la véracité de ce que porte le tableau et de la conformité des cérémonies et des frais de chaque classe, aux détails des tarifs officiels.

» Ce qui ressort de la situation qu'ils ont prise, ce n'est pas tel point de réforme, tel genre d'administration, tel vœu, telle conduite à suivre. Impossible à moi de discerner ce qu'ils prétendent en administration. Une seule chose est évidente, claire comme le jour, c'est le parti pris d'entraver, d'arrêter tout fonctionnement paroissial, et de fournir à ceux qui les inspirent et les poussent, des arguments à porter à l'évêché pour représenter le curé comme un obstacle au bien, comme un prêtre dont il faut préparer et négocier l'éloignement.

» Le reproche *d'impossibilité d'obtenir de moi au-cun compte de l'argent reçu* ne peut avoir aucune base. Et encore, qui dit impossibilité suppose un effort infruc-tueux. Or, je n'ai point refusé parce qu'on ne m'a rien demandé. Légalement, les comptes de l'année écoulée se devraient établir le 1er dimanche de janvier suivant. A Montreuil, par suite d'une mauvaise gestion qui re-monte à bien des années, les recettes des places se font non avant, mais après l'année de possession, et ne seront guère terminées, pour 1880, qu'en mars ou avril 1881. L'apurement des comptes en recettes et en dépenses ne peut donc guère être arrêté avant la séance de Quasi-modo ; et il en a toujours été ainsi.

» Toutefois j'aurais convoqué le conseil en séance ordinaire pour le dimanche de 1er janvier, afin de con-naitre notre situation actuelle, si je n'en avais été empêché par un procédé de M. A... En sa qualité de président et *pour que l'autorité du président soit reconnue* (ce sont ses termes écrits), M. A... a fait une convocation pour une séance extraordinaire avec décla-ration d'urgence, autorisée par Monseigneur l'évêque pour le 30 décembre ; comme il en avait fait une pour le 30 septembre, afin de rendre vaine la réunion ordi-naire du 1er octobre, pour laquelle j'avais convoqué.

» Monseigneur, tout cela n'est nullement du roman, c'est de l'histoire de Montreuil-Bellay ; ce sont les actes authentiques des hommes que vous m'avez déclaré vou-loir soutenir contre moi devant M. le Ministre des cultes. Et veuillez bien remarquer que c'est à M. A... que M. X..., l'homme de votre confiance, envoie secrètement les gens qui ont à régler avec moi des honoraires et frais de ca-suel, pour que A... leur monte la tête, les trompe sur leurs obligations, et les amène à refuser paiement. J'en tiens les preuves à la disposition de Votre Grandeur.

» *On me reproche la prétention de vouloir toucher moi-même le prix des chaises.*

» Monseigneur, quand on veut apprécier les alléga-tions contraires à la vérité, il convient de distinguer entre l'erreur qui est involontaire et le mensonge formel, voulu, réfléchi, la pure calomnie. Cette distinction est de rigueur ici, pour vous faire connaître non seulement A... et consorts, mais surtout les gens haut placés de ma paroisse, investis de votre confiance, et qui reviennent trop souvent de l'évêché fiers de la réception qu'ils se vantent d'y avoir rencontrée, et des prétendus propos de Votre Grandeur dans lesquels ils trouvent la justification de leurs protestations contre leur curé.

» Non seulement il est faux *que j'aie la prétention de toucher moi-même le prix des places.* Mais M. A... et M. B... savent pertinemment et par la personne préposée à la perception des places, et par nombre de paroissiens qui désireraient payer entre mes mains et que je leur ai renvoyés, que depuis que M. B... est trésorier, je n'ai jamais consenti à recevoir un centime.

» *On me reproche le refus d'annoncer les places à louer.*

» MM. A... et B... savent pertinemment que depuis la même époque, juillet 1880, ils m'ont fait défense de m'occuper des places; que M. A... a, par écrit, intimé à la personne préposée à la perception et à la location, de me tenir à l'écart de ses opérations, même en ce qui regarde les chaises non louées. Ces messieurs savent pertinemment qu'à toutes les réunions du conseil ou du bureau où il fut question des places de l'église, j'ai offert d'annoncer au prône celles qui seraient à affermer, dès que M. le trésorier m'en aurait donné la liste et les numéros. Et ces messieurs savent pertinemment qu'ils ne l'ont jamais fait. J'ai appris ces jours derniers de la loueuse de chaises, qu'il y a en ce moment plus de vingt places vacantes, et grand nombre de personnes qui demandent avec impatience qu'elles soient affermées. Le temps s'écoule; il y a là pour la fabrique une perte sensible. Je n'ai pas permission de m'en occuper. M. B..., trésorier, n'a jamais voulu rien faire sans M. A..., qui n'est point du bureau, qui veut tout faire, qui ne fait rien. Tous les services sont en souffrance. Toute personne en relation avec la fabrique, ouvriers, fournisseurs, employés, ne savent à qui s'adresser. C'est l'anarchie. M. A... est, paraît-il, détenteur des titres de rentes et autres pièces de comptabilité du trésorier. Les œuvres fondées, les ayants droit, tout attend. Hier le sieur V…, chantre et sacristain, s'est présenté avec un billet de ma part pour toucher, sur les recettes effectuées des chaises, la somme de 550 fr. qui lui est due pour l'exercice 1880, et dont il a un tel besoin que son boulanger lui refuse du pain. M. B… d'abord, M. A… ensuite l'ont renvoyé aussi sèchement qu'odieusement.

» Enfin, *on me reproche la petite cloche seule accordée aux sépultures de dernière classe, ce qui froisse beaucoup les paroissiens.*

» Si l'autorité diocésaine, d'accord avec M. le Président de la République et conformément au décret de 1809, établit six classes de sépultures, c'est qu'il doit y avoir six degrés différents de solennité. S'il y avait six cloches dans notre clocher, la logique rigoureuse commanderait d'en sonner six à la première classe, cinq à la seconde, etc., et enfin une à la dernière. Nous n'avons que deux cloches. Elles sonnent toutes les deux aux trois premières classes qui comportent l'office entier. La grosse cloche retentit seule à la quatrième et à la cinquième, mais avec différence de temps, en raison des parties différentes de l'office des morts qui distinguent ces deux classes au point de vue liturgique.

» La petite cloche seule sonne à la 6ᵉ classe, qui n'admet pas l'office, et se borne à la levée du corps. Cela est conforme à l'esprit de l'Église et à l'esprit du décret. Nous faisons de notre mieux avec les éléments que nous avons.

» Que cela déplaise à quelques personnes en très petit nombre, j'y contredis d'autant moins qu'en fait de questions d'église, il y a toujours des contempteurs, et souvent des mécontents par inintelligence. Que ces plaintes clairsemées soient ramassées, grossies, propagées par le sieur A…, cela est vrai. Est-ce une raison pour qu'on fasse cesser cette principale distinction extérieure entre la 5ᵉ classe qui paie et la sixième qui ne paie à peu près jamais, je ne le crois pas? Et quand je le croirais et le

voudrais, je devrais m'arrêter devant la décision du conseil de fabrique du 24 février 1877, où il est dit pour la
4ᵉ classe, dans les mêmes termes qu'aujourd'hui pour la
sixième : *On sonne tous les sons avec la petite cloche.*

» Si cet écrit n'était déjà beaucoup trop long, je vous
demanderais humblement permission, Monseigneur, de
répondre à la seconde partie de votre lettre du 9 de ce
mois, dans laquelle vous me rappelez vos bontés pour
moi, et faites appel à mes sentiments de reconnaissance.
Monseigneur, je ne suis point de ceux dont le cœur ou-
blie. Tous mes confrères voient dans nos réunions combien je vous suis attaché. En vous parlant et en vous
écrivant, je me sens libre, et je dis les choses comme je
les vois. En parlant de vous je suis respectueux, et je
fais partager à mes amis et à vos prêtres l'admiration
que votre courage, votre talent, votre dévouement à
l'Église éveillent si facilement dans la plupart des
membres de votre clergé. Mais j'ai besoin de vous dire
que, loin de redouter qu'on rappelle les histoires de la
Salle de Vihiers, de Montillers, etc. etc., j'éprouve toujours le regret que plusieurs des personnages qui vous
entourent ne les aient jamais connues que sous un faux
aspect.

» Quant à ma situation présente à Montreuil-Bellay, si
Votre Grandeur la juge sur les rapports de personnes
fort connues, elle doit lui paraître lamentable, et la religion lui doit être signalée comme bien compromise dans
cette paroisse.

» Si mon témoignage pouvait avoir encore, en face de
ceux-là, quelque crédit près de vous, Monseigneur,
j'entreprendrais de vous rassurer, en vous disant que si
j'ai le malheur d'être souverainement détesté et calomnié
par certaines individualités, j'ai le bonheur d'avoir une
autorité assez grande, et de jouir d'une considération et
d'une affection qui approchent assez de l'unanimité, pour
vous empêcher de trop regretter la confiance que vous
m'avez témoignée en me nommant curé de Montreuil-
Bellay.

» Vous m'avez dit que j'avais eu la maladresse de m'aliéner tout le monde et d'avoir tourné contre moi la droite d'abord, puis la gauche, puis les deux centres. J'oserai vous dire, Monseigneur, qu'il y a errreur dans ces paroles. De ce que M. de Y... et Mme de X... (M. de X... ne compte plus) n'ont pas réussi à faire de moi un homme de parti ni un curé de paille ; de ce qu'une fois M. Aubelle, maire, a trouvé en moi la résistance sacerdotale que mon devoir commandait ; de ce qu'on a poussé un M. C... à vous adresser sa démission de fabricien, pour avoir l'occasion de vous transmettre une belle lettre de dénonciation qu'on lui avait faite ; de tout cela, il ne faut pas conclure à tant de mal.

» J'ai saisi, sur les conseils réitérés deVotre Grandeur, l'occasion de rapprocher de moi la famille de X... ; j'ai prodigué les politesses et les avances. J'ai été jusqu'à essayer de les gagner, en offrant dans le conseil de fabrique, au refus de M. de X..., une place au sieur A... qui m'était antipathique, mais qui était honoré de la confiance et de l'amitié de la maison de X... et de la maison de Y... Ces gens-là ont donné leur mesure. Leur rôle a été ingrat et odieux. Ils ont voulu voir dans mes avances les tentatives d'un adversaire aux abois. Ils ont redoublé d'efforts pour m'achever. A l'heure présente, plus que jamais, c'est de là que soufflent la division, le scandale de l'attitude d'évidente opposition, de bravade et de protestation. Trop fiers de l'appui de l'Évêché et des preuves qu'ils en donnent ; vous prêtant, Monseigneur, des propos que certainement vous n'avez jamais tenus contre moi, votre curé, ils se flattent de travailler à la gloire de Dieu, en militant déloyalement pour le triomphe de leur orgueil blessé et de leur haine. Le besoin de me défendre me donne le droit de les faire connaitre, de les combattre, de les stigmatiser.

» Daignez agréer, etc.

» *Signé* : J. Subileau, *curé.* »

XXXVI

« Montreuil–Bellay, 27 février 1881.

» MONSEIGNEUR,

» Un prêtre ne peut s'adresser mieux qu'à son évêque dans tous les cas extraordinaires et particulièrement embarassants.

» J'ose donc espérer que Votre Grandeur accueillera avec bonté l'exposé de la situation peu commune où je me trouve ; qu'elle daignera me donner les conseils dont je sens le besoin pour maintenir à Montreuil mon autorité de curé, et accomplir dans cette paroisse le bien qu'elle avait le droit d'attendre de moi, en m'y envoyant.

» Dans deux mémoires en date du 6 décembre et du 16 janvier, j'ai eu l'honneur de vous exposer, Monseigneur, le mauvais vouloir que je rencontrais dans mon conseil de fabrique, de vous en signaler les causes et de vous montrer, avec la clarté de l'évidence, l'impossibilité absolue d'administrer en collaboration de plusieurs des personnalités qui le composent.

» La communication que Votre Grandeur a bien voulu me faire, sur ma demande, des reproches de MM. A... et B... m'a fourni l'occasion non seulement de réfuter et de réduire à néant chacun de leurs chefs d'accusation, mais encore de mettre sous vos yeux la preuve indéniable de l'incapacité et de la mauvaise foi de ces hommes.

» Or ces hommes font montre de billets aussi affectueux que gracieux, reçus dernièrement de Votre Grandeur, et dans lesquels vous les pressez énergiquement de se maintenir au conseil de fabrique, et de reprendre leur démission offerte.

» Il n'y a pas deux conclusions à déduire de ces écrits. Ni ceux qui s'en glorifient, ni le public, ni personne, ne s'y trompent.

» Monseigneur l'évêque approuve ces hommes, les appelle mon cher M. A..., mon cher M. B..., leur fait un devoir de résister au curé, les admet et les réclame malgré leur incapacité, malgré leurs mensonges avérés, malgré leur parti pris d'arrêter le fonctionnement de l'administration fabricienne tant que je serai curé de cette paroisse ; les prend pour auxiliaires dans la recherche d'un prétexte à révocation du curé, en vue d'une satisfaction à donner, en vue peut-être de promesses faites à certaines individualités.

» Depuis quelques mois, ces personnes ont fait effort pour répandre et accréditer le bruit de mon éloignement. Cela n'a pas pris. Mais aujourd'hui et en l'état connu de la haine que me portent MM. A... et B..., les papiers qu'ils montrent donnent à leurs dires un appui indéniable ; d'autant que ces messieurs affirment, avec les sourires d'hommes qui savent à quoi s'en tenir, qu'un évêque trouve toujours, — quand il le veut, et comme Monseigneur Freppel sait vouloir, — matière à déplacer un curé même inamovible.

» Aujourd'hui, je suis donc mis en opposition avec mon évêque ; je suis donc combattu par lui et avec des armes que je n'aurais jamais redoutées, parce que je ne les aurais jamais soupçonnées.

» Que peut faire un curé dans cette situation ? Où peut-il aller ? Quelle sera la source de son autorité ?

» Votre Grandeur voit combien je suis fondé à recourir à ses conseils ! Toutefois, qu'elle se rassure sur un point. Avec la grâce de Dieu, je ne serai point un prêtre prévaricateur. Et même quoique abandonné, quoique livré par le chef hiérarchique, par le père en Jésus-Christ de qui j'avais droit d'attendre soutien, je ne manquerai envers lui ni de respect, ni de soumission, j'oserai dire ni d'affection.

» Votre clergé, Monseigneur, a trouvé dans votre personne deux qualités qu'il a surtout prisées. Jusqu'à ce jour, vous avez soutenu vos prêtres, et vous avez été assez grand pour souffrir la vérité. Je prends la liberté de me mettre sous la protection de ce double titre à la confiance filiale des prêtres de votre diocèse, parmi lesquels je vous prie, Monseigneur, de me compter toujours au rang des plus attachés et des plus respectueux.

» *Signé :* J. SUBILEAU, *curé.* »

« Évêché d'Angers, 27 février 1881.

« MONSIEUR LE CURÉ,

» M. le président du conseil de fabrique de Montreuil-Bellay demande l'autorisation de réunir l'assemblée fabricienne pour régler et apurer les comptes. Je ne puis pas la lui refuser, car cette opération est indispensable. Quels que puissent être vos démêlés avec le conseil de fabrique, les intérêts matériels de la paroisse ne doivent pas en souffrir. En refusant contre toute espèce de droit au président et au trésorier la communication des registres et autres documents appartenant à la fabrique, vous rendez impossible le fonctionnement du conseil et du bureau. Je viens donc vous inviter à remettre à M. le président A..., ou à M. le trésorier B..., les registres et autres pièces nécessaires pour l'apurement complet des comptes, car ce n'est qu'après cette opération que M. le trésorier pourra acquitter régulièrement les dettes courantes.

» Je n'ai accepté la démission d'aucun membre du conseil de fabrique ; en conséquence, tous ces messieurs restent en fonctions.

» J'ai fixé pour le 1er dimanche de carême la réunion extraordinaire du conseil à l'effet de régler et d'apurer les comptes.

» Agréez, Monsieur le Curé, l'expression de mes sentiments dévoués.

» *Signé :* CH.-EMILE, *Év. d'Angers.* »

« Montreuil–Bellay, 28 février 1881.

» MONSEIGNEUR,

» Je reçois votre lettre et je vous écris à la hâte pour que vous puissiez recevoir ma réponse demain matin.

» Quand un curé est en lutte avec certains de ses paroissiens, ordinairement l'évêque, appelé comme juge, court moins risque de se tromper en ajoutant foi aux dires du curé, au moins autant qu'aux allégations de ses ennemis.

» Votre Grandeur vient de donner une fois de plus raison à ce principe, en autorisant dans les termes et les circonstances où elle le fait une réunion extraordinaire du conseil de fabrique, pour l'apurement des comptes etc. etc., et en m'écrivant que *je refuse contre toute espèce de droit au président et au trésorier la communication des registres et autres documents,* etc.

» Monseigneur, il est triste que dans un conflit, éclatant comme celui qui existe depuis plus de six mois, entre votre curé et des hommes qu'il vous a mis en mesure de connaitre, Votre Grandeur prenne si ouvertement et si obstinément parti contre son curé.

» Ces hommes ont fait toutes les bassesses depuis une demi-année pour accaparer M. le maire de Montreuil, qui les a lâchés, écœuré de leurs vilenies. Il ne leur reste plus que vous, et vous ne voulez pas les voir tels qu'ils sont.

» Après toutes les preuves de leur malhonnêteté que je vous ai fournies, faut-il que je vous en présente une autre que je puis déduire de votre lettre même à laquelle je réponds en ce moment?

» Nous avons trois registres de fabrique : Délibération du conseil, Délibération du bureau et comptes : le premier est aux mains du secrétaire du conseil, c'est moi. Le deuxième est entre leurs mains depuis le 15 novembre ; et dès le mois de juillet M. B..., trésorier, a reçu en séance le troisième avec toutes les pièces, tous les éléments de comptabilité qu'il réclame, et depuis cette époque je n'ai ni pu ni voulu m'immiscer, pour un centime, dans ce qui concerne ses fonctions. Et sur leurs déclarations, vous venez me dire, Monseigneur, *que je leur refuse contre tout droit ces éléments de comptabilité.*

» Quant aux registres des délibérations du conseil, dont ils n'ont nul besoin pour l'objet de leur réclamation, je l'ai et le garde, pour montrer que je suis encore quelque chose, et que les réunions boiteuses qu'ils font sans moi sont nulles et sans sanction.

» Et dire que ces gens-là recourent à Votre Grandeur, et ont réussi à lui persuader que je mets obstacle à l'apurement des comptes, lorsque je n'ai cessé de le demander, de le réclamer par paroles, par écrits !... Et qu'ils s'obstinent à détenir indûment plusieurs centaines de francs qu'ils me doivent !...

» Les choses étant en l'état, je dois à ma paroisse, je dois à ma conscience, je vous dois à vous, Monseigneur, pour rétablir votre autorité, votre considération, votre dignité trompée et compromise, je dois à tous, de faire d'énergiques et persévérants efforts pour reconstituer un autre *conseil* de fabrique.

» Daignez, etc.

» *Signé :* J. SUBILEAU, *curé.* »

« *P. S.* Votre Grandeur doit recevoir aujourd'hui une lettre que je lui ai écrite hier. »

« Évêché d'Angers, le 28 février 1881.

» MONSIEUR LE CURÉ,

» D'après l'article 5 de l'ordonnance royale du 12 janvier 1825, quand il y a lieu à la révocation du conseil de fabrique, elle est prononcée par le ministre des cultes, *sur la demande de l'évêque* et l'avis du préfet. Il est inouï qu'un curé, sans même prévenir son évêque, ait demandé au ministre la révocation d'un conseil de fabrique. Or c'est là ce que vous avez fait, au mépris de l'autorité épiscopale ; et vous l'avez fait au lendemain de l'exécution des décrets du 29 mars, sachant fort bien que vous mettiez en mouvement un préfet et un sous-préfet hostiles à l'administration diocésaine. Si vous ne comprenez pas tout ce qu'un pareil procédé a d'inconvenant et de blessant pour votre supérieur hiérarchique, je renonce à vous le faire sentir. Dès lors votre attitude commandait la mienne ; et vous voyant tenir si peu compte de l'autorité épiscopale, j'ai dû agir en conséquence.

» Quant à MM. A... et B..., la lecture attentive des pièces contradictoires ne m'a pas amené à vos conclusions. Vous avez beau accumuler contre eux les épithètes les plus outrageantes, ni leur incapacité ni leur mauvaise foi ne ressortent des documents ; s'ils se sont jamais permis à votre égard des vivacités regrettables, vous le leur avez bien rendu par vos violences de langage. Ils empêchent si peu le fonctionnement de l'administration fabricienne qu'ils demandent à régler et à apurer les comptes ; et c'est vous qui vous y opposez en refusant de remettre au trésorier les registres sans lesquels il ne peut agir. Voilà pourquoi je viens d'autoriser une réunion indispensable.

» Ces messieurs, qui sont mes diocésains, témoignent une entière confiance à leur évêque : je ne vois pas dès lors pourquoi je les exclurais de mon affection.

» Quant à vous, Monsieur le curé, vous ne me suscitez que des peines. Tout ce que mon conseil m'avait prédit, quand je pris l'initiative de votre nomination à Montreuil-Bellay, est arrivé littéralement, et je confesse que je m'étais trompé sur votre compte. Rassurez-vous néanmoins. Depuis onze ans que je gouverne le diocèse, à l'exception d'un seul compromis pour affaires judiciaires, je n'ai jamais déplacé un curé ni un desservant contre son gré : desservants ou curés, tous sont inamovibles à mes yeux.

» Mais cela ne m'empêche pas, à l'occasion, de m'adresser à la conscience d'un prêtre pour lui demander s'il croit encore pouvoir faire le bien au poste où je l'ai placé. Cette question, j'éprouve le besoin de vous la poser. Car, à mes yeux, votre situation à Montreuil-Bellay est devenue extrêmement difficile, pour ne pas dire impossible. Si vous en jugez autrement, je vous laisse toute la responsabilité de votre appréciation. Mais, encore une fois, vous n'avez rien à craindre de ma part, sinon des exhortations. C'est la ligne de conduite que je me suis tracée et que je suivrai invariablement. Et puisque vous voulez bien me demander un conseil, je ne saurais mieux faire que de vous engager à vous réconcilier avec ces messieurs du conseil de fabrique et à travailler de concert avec eux au bien de la paroisse. En leur donnant l'exemple de l'oubli du passé, vous vous prépareriez à vous-même un avenir plus calme et plus tranquille. A batailler contre vos propres paroissiens, vous ne gagnerez que des ennuis et des mécomptes.

» Agréez, Monsieur le curé, l'expression de mes sentiments dévoués.

» *Signé :* CH.-ÉMILE, *Évêque d'Angers.* »

« Montreuil-Bellay, 1ᵉʳ mars 1881.

» Monseigneur,

» A la lettre que Votre Grandeur m'a fait l'honneur de m'écrire hier, et que je reçois à l'instant, je crois devoir faire la réponse suivante :

» En ce qui est de l'offense que je vous aurais faite, Monseigneur, en m'adressant directement au ministre, et de l'inconvenance que j'aurais commise en ne reculant pas devant certaines personnalités, je dois à la vérité de vous dire que :

» 1° Mon intention première était de m'adresser à Votre Grandeur ; que je fis exprès le voyage d'Angers, où je ne pus vous rencontrer ; et que je me déterminai à passer outre sous l'impression des propos extrêmement pénibles pour moi que Mme de X... et autres semaient dans le public, comme recueillis de votre bouche.

» 2° Un évêque que j'ai connu et que je révérais comme un saint, Monseigneur de Hercé, nous donnait le conseil de faire toujours, dans nos relations administratives, abstraction des personnes pour n'envisager que les fonctions. Pour moi un ministre est un ministre, un maire est un maire, quelles que soient leurs individualités.

» Votre Grandeur m'écrit :

» *Quant à MM. A. et B. :*

» *Lecture attentive des pièces contradictoires ne m'a pas amené à vos conclusions. Vous avez beau accumuler contre eux les épithètes les plus outrageantes...*

» Mes conclusions et mes épithètes se résument à une seule : *Ils ont menti*, et je ne puis comprendre *qu'après lecture attentive des pièces contradictoires*, Votre Grandeur ne soit pas *amenée à la même conclusion*. Car enfin, j'ai pris une à une leurs accusations résumées dans la lettre qu'elle m'a fait l'honneur de m'adresser en date du 9 janvier, et *j'ai prouvé* qu'en me reprochant :

» 1° D'avoir fait un tarif sans la participation de la fabrique, *ils ont menti.*

» 2° L'impossibilité d'obtenir de moi aucun compte de l'argent reçu, *ils ont menti.*

» 3° La prétention de vouloir toucher moi-même le prix des chaises, *ils ont menti.*

» 4° Le refus d'annoncer les places à louer, *ils ont menti.*

» 5° D'imposer moi-même et de ma seule autorité la petite cloche pour les sépultures de dernière classe, *ils ont menti.*

» Et lorsqu'ils ont écrit récemment à Votre Grandeur que je leur refusais des pièces de comptabilité que je n'ai point parce qu'ils les ont, et que Votre Grandeur en tire la preuve que c'est moi qui mets obstacle au fonctionnement de la fabrique, *ils ont menti.*

» Vous dites, Monseigneur : *Ces Messieurs, qui sont mes diocésains, témoignent une entière confiance à*

*leur évêque... Et je ne vois pas du tout pourquoi je
les exclurais de mon affection.*

» Eh ! mon Dieu ! cela se comprend, dès qu'ils ont
réussi à tromper leur évêque au point de lui faire passer l'éponge sur leurs mensonges, et à lui persuader
que le curé, parce qu'il ne leur convient pas, ne convient point à la paroisse, et n'y peut faire aucun bien !
Cependant, Monseigneur, si les relations que j'ai eues
avec M. le maire de Montreuil, et que vous m'avez
tant reprochées, sont le point de départ de la haine que
me portent certains personnages, et de l'idée que vous
avez de moi et de ma situation à Montreuil, peut-être
cela me donne-t-il le droit de vous apprendre que Votre
Grandeur n'a pas le monopole de la confiance de ces
Messieurs, et que M. le maire de Montreuil a été, tant
qu'il l'a voulu, au moins aussi favorisé qu'elle.

» Vous finissez votre lettre, Monseigneur, *par m'engager à donner à ces Messieurs l'exemple de l'oubli
du passé.* Votre Grandeur semble ne pas savoir que le
but de ces Messieurs, agents connus visibles d'autres
personnages, est de me conduire où ils ont conduit
M. Dupé, le curé le plus populaire et le meilleur dont
le pays ait conservé le souvenir, à une démission à force
d'ennuis. Et en vérité, on ne peut nier qu'ils ont fait du
chemin, puisque j'en reçois le conseil de Votre Grandeur. Mais ces gens-là ont trop donné d'exemples et de
preuves de leurs intentions et des moyens qu'ils emploient, pour me dispenser de faire tout ce que je pourrai
pour leur substituer dans le Conseil de fabrique des
hommes de droiture.

» Permettez-moi d'espérer, Monseigneur, que Votre
Grandeur finira par apprécier les hommes qu'Elle soutient aujourd'hui, et reconnaîtra que le bien spirituel
de cette paroisse, et la gloire de Dieu, demandent instamment leur éloignement des fonctions auxquelles ils
n'auraient jamais dû être appelés.

» Daignez, etc.

» *Signé :* J. SUBILEAU, *curé.* »

Quelle que soit ma répugnance à relater certaines choses, pourquoi n'apporterais-je pas cet autre élément de constatation des dispositions de Monseigneur et des personnages qui agissaient pour lui?

Des travaux de restauration avaient été exécutés au presbytère, et près de 4,000 francs restaient à ma solde, par défaut de formalités accomplies en temps opportun.

Les personnes qui, d'accord avec Monseigneur, saisissaient tous les moyens de m'abattre trouvèrent là une occasion de manifester leur zèle. La fabrique me devait environ 500 francs. Cette somme était en caisse. De leur autorité, M. A... président, M. B... trésorier, refusèrent obstinément jusqu'à leur révocation de me la verser. Pareil refus de payer le chantre et le sacristain, afin de les lasser, les décourager, les obliger à me quitter, ce à quoi on réussit pendant une ou deux semaines. Conseils confidentiels donnés par A... (Je puis citer les noms) de ne pas payer, ou ne payer qu'en partie, ce qui était dû pour sépulture, etc. etc. On faisait circuler le bruit que j'étais ruiné, que j'allais disparaitre en laissant des dettes énormes, et l'on impressionnait mon boulanger, mon boucher, mon épicier, jusqu'à les amener à me refuser crédit. On engageait mes domestiques à m'abandonner, et une servante, cédant à l'offre d'un gage beaucoup plus élevé, s'en alla chez Mme de X...

- C'était le moment où tous les efforts étaient tentés par Monseigneur l'évêque pour encourager, fortifier, maintenir contre toutes défaillances, dans leurs rôles, les sieurs A... et B... C'était alors qu'il leur faisait parvenir, (par qui?) des billets où il les appelait : mon cher A...! etc. (M. A..., petit serrurier à Montreuil-Bellay, n'avait point été accoutumé à une telle familiarité de la part d'un évêque.)

J'étais comme tous les curés de ce diocèse, collecteur des sommes versées par les fabriques et les prêtres du canton pour les œuvres diocésaines. Dans la pénurie où me réduisaient les causes que j'ai exposées, je priai MM. les caissiers, secrétaires de l'évêché, de me permettre de prendre un délai pour faire mes versements, ce qui me fut accordé avec pleine bonne grâce, mais sous la réserve de leur part que Monseigneur n'en saurait rien, car, me disait l'un d'eux, il sauterait au plancher. J'avais soin de les tenir au courant de toutes les sommes que je recevais. Plus tard, en effet, Monseigneur ayant eu connaissance de cette complaisance, me déclara le 18 décembre 1880, la dernière fois que j'ai eu l'honneur de le voir, que j'avais, en retenant ces fonds, agi indignement, que j'étais passible de poursuites en police correctionnelle, etc. etc. etc., et sur les motifs que je lui donnai en lui rappelant la conduite du président et du trésorier de la fabrique dont je m'étais plaint à Sa Grandeur plusieurs fois : elle me dit qu'elle voulait bien encore ne pas me poursuivre devant les tribunaux, mais qu'elle le ferait si je tardais plus de quelques mois à rembourser ce que j'avais reçu pour l'évêché. Et l'un de ses secrétaires, sur les ordres formels et réitérés de Sa Grandeur, se vit, bien malgré lui, obligé d'écrire à M. le juge de paix de Montreuil-Bellay, pour entamer les poursuites dont j'avais été menacé. La Providence m'envoya juste à temps un secours de 1,000 francs que j'avais sollicité du ministère des cultes pour l'indemnité de mes dépenses au presbytère, et j'évitai d'être traîné par mon évêque devant les tribunaux, pour un retard de paiement.

Il y a sept à huit ans, un prêtre qui avait étudié de près Monseigneur Freppel, me disait : « La faculté maîtresse

de Monseigneur, ce n'est pas de bien parler ni même de
bien écrire, c'est la ténacité infatigable à poursuivre un
but, et son habileté à découvrir et à utiliser, pour l'atteindre, tous les moyens, de *quelque nature qu'ils
soient.* »

XXXVII

MÉMOIRE ENVOYÉ A SON EXCELLENCE MONSEIGNEUR LE
NONCE DU SAINT-SIÈGE, A PARIS, PAR LE CURÉ DE
MONTREUIL-BELLAY, DIOCÈSE D'ANGERS.

« 4 mars 1882.

» MONSEIGNEUR,

» Un conflit qui a pris des proportions considérables,
et fait scandale, s'est élevé depuis environ un an entre
Monseigneur l'évêque d'Angers et moi.

» J'ai sollicité, et obtenu le 7 mars 1881, de M. le
ministre des cultes, la dissolution de mon conseil de
fabrique.

» Le 7 mai de la même année, sur l'invitation écrite
de M. le maire, et conformément à une instruction ver-
bale de Monseigneur l'évêque à son clergé à la retraite
ecclésiastique, en l'année de son installation, j'ai fait
sonner les cloches et pris ma place dans le cortège, à la
première tournée de revision de M. le préfet du département dans ma paroisse ; puis j'ai reçu au presbytère la
visite que ce magistrat m'a fait l'honneur de me rendre
ce même jour.

» Voilà, Monseigneur, le point de départ apparent et
l'une des causes du conflit que je demande à Votre
Excellence permission de lui faire connaître.

» Je ne puis jeter une lumière suffisante sur la situa·
tion, qu'en relatant par ordre de dates des écrits et des
faits. J'en citerai le moins que je pourrai, et encore ce mémoire sera-t-il trop long ; néanmoins j'ose supplier Votre
Excellence de vouloir bien s'en faire rendre compte.

» Je crois, et j'ai toujours cru, que le soutien naturel
du prêtre, c'est son évêque ; et si l'évêque surpris fait
défaut, le prêtre ne doit jamais briser le lien de respect,
d'obéissance, d'absolu dévouement qui l'attache, pour
son honneur et sa sûreté, au chef spirituel que Dieu lui a
donné. Son salut et sa gloire le doivent maintenir toujours
en communion de doctrine, de morale, de culte, de discipline, avec le personnage auguste et sacré qui, dans la
chaine hiérarchique, n'est séparé que par un anneau de
Notre-Seigneur Jésus-Christ.

» Mais cette disposition, si sincère et si ferme qu'elle
soit, n'entraine pas pour le prêtre, pour le curé, l'obligation de renoncer à se défendre contre des attaques aussi
puissantes qu'injustes ; de renoncer à sa réputation, à sa
dignité, aux droits inhérents à sa charge, à tous les éléments nécessaires au succès de son ministère.

» Toutefois, comme le prêtre même le plus désireux de
rester dans la ligne du devoir ne dépouille pas assez les
faiblesses de l'homme, et que son jugement est exposé
à faillir, surtout dans les épreuves de la nature des
miennes, j'ose vous prier instamment, Monseigneur, de
vouloir bien, après avoir pris connaissance de ma situation, me dire ce que je dois faire pour rester toujours le
fils le plus soumis de la sainte Église.

» Daignez agréer, Monseigneur, l'hommage du profond respect avec lequel je suis, Monseigneur, de Votre
Excellence, le très humble et très obéissant serviteur.

» Signé : J. SUBILEAU. »

» Voilà un peu plus de cinq ans que je suis curé de
Montreuil-Bellay.

» Dans mon discours d'installation, je disais à mes
paroissiens :

» Je trouve cette paroisse dotée d'établissements pré-
» cieux : hôpital, hospice, orphelinat, bureau de bienfai-
» sance, écoles que l'on m'a dit être parfaitement di-
» rigées : j'accepte avec bonheur toutes ces œuvres,
» telles qu'elles sont, et je les traiterai en toute occa-
» sion avec la plus impartiale égalité. Si je témoignais
» parfois quelques préférences, ce serait à celles qui
» rempliraient le mieux leurs obligations, et feraient
» le plus de bien.

» Et ici je crains un écueil. Je crains la surprise
» presque le scandale qu'une telle déclaration peut cau-
» ser, comme au frère de l'enfant prodigue, à des âmes
» pieuses et généreuses qui penseraient avoir des droits
» plus particuliers à l'attention du père spirituel de la
» paroisse. Oh ! qu'elles soient bien persuadées que
» j'apprécierai toujours leur fidélité, et que je remer-
» cierai toujours le bon Dieu de les avoir données en
» exemple au reste du troupeau ! Mais ce n'est pas à moi
» à les récompenser. Dieu s'en charge, et c'est assez.
» Le divin Médecin proclamait qu'il était venu pour
» ceux qui avaient besoin d'être guéris, quel chrétien
» intelligent s'étonnerait que je m'applique à le suivre
» et à l'imiter ?

» Je ne me suis jamais mêlé à aucun parti politique,
» tout en admettant parfaitement une conduite différente
» en autrui ; parce que je suis persuadé que le pasteur
» des âmes, sans abdiquer sa qualité et ses droits de ci-
» toyen, fait bien de se tenir dans une sphère supé-
» rieure, celle de l'Église de Notre-Seigneur Jésus-
» Christ; et dès lors accepter, suivant le précepte de
» saint Paul, les gouvernements établis, et en respecter
» les représentants, en raison de leurs fonctions et de
» l'autorité dont ils sont investis. »

» Ce programme a été la règle invariable de ma conduite depuis que je suis curé de Montreuil.

» Afin de faire cesser une inégalité humiliante pour
les écoles communales, et leur donner la facilité d'assister aux offices de l'église avec plus de recueillement et

de bien-être, j'ai donné à tous ses enfants, quelque école qu'ils fréquentassent, des bancs semblables, et à tous les maîtres et maîtresses des chaises pareilles, et je me suis appliqué à ne témoigner absolument aucune préférence dans mes relations avec toutes les maisons d'éducation.

» Cette conduite me valut d'abord la froideur, et bientôt la sourde mais évidente opposition de personnes qui subventionnent les écoles libres, dans un but chrétien incontestablement, mais non dégagé peut-être d'intérêt électoral et politique.

» Le refus de tout concours pour les cérémonies de l'église s'accusa bientôt chez les écoles religieuses, et je me vis réduit à celui des écoles laïques qui ne m'a point fait défaut. La justice m'oblige du reste à déclarer que la surveillance et l'instruction religieuse des enfants n'y sont nullement inférieures à ce que je remarque dans les écoles congréganistes. Quant au nombre des élèves, il se partage dans les proportions suivantes : écoles laïques et communales, garçons 130, filles 85. Écoles libres des frères, 25 garçons, écoles libres des sœurs 75 filles.

» Cet état de choses rapporté et exposé à Monseigneur l'évêque, sous un jour absolument faux, par les familles mécontentes qui possèdent toute sa confiance, le prédisposa facilement à croire que je faisais fausse route dans la direction de ma paroisse, et à ne point cacher son regret de me l'avoir confiée. C'est dans cette disposition d'esprit que Sa Grandeur se fit la protectrice plus abusée qu'impartiale et éclairée de quelques membres de ma fabrique, lesquels, poussés au moins par l'une des familles dont j'ai parlé, prirent ouvertement à tâche d'entraver l'administration paroissiale, dans le but de m'obliger à abdiquer.

» Intervint l'arrêté ministériel en date du 7 mars 1881, et dont je reçus notification le 22 du mois, prononçant la dissolution du conseil de fabrique.

» Le 26 mars, je portais à M. Pessard, vicaire général, à l'adresse de Monseigneur l'évêque, une lettre dans laquelle je présentais trois candidats au choix de Sa Grandeur, et je recommandai très particulièrement à M. le grand vicaire d'exprimer à Monseigneur qu'en agissant ainsi je ne faisais que me conformer à un usage, et que j'accueillerais très sympathiquement les conseillers, quels qu'ils fussent, qu'il lui conviendrait de choisir.

» Le lendemain, je reçus de M. Pessard la lettre suivante, contenant, *cachetée*, celle que j'avais remise.

« Évêché d'Angers, 26 mars 1881.

» Monsieur le curé,

» Monseigneur n'a pas jugé à propos de prendre connaissance de votre lettre ; je vous la renvoie donc. Sa Grandeur se réserve de prendre au sujet du conseil de fabrique de Montreuil telles mesures qui lui paraîtront convenables.

» *Signé* : Pessard, *v. g.* »

A la même époque, mon vicaire prit tout à coup vis-à-vis de moi une attitude étrange, d'une insolence inexplicable et je dus écrire la lettre suivante :

« Montreuil-Bellay, le 28 avril 1881.

» Monseigneur,

» Sur ma demande, Votre Grandeur a bien voulu me donner pour vicaire au commencement de cette année M. Cholleau. Tant que ce jeune ecclésiastique a résisté aux sollicitations qui lui étaient faites de fréquenter la maison de X... et quelques autres, il a été irréprochable dans ses rapports avec moi, me donnant tous les témoignages de confiance, d'attachement et de désir de travailler, de concert avec moi, au bien de la paroisse.

14

» Depuis que M. Cholleau est en communication fréquente avec ces familles, ses dispositions se traduisent par l'attitude, les paroles, la conduite d'un vicaire qui ne voit plus dans son curé un aîné, un supérieur, un père, mais un prêtre ayant perdu son droit au respect, à la confiance, à l'estime de toute âme chrétienne.

» Pour éviter d'ennuyer Votre Grandeur par de longs détails, je relaterai cette seule parole que M. Cholleau m'adressa à table hier au soir.

» — Un prêtre que son évêque menace d'interdire,
» c'est tout dire.

» — Eh ! qu'est - ce qui vous autorise , Monsieur
» l'abbé, à me tenir ce langage ?

» — Oui, monsieur, oui, si vous n'êtes pas encore in-
» terdit, cela ne tardera pas, je le sais pertinemment.

» — Pouvez-vous me citer le personnage de qui vous
» le tenez ?

» — Je ne vous citerai personne ; mais ce personnage
» ne ment pas, et j'ai en lui une confiance absolue.

» — Me diriez-vous pourquoi Monseigneur menace
» de m'interdire ?

» — Monseigneur a dit qu'il avait mille raisons pour
» cela ; ce sont ses paroles.

» — Eh bien ! demain j'en écrirai à Monseigneur, ré-
» pliquai-je.

» — Écrivez si vous le voulez, me répondit M. Chol-
» leau, car j'écrirai aussi, et j'irai trouver Monseigneur,
» et j'en aurai long à dire sur vous. »

» Après un tel entretien qui traduit exactement l'état actuel de mon vicaire, dois-je garder le silence ?

» Quel curé ne demanderait la lumière ?

» M. Cholleau est un jeune prêtre ardent, impressionnable, plein de foi et de bon vouloir, absolument dépourvu d'éducation et de connaissance du monde ; suffisant comme on l'est souvent à 24 ans, surtout quand on sait peu, ne doutant de rien, et pour le moment absolument accaparé par ceux qui, lui fournissant des preuves de la confiance de son évêque, lui montrent son curé comme l'ennemi de l'Église.

» Je ne commettrai point l'impertinence de vous demander, Monseigneur, si vous avez tenu le propos que l'on vous attribue.

» Un interdit légitimement lancé contre un prêtre, contre un curé, suppose en celui-ci, théologie en main, une faute bien grave, accompagnée de circonstances toutes particulières.

» Je dis, sans hésitation aucune, qu'avec la grâce de Dieu je ne m'y suis jamais exposé.

» Si Votre Grandeur avait supposé le contraire, elle m'eût averti, m'eût invité à l'éclairer, et, en tout état, n'eût pas commencé par jeter en pâture à ceux qui me poursuivent d'une haine acharnée, une parole qui, dans la bouche d'un évêque, a nécessairement de terribles conséquences.

» Le grand reproche que Votre Grandeur m'ait fait depuis qu'elle m'a confié la paroisse de Montreuil, c'est d'avoir écrit directement à M. le ministre des cultes, pour provoquer la dissolution de mon conseil de fabrique. Je vous ai expliqué, Monseigneur, dans un précédent écrit, les motifs qui m'avaient déterminé, et peut-être m'en suis-je, au moins en partie, justifié.

» S'il vous reste à m'adresser des observations, des blâmes, à me demander des explications sur un point quelconque de mes devoirs comme prêtre ou comme curé, je suis toujours prêt à vous répondre avec franchise et avec le respect profond que je vous dois.

» Veuillez aussi ne pas trouver mauvais que je supplie Votre Grandeur de faire cesser aussitôt que possible, et par les moyens que sa sagesse lui suggérera, un état intolérable entre mon vicaire et moi.

» Veuillez agréer, etc.

» *Signé :* J. Subileau, *curé.* »

Cette lettre est demeurée sans réponse.

Plusieurs de mes confrères, les plus expérimentés et les plus dignes, à qui je l'ai communiquée, ont partagé et mon indignation, et ma conviction que le propos relevé était bien de Monseigneur l'évêque.

A toutes les représentations que j'ai tenté de faire à mon vicaire qui pendant cinq mois m'a invectivé de la manière la plus injuste et la plus humiliante, je n'ai reçu de lui que cette réponse : je ne fais rien sans le conseil de l'Évêché.

Je suis porté à croire que ces conseils lui étaient souvent transmis par des personnes de Montreuil, si toutefois le vicaire ne mentait pas.

Le 7 mai suivant (1881) eut lieu la première tournée de M. le préfet, et comme je l'ai expliqué au commencement de cet écrit, je fus invité par M. le maire à me joindre au cortège de bienvenue, comme je l'inviterais moi-même à venir avec toutes les autorités locales à la réception de Monseigneur l'évêque en tournée de confirmation.

M. le préfet, satisfait et ému de ma présence, me remercia publiquement, dans la cour de la mairie, de lui avoir fourni l'occasion de protester de son bon vouloir pour les membres du clergé qui comprennent leur mission de conciliation, et s'abstiennent de faire invasion dans le domaine politique , et affirma son respect pour la religion, et son intention sincère de ne la point gêner dans l'accomplissement légal de ses sublimes destinées.

Bien que pris au dépourvu, je sentis que je devais répondre ; et voici mes paroles, que j'écrivis dès mon retour au presbytère, et que je soumis dans la soirée à plusieurs personnes présentes qui en affirmèrent l'exactitude.

« En faisant sonner les cloches et en prenant ma place dans ce cortège, monsieur le Préfet, je n'ai fait que mon devoir. L'Église, dont je suis ici le ministre, donne toujours l'exemple du respect à l'autorité, et vous personnifiez devant nous l'autorité temporelle, le gouvernement du pays. L'Église ne méconnait point les pouvoirs établis ; elle n'entrave ni leur expansion ni l'exercice de leurs droits, pas plus qu'elle ne s'occupe de la forme qu'ils se donnent.

» Dans l'ancienne loi, le Seigneur permit au peuple, qu'il s'était spécialement choisi, la préférence de ceux par qui ce peuple voulait être gouverné ; et ce peuple donna la charge de le conduire, tantôt aux juges, tantôt aux rois.

» Sous la nouvelle loi, l'Église s'est accommodée, l'histoire l'atteste, de toutes les formes de gouvernement, des républiques comme des monarchies. Dieu laisse toujours aux hommes le choix de ceux à qui il leur convient de confier leurs intérêts temporels. Il se réserve d'appeler les ministres par qui il veut être représenté près d'eux, et à qui il confie la charge sublime et difficile de leurs intérêts spirituels. L'Église selon l'expression de Bossuet, passe à travers les peuples comme une illustre voyageuse ; elle leur enseigne leurs devoirs, c'est sa mission ; et leur propose pour sanction du devoir accompli, le calme dans le présent, et le suprême bonheur dans l'éternité. »

Les jours suivants j'appris que les faits et mon discours avaient été horriblement dénaturés au loin, surtout à Angers. Je crus bien faire de me présenter à l'évèché pour tout expliquer. J'y trouvai, comme de coutume, l'opinion faite, et l'impossibilité de la rectifier. M. Pessard, vicaire général, à qui je m'adressai, fut pour moi plein de reproches et presque de mépris. Il trouva que mon petit discours, que je lui lus, établissait le droit à l'insurrection.

A partir de ce moment tous les efforts de l'Évêché tendirent très ostensiblement à rendre ma situation into·lérable. Inutile d'entrer ici dans des détails impossibles, dans l'exposé d'une série d'actes incroyables. Je constate seulement que mon vicaire ne cacha point qu'il avait reçu pour mission de me combattre, et qu'il n'y fit pas défaut.

Ce plan et cette attitude de l'Évêché vis-à-vis de son curé, cette immolation de son curé à une coterie trop connue, étonna, scandalisa, irrita presque toute ma paroisse, et pesa incontestablement sur la détermination de l'administration civile, de briser avec les sœurs de Sainte-Anne inféodées aux quelques personnes accueillies par Monseigneur l'évêque, et qui, du reste, avaient blessé au vif la commune, par un acte portant une grave atteinte à ses intérêts, et mis ainsi le comble au mécontentement.

La suite de cet écrit fera connaître ma conduite dans ces circonstances.

Je note seulement ici que j'aurais peut-être réussi à conserver les sœurs de Sainte-Anne, sans la mauvaise foi de leurs protecteurs qui firent circuler une pétition attribuant à la commission de l'hospice la volonté de renvoyer les sœurs *pour avoir des laïques*, ce qui était à la parfaite connaissance des auteurs mêmes de la pétition, le contraire de la vérité.

Les sœurs partirent dans le courant d'août (1881), et peu de jours après, Monseigneur me laissa sans vicaire, sans me prévenir.

Le jour de la Toussaint, je crus devoir, dans une allocution écrite et lue au prône, essayer de calmer les esprits, et donner à mes paroissiens des explications sur la situation de la paroisse au point de vue spirituel et au

point de vue administratif. — Je m'étendis naturellement sur le départ des sœurs, sur nos efforts vains pour
les remplacer par des religieuses d'un autre ordre ; sur
l'absence d'un vicaire ; sur la situation matérielle de l'é-
glise, l'état de la fabrique, et aussi sur mes principes personnels en regard des questions sociales et politiques.
Cette allocution ne pouvait manquer de déplaire à mes
persécuteurs, mais produisit le meilleur effet sur la généralité de mes paroissiens.

Voici ce qui se rapporte à ma règle de conduite personnelle :

« .... Je resterai ce que je suis, moyennant la
» grâce divine, travaillant dans la mesure de mes forces,
» de mon expérience, du peu de facultés que Dieu m'a
» données, au bien que je crois être possible en cette
» paroisse et conforme à son esprit ; travaillant au salut
» de vos âmes à tous, parce que tous vous êtes mes en-
» fants spirituels. Point d'exception. Les plus égarés
» sont ceux que je suivrai avec le plus de sollicitude,
» que j'aimerai en quelque sorte davantage, comme la
» mère qui a de particulières tendresses pour ses enfants
» infirmes et souffrants. Et les paroissiens qui s'en
» scandaliseront, comme ceux qui se scandalisaient
» de la conduite de Notre-Seigneur Jésus-Christ, ceux
» qui se donneront le rôle de délateur, même avec
» succès, ne me feront point changer. On ne réussira
» point à déformer en mon esprit le type de la religion
» que j'ai mission de vous enseigner ; à me faire prendre
» l'accessoire pour le principal, certaines pratiques
» destinées à favoriser la ferveur, pour la religion elle-
» même, pour les devoirs que Dieu commande.....
» On ne m'amènera jamais, quelques efforts que l'on

» tente encore, sur le terrain mouvant de la politique et
» des compétitions terrestres. La nécessité d'une telle
» réserve m'apparait d'une évidence de plus en plus lumi-
» neuse ; et les événements si tristes pour l'Église qui se
» succèdent et s'aggravent, me semblent une des consé-
» quences indéniables du mélange des intérêts politiques
» aux intérêts religieux.

» De ce que certaines sociétés, certains partis ont
» conservé plus intact le dépôt de la foi ; font aux mi-
» nistres de la religion un accueil plus généreux et plus
» consolant ; défendent plus énergiquement les droits
» des ministres de Jésus-Christ, contestés par toutes les
» passions, je conclus que cela les oblige à plus de re-
» connaissance envers Dieu qui a gardé leur foi, qui est
» l'inspirateur de leurs œuvres et qui sera leur récom-
» pense ; mais je ne vois pas que cela leur donne titre
» pour solidariser ce qui est temporel avec ce qui est
» éternel, la cause des rois de la terre avec celle du Roi
» du ciel.

» Si sympathique que nous, pasteurs de tous, puissions
» être dans l'intimité de nos cœurs, à quiconque nous re-
» cherche, nous honore, nous soutient, pleure avec nous
» sur les douleurs de l'Église notre mère, et se réjouit
» avec nous de ses espérances, de ses triomphes, nous ne
» pourrons jamais oublier que notre constitution sacer-
» dotale nous oblige à respirer, à vivre dans une atmo-
» sphère supérieure ; que de ces hauteurs nous sommes
» les intermédiaires entre le Dieu des éternités et des
» mondes, et les hommes de cette heure et de cette
» terre ; que des moyens qui nous sont remis aux fins
» de cette sublime mission, nous n'en devons détourner
» aucun pour le mettre, sous prétexte du bien, au
» service d'autres intérêts. Tout ce qui émane de notre

» sacerdoce est d'une part pour le service de Dieu,
» d'autre part, pour le service des âmes. Si comme
» hommes nous conservons nos droits de citoyens dont
» nous pouvons user tant qu'ils ne compromettent point
» la mission supérieure que nous avons acceptée ;
» comme prêtres nous savons que notre royaume n'est
» pas de ce monde, est étranger aux royaumes de ce
» monde, aux discordes de ce monde. Nous acceptons,
» sans avoir ni à les approuver, ni à les condamner,
» tous les pouvoirs qu'en se retirant la vague des
» révolutions, des bouleversements de ce monde, nous
» montre debout et établis ; car telle est la doctrine. Et
» nous cherchons là des âmes à sauver, Dieu à glo-
» rifier, dans toutes les anfractuosités de l'édifice nou-
» veau et dans les décombres de l'édifice écroulé.

» A l'exemple de Notre-Seigneur Jésus-Christ qui
» avait des prévenances divines pour les publicains et
» les pauvres pécheurs ; à l'exemple de son représen-
» tant immédiat sur la terre, notre saint père le Pape,
» qui entretient de bonnes relations avec les hommes
» d'État qui nous gouvernent, et qui veut que son
» Nonce à Paris ne refuse aucune de leurs invitations,
» leur donne ostensiblement toutes les marques non
» seulement de la politesse, mais d'une ferme volonté
» de conserver un cordial accord, j'estimerai de mon
» devoir d'entretenir les meilleurs rapports avec tous
» ceux de mes paroissiens qui n'affecteront pas de s'é-
» loigner de moi ; de travailler au maintien de l'union
» et d'une cordiale entente avec tous les hommes que
» le hasard des événements, ou, pour parler plus chré-
» tiennement, la permission de Dieu a investis de l'au-
» torité. Et je crois que toujours, particulièrement à
» notre époque et dans notre pays, c'est le seul moyen,

» moyen exclusif de passion, moyen vraiment évangé-
» lique, d'atteindre le bien réalisable, et d'éviter à l'É-
» glise de fatales épreuves.

» Jamais, j'espère que Dieu continuera de m'en faire
» la grâce, on ne m'amènera, d'aucun côté, à trans-
» gresser mes devoirs ; le devoir accompli, peu m'im-
» porte le reste..... »

Le lendemain de la Toussaint, je reçus d'une de mes
paroissiennes, Mme X..., une lettre dont je vais citer
quelques extraits. Mme X... est la personne la plus en
vue à Montreuil, parmi celles qui possèdent la confiance
de Monseigneur l'évêque et qui poursuivent opiniâtrément ma déchéance. Le ton de sa lettre, la manière
dont elle me traite, moi son curé, moi qui ai le double
de son âge, tout cela peut étonner les gens étrangers
aux intrigues de la localité et qui manquent des éléments
suffisants pour comprendre. Un fait rapporté à la fin
de cet écrit pourra jeter quelque lumière sur les droits
que Mme X... s'attribue.

« Monsieur le curé,

» Ce n'est ni du dépit, ni de l'indignation que j'ai
» éprouvés, en écoutant votre si inopportune et si mala-
» droite justification ; mais une immense compassion
» pour un esprit dévoyé et perverti par la haine et par
» l'habitude de la violence.....

» Qui prétendez-vous tromper ici ? Et quelle insigne
» maladresse de mettre tout un peuple au courant d'une
» disgrâce trop méritée et trop justifiée, hélas !...

» Je ne veux pas discuter tout ce qu'il y a de si au-
» dacieusement faux dans cette défense d'un esprit aux
» abois.....

» Je ne vous juge pas malgré vos actes odieux ; je ne
» dirai pas, comme un prêtre, que *vous êtes cousu de*
» *sacrilèges*, j'espère toujours qu'un dérangement de
» vos facultés intellectuelles peut être coupable de tant
» d'indignités.....

» Oui, Dieu a permis que vous fussiez notre pasteur,
» comme autrefois il s'est servi d'Attila pour nous châ-
» tier.....

» Mon pauvre monsieur le curé, il ne faut pas vous
» faire une fausse conscience.

» Votre réputation date de plus loin que Montreuil,
» et la preuve, c'est l'opposition de tout le conseil de
» Monseigneur à votre nomination.

» Vous avez choisi vos amis ; votre intérêt, peut-être
» l'espériez-vous audacieusement, votre avenir est de ce
» côté-là. Quel lien peut-il y avoir entre la justice et l'ini-
» quité ? Quel accord entre Jésus-Christ et Bélial ? C'est
» là l'explication du retrait de nos enfants de votre caté-
» chisme, après le scandale public de votre discours de la
» veille, aux autorités persécutrices des congrégations....

» Pauvre, pauvre monsieur le curé, que je vous
» plains !..... »

Le discours scandaleux, rappelé par Mme X... est
celui que j'ai retracé, et que j'ai adressé à M. le
préfet.

Voici l'explication du fait rappelé également par l'auteur de la lettre précédente, touchant le retrait de ses
enfants de mon catéchisme.

M'apercevant que mon vicaire était loin d'apporter à
l'enseignement du catéchisme le soin qu'exige cette délicate mission, je crus devoir, à sa grande satisfaction,
prendre seul cette charge. En me voyant, Mme X...,suivie
de son mari, s'avança vers les bancs des enfants, en fit

sortir et emmena ses deux fils, m'infligeant en pleine église, par cet acte public de contumélie, une injure à laquelle je crus ne devoir rien répondre, mais qui indigna la paroisse presque entière.

Et Monseigneur l'évêque consacra de son approbation la conduite de Mme X..., en l'autorisant, contre tous les droits du curé et contre tous les règlements et ordonnances promulgués par ses prédécesseurs et par lui-même, à faire faire la communion de ses enfants dans une autre paroisse.

Le 26 mars 1881, Monseigneur l'évêque avait refusé d'ouvrir une de mes lettres et me l'avait renvoyée.

Le 28 avril, Sa Grandeur avait dédaigné de répondre à une autre lettre qui, de sa nature, appelait une explication commandée par l'honneur.

Le 22 août, le conseil épiscopal récompensait mon vicaire de sa conduite indigne, et ne me donnait pas plus avis de ce départ que de ses intentions ultérieures.

De la part de l'Évêché, toutes relations avec moi étaient brisées avec affectation.

Des informations certaines m'apprenaient sans cesse les conseils, les instructions données à mes confrères, de me fuir et de me traiter en excommunié.

Soupçonner quelqu'un de parti pris, est contre ma nature. Il me faut l'évidence persistante et aveuglante par excès de clarté, pour que je puisse croire que l'erreur en autrui n'est pas la cause de paroles, d'actes dont je suis victime. Je suis porté invinciblement à parler, à écrire, à prendre tous les moyens pour éclairer ceux qui me tourmentent ; et ce n'est qu'après épuisement et inanité des démonstrations les plus lucides et les plus répétées, que je comprends enfin qu'on ne veut pas de la vérité, parce qu'on ne veut pas de la justice.

Après deux longs mémoires (4 décembre 1880, 24 janvier 1881) demeurés sans réponse, et d'une logique irrésistible au dire des confrères à qui je les ai communiqués; après des lettres nombreuses, aussi concluantes qu'empreintes de soumission et de respect filial, je persévérais dans ma disposition naturelle d'esprit; je ne pouvais me persuader que l'Évêché ne voulait pas voir, et je désirais rencontrer une occasion nouvelle de l'éclairer.

La note suivante prouve comment je l'ai saisie. Cette note un peu raide dans sa forme, parce qu'elle se ressent de l'acuité de ma situation, m'a paru la seule manière d'essayer de renouer la correspondance interrompue et refusée dans la manière directe.

Pour bien des raisons je ne me suis point cru obligé, envers M. l'abbé Pessard, aux formes de respect et de soumission dont je ne me suis jamais départi envers Monseigneur l'évêque.

NOTE

TRANSMISE A L'ÉVÊCHÉ PAR LE CURÉ DE MONTREUIL-BELLAY

LE 9 JANVIER 1882.

J'ai reçu de l'Évêché le 31 décembre dernier les budgets de 1881 et de 1882, approuvés après rectification aux prévisions des dépenses.

Je dois renvoyer ces pièces avec prière de radier les rectifications sur deux points d'une sérieuse conséquence.

J'avais écrit la vérité.

On m'impose l'erreur en deux points importants.

Et l'on m'inflige une note de supercherie et une note d'étourderie.

Je n'accepte ni l'une ni l'autre.

La supercherie n'est point à mon usage.

Je ne suis point exempt d'étourderie, mais je n'en ai pas commis dans le cas présent.

I

Pour des motifs exposés dans ma lettre du 16 juin 1881, j'avais laissé en blanc l'article du budget : *Supplément de traitement à M. le curé.* — L'Évêché y établit 200 fr. avec cette annotation : *pris sur les rentes de l'État chargées de fondations d'après les renseignements donnés par M. le curé dans sa lettre du 16 juin 1881.*

Bien que je n'aie point conservé copie de ma lettre du 16 juin, je n'hésite pas à dire que l'interprétation qu'on en fait est erronée, et provient d'une disposition particulière d'esprit à mon endroit, dont les preuves surabondent. Les 200 francs auxquels j'ai droit font partie des 300 francs inscrits au numéro 4 du paragraphe 5e du budget : *Rentes dues par la fabrique.*

Depuis le 3 juin 1860, les curés les ont toujours perçus en vertu d'une donation de 12,000 francs faite par dame Étieuvrin et dont voici les termes : *Cette donation est faite à charge expresse et de rigueur pour la fabrique 1°, 2° De compter également au curé de Montreuil une somme annuelle de 200 francs destinée à améliorer la position du prêtre attaché à la paroisse.*

Dans le même acte une disposition prenant en quelque sorte la forme de corollaire, *n'impose* point, mais exprime *le désir* qu'après accomplissement des *obligations*, le reste de la rente du capital donné soit employé à l'achat et à l'entretien des ornements, et en dernier lieu au paiement annuel de 100 francs au vicaire.

De là les 300 francs inscrits au budget, à l'article *rentes dues par la fabrique.*

La fabrique a toujours versé 100 francs au vicaire. Mais au mois de juillet 1881, le conseil, interprétant les intentions de la pieuse donatrice, n'a pas cru devoir octroyer au titulaire en fonctions cette libéralité, en présence de l'attitude révoltante et scandaleuse qu'il affectait vis-à-vis du curé.

Les 200 francs *fondés* en faveur du curé n'ont aucune connexité avec *le supplément de traitement* voté par presque toutes les fabriques en conformité avec une circulaire de Monseigneur l'évêque. Aussi, depuis cette circulaire, la fabrique de Montreuil-Bellay avait-elle toujours voté 100 francs de *supplément de traitement à M. le curé.* Ma lettre du 16 juin explique pourquoi ces 100 francs n'ont pas été maintenus au budget. Monseigneur l'évêque, au dire des sieurs A... et B... ses représentants dans le conseil de fabrique, ayant déclaré qu'il ne les approuverait pas.

Si le budget restait aux archives de la fabrique, tel qu'il me revient de l'Évêché, il demeurerait constaté qu'après avoir perçu très légitimement 200 francs inscrits aux *rentes dues par la fabrique,* je m'en serais attribué par supercherie 200 autres à titre de *supplément de traitement voté pour M. le curé.*

II

A l'article 3 du paragraphe 3 : *Traitement du vicaire, 200 francs,* un renvoi conduit à ces lignes : *Le traite-*

ment du vicaire ne doit pas figurer au budget, puisqu'il n'y a pas de titulaire.

Si cette note est une moquerie, une insulte à mon adresse, je la renvoie à qui l'a écrite, mais je saisis l'occasion qu'elle m'offre pour m'expliquer, et *j'en revendique le droit*, sur les actes de l'Évêché à mon égard, particulièrement en ce qui concerne le vicaire.

Et auparavant, je prie l'auteur de la note de remarquer que les budgets sont signés du 20 mai, et que le vicariat est sans titulaire depuis le 20 août. Devais-je prévoir, pouvais-je prévoir le 20 mai, qu'à partir du 20 août suivant, il conviendrait à l'Évêché de laisser sans vicaire une paroisse de 2,200 habitants? Et si j'avais supprimé le traitement du vicaire, qu'est-ce que l'annotateur du budget aurait eu le droit de dire? C'est alors que j'aurais été, pour le moins, étourdi?

Et aujourd'hui les titres de la paroisse de Montreuil où les miens sont-ils périmés, ou suspendus?

Est-ce la paroisse qui a perdu son droit à un vicaire? Pourquoi?

Est-ce le curé? Pourquoi? Lui a-t-on jamais fait une observation? Lui a-t-on jamais demandé un éclaircissement?

Et si l'on veut châtier soit la paroisse, soit le curé, est-il juste que l'autre en soit l'innocente victime?

En supposant que cette détermination épiscopale soit l'usage d'un droit, et non un excès de pouvoir, encore serait-il peut-être nécessaire que la conscience publique fût éclairée et calmée!

Le droit suppose la justice. La justice humaine dans les actes suppose la vérité sinon certaine, du moins fortement présumée, et laborieusement, sincèrement, consciencieusement cherchée.

La vérité sur l'état de ma paroisse, surtout en ce qui concerne l'administration, l'a-t-on cherchée, principalement depuis un an ? L'a-t-on voulue ? L'a-t-on fait jaillir du choc des dépositions contradictoires ? L'a-t-on cherchée à ses sources naturelles ? L'a-t-on demandée aux faits authentiques, palpables, clairs comme la lumière du soleil ?

En ce qui est de ma responsabilité, ai-je fait assez d'efforts, ai-je écrit assez pour éclairer Monseigneur l'évêque et son conseil ?

Le 9 janvier 1881, Monseigneur l'évêque me communiquait, sur *ma demande*, les chefs d'accusation transmis par quelques membres de ma fabrique à Sa Grandeur, et accueillis par elle : notamment, *l'impossibilité d'obtenir de moi aucun compte, la prétention de toucher moi-même le prix des chaises.*

Dans un Mémoire en date du 14 janvier, je réfutais péremptoirement, et mettais à néant toutes ces accusations. Malgré cette réfutation sans réplique possible, Monseigneur l'évêque m'écrivait le 28 février : *En refusant contre toute espèce de droit, au président ou au trésorier, la communication des registres et autres documents appartenant à la fabrique, vous rendez impossible le fonctionnement...*

Le 1er mars je répondis à Monseigneur l'évêque, je lui dis, je lui prouvai, que les gens qu'il soutenait contre moi le trompaient, mentaient, avaient les registres et documents qu'ils m'accusaient de détenir.

Rien n'y fit. Pour donner les apparences de vérité à leur imposture éhontée, le 6 mars ils se réunirent en séance extraordinaire *autorisée par Monseigneur l'évêque*, et feignirent de ne pouvoir arrêter aucun compte, parce qu'ils manquaient, affirmaient-ils toujours, du livre des recettes et des dépenses, et autres pièces, qu'ils m'accusaient obstinément de garder envers et contre tous.

Or,

1° Extrait du registre des délibérations du conseil à la date du 1ᵉʳ juillet 1880 :

« *M. Ecot*, trésorier sortant, *en présence du conseil* » *qui lui en donne décharge, remet à M. Beaud,* » trésorier entrant, *toutes les pièces relatives aux fonc-* » *tions de trésorier.* »

Cela est signé de tous les membres du Conseil, y compris *MM. Froger et Beaud.*

Or,

2° Les pièces de comptabilité que l'on m'accusait si bruyamment de retenir, notamment le livre des recettes et des dépenses, étaient si bien entre les mains de M. Beaud qui ne s'en est jamais dessaisi, que toutes les écritures qui sont nombreuses et presque de chaque semaine, sont de sa main depuis et y compris le 1ᵉʳ juillet, jour de son élection, jusqu'au 20 mars, jour de sa destitution.

Les registres sont là ; les pièces sont là ; les preuves matérielles sont là… Veut-on se convaincre qu'on a été trompé ? Non. Oh ! non.

Le 28 février 1881, Monseigneur l'évêque me faisait l'honneur de m'écrire… *Cela ne m'empêche pas à l'oc-casion de m'adresser à la conscience d'un prêtre pour lui demander s'il croit encore pouvoir faire le bien au poste où je l'ai placé. Cette question, j'éprouve le besoin de vous la poser ; car à mes yeux votre situa-tion est devenue extrêmement difficile, pour ne pas dire impossible.*

Monseigneur l'évêque semble alarmé de deux choses :

1° Le bien spirituel de la paroisse ; 2° Ma considération et ma tranquillité personnelle.

A la première de ces craintes, je puis répondre par un argument d'une rigueur mathématique. Le voici :

Les places de l'église sont partie fixées et louées à l'année ; partie chaises volantes, louées à chaque office cinq centimes.

Depuis que je suis curé de Montreuil, malgré la gêne universelle, résultant du défaut de blé et de vin pendant trois années consécutives ; de stationnaires et rétrogrades qu'ils étaient depuis une vingtaine d'années, les produits des places ont pris une progression croissante et ininterrompue, et étaient arrivées, à la date de la lettre de Monseigneur l'évêque, à une augmentation de *nombre* d'un *septième* pour les places fixes et de *produit* d'un *huitième* pour les chaises volantes.

J'aurais peut-être le droit de demander combien il y a, dans le diocèse d'Angers, de paroisses en cette situation.

Les registres et les pièces officielles sont là. Veut-on les voir ? Non. Oh ! non.

2° Ma considération comme curé est-elle en souffrance ?

Voici ma réponse :

Le chiffre du dernier recensement est de 2,191 habitants auxquels il faut ajouter quelques personnes reconnues omises, total : 2,200 en chiffres ronds.

J'ai contre moi des détracteurs acharnés, et dont l'action devrait être d'autant plus grande qu'ils se flattent, avec preuves à l'appui, d'être contre moi en accord parfait avec l'Évêché.

Eh bien ! je les défie, en ramassant hommes et femmes, serviteurs, ouvriers, journaliers, gens secourus, de présenter les noms de cinquante personnes qui me soient hostiles.

Le clergé d'Anjou avait espéré, quand il eut la chance de compter à sa tête un grand évêque, de ne plus voir les mauvais jours de l'administration cancanière de Monseigneur l'évêque Angebault. Il se flatta que l'Évêché serait fermé aux coteries que la direction large et élevée de tout curé intelligent ne manque jamais de contrarier. Il pensa que l'Évêché renouvelé, au moins quant à quelques habitudes, n'aurait plus la petite prétention de gouverner les paroisses par-dessus la tête des curés, par l'intermédiaire et pour la satisfaction de certaines gens, quelle que fût leur générosité, de certaines femmes souvent, et parfois de quelles femmes !

Je dis, j'affirme, parce que je crois fermement être dans le vrai, que ma situation à Montreuil est meilleure que celle de tous mes prédécesseurs connus, qu'aucun curé n'y a rencontré la même considération, n'y a été entouré d'une sympathie plus grande et plus respectueuse.

Chaque localité a ses difficultés particulières, résultant d'antécédents, de direction malheureuse, et de mille autres causes.

La paroisse de Montreuil a été grandement et profondément éprouvée pendant trente ans, par deux vicaires zélés, MM. D... et E... Aux yeux d'un grand nombre, ils sont des saints. Aux yeux d'un nombre non moins grand, ils sont des monstres d'immoralité. Ils ne sont ni l'un ni l'autre. Ils ne sont que des faiseurs vaniteux, sans jugement et sans théologie, et *d'une extrême imprudence*. Ils ont voulu faire du bien, et ils ont fait un mal profond. Les efforts tenaces de M. D..., pour entretenir à Montreuil un parti, s'y faire regretter, s'y faire redemander, sont fâcheux. Presque tous les dissidents se rallieraient sans peine au curé, sans l'intervention sottement zélée de M. D..., qui ne voit pas qu'on exploite ce qu'il croit être ses bonnes intentions.

Le traitement du vicaire ne doit pas figurer au budget, puisqu'il n'y a pas de titulaire.

Et pourquoi n'y a-t-il pas de titulaire ?

Serait-ce parce que le dernier n'a pas réussi à me tuer, et que j'ai montré plus de vitalité que mon ancien ami M. Legcard, près de qui les mêmes procédés n'avaient pas été sans succès, bien qu'il fût, peut-être parce qu'il était, comme autrefois M. Lebreton et M. Gourdon, le grand curé d'Angers ?

Eh quoi ! vous donnez à mon subordonné, à mon vicaire, à un jeune homme qui n'a guère que le tiers de mon âge, ardent, sans jugement, naturellement grossier : vous lui donnez (je déclare que je tiens la personne épiscopale absolument en dehors de ces manœuvres) la mission de me harceler à force d'impertinences, pour me rendre la situation intolérable, et en me décourageant, m'obliger à abdiquer ! Et quand ce vicaire que j'ai eu le très grand tort de ne pas mettre à la porte, au début de son rôle, a rempli sa mission dans la mesure de ce qu'il pouvait faire, vous lui donnez acte de satisfaction !.....

Et comme je n'abdique pas, vous tentez de m'accabler sous le poids d'un fardeau au-dessus de mes forces, et dont vous espérez un effet d'autant plus sûr, que vous me savez assez de conscience pour faire face, même au prix de ma santé et de ma vie, à tous les besoins spirituels de ma paroisse !...

Et comme je n'abdique pas encore, M. le supérieur du grand séminaire, avec l'autorité qu'il tient de sa situation,

donne aux prêtres avec qui il peut entrer en conversation
sur mon compte, le conseil, l'ordre de me laisser dans
l'isolement, de me traiter comme un excommunié (c'est
son expression), et de me tuer par infamie ! et pour
motiver cette décision, il m'accuse d'avoir dit en chaire
ce que je n'ai point dit, et le contraire de ce que j'ai dit.
Comme c'est bien lui !... Comme c'est bien le personnage
de qui l'un des curés incontestablement les plus saints
du diocèse, disait, il y a quelques années : « On ne comprendra jamais le mal que cet homme a fait au jeune
clergé ! c'est le plus actif dissolvant du sentiment de
l'autorité ! Ah ! que nous sommes loin de notre vieux
père Desgarets !... »

Et comme je n'abdique toujours point, vous venez me
faire savoir officiellement le 31 décembre dernier, par la
note insérée au budget de ma fabrique, qu'il ne doit plus
être question du traitement du vicaire, et conséquemment
qu'il n'y en aura pas !...

Encore une fois, *pourquoi ?*

On m'a laissé sans vicaire depuis quatre mois, sans
daigner me prévenir, sans daigner m'en donner le motif.
Et l'opinion du diocèse pendant ce temps a été travaillée
de telle façon, qu'on s'imagine qu'un vicaire envoyé près
de moi est un prêtre sacrifié ! *Nous ne pouvons*, dit
M. le supérieur du séminaire, *imposer à aucun prêtre
le vicariat de Montreuil.*

Le fait est que je suis disposé à ne plus considérer
comme vicaire, de quelque forme de piété qu'il s'enve-
loppe, un jeune homme assez dépourvu du sentiment de
sa position et d'esprit sacerdotal, pour prétendre substituer à l'église son autorité à la mienne, pour qui mes
conseils et mes ordres seraient non avenus; qui
affecterait de ne faire que ce qu'il voudrait, quand il

voudrait, comme il voudrait ; qui pousserait la fatuité
jusqu'à se flatter de prêcher à peu près sans préparation
et toujours sans écrire, et par suite enseignerait autant
d'erreurs que de vérités ; qui regarderait comme une
fonction insignifiante la charge du catéchisme, charge
capitale à Montreuil, et s'y montrerait, au dire même des
assistants, plus incapable que plusieurs enfants assis sur
les bancs, et, se moquerait des conseils et des méthodes
que j'essayerais de lui donner ; qui pousserait *l'ignorance ou l'imposture*, parlant à un magistrat, jusqu'à
se dire obligé en conscience, et *sous peine de péché
mortel*, de me refuser son concours dans certains offices
de l'église ; qui, sous le prétexte faux que le prix de sa
pension chez moi dépasserait ses émoluments de vicaire,
s'affranchirait de toute obéissance et de tout travail qui
ne lui plairait pas. La vérité sur la situation matérielle
du vicaire est celle-ci : Ses recettes annuelles sont de
1,500 francs. En retranchant de ce chiffre la somme
presque dérisoire de 500 francs pour la pension alimen-
taire et la chambre garnie, il reste 1,000 francs à la disposition de M. le vicaire. J'ai été vicaire dans des
paroisses fort importantes, et je n'ai jamais eu cela. Et
je n'ai jamais imaginé que ma conscience m'autorisât à
refuser mon concours à mon curé, soit à l'église, soit en
tout ce qui se rapportait au travail de la paroisse.

» Je suis également décidé à ne plus supporter *chez
moi* un jeune homme qui se ferait gloire de ses habitudes d'insolence ; qui ne répondrait à mes prévenances
et à mes politesses que par des impertinences ; qui affecterait d'être à ma table des semaines entières sans me
parler ; qui me dirait en face qu'il est chargé de me
rendre la vie impossible et de me forcer à m'en aller ; qui
accepterait la mission de tout désorganiser dans ma

maison ; qui ne trouverait pour excuses, répondant aux représentations pleines d'affabilité du président de la fabrique sur son étrange conduite à l'égard de son curé, que ces paroles : « Je suis bien loin de lui faire tout ce qu'on m'a conseillé!... »

Je ne veux plus d'un vicaire qui me menace de procès en se flattant qu'il a plus d'argent que moi pour les soutenir, et pour le motif que j'aurais diffamé un homme, en lui conseillant très confidentiellement à lui, vicaire, de ne pas trop le fréquenter.

Je ne veux plus d'un vicaire dont les absences journalières et le mépris public d'une partie de ses obligations puissent autoriser le maire de la commune à m'écrire officiellement pour me demander s'il peut signer pour cet ecclésiastique un certificat de présence, et s'il ne doit pas prévenir l'autorité supérieure de retenir un traitement immérité.

Je ne veux plus d'un vicaire dont les fréquentations d'une assiduité étrange avec certains individus désignés par l'opinion publique, et par les circonstances du fait, comme auteurs ou complices présumés de l'enlèvement d'une statue de l'église en vue d'en attribuer l'odieux au curé, je ne veux plus, dis-je, d'un vicaire assez peu considéré pour que le magistrat chargé de l'enquête croie devoir le faire comparaître, non comme témoin, mais comme prévenu.

Et je n'en veux plus surtout, s'il se dit commissionné pour me tourmenter, quand même il en donnerait pour preuve, certifiée par l'événement, la promesse qu'on lui aurait faite qu'après lui, s'il ne réussissait pas à me faire partir, on me laisserait sans vicaire, ou l'on m'en choisirait un parmi les rebuts, et qui serait le dernier.

De semblables vicaires, je n'en veux plus.

Est-ce à dire que, parce que telles sont mes dispositions trop fondées, je ne doive plus avoir d'auxiliaire?

N'y en aurait-il pour moi que dans les conditions que j'ai subies et que je réprouve?

Ou bien prétendrait-on que seul, un ecclésiastique doué de perfections exceptionnelles et introuvables, peut avoir la chance de n'être pas trop victime, et de s'acclimater à Montreuil?

Rien, ce semble, ne justifie de tels prétextes.

Il me faut un vicaire dans les conditions indiquées par le simple bon sens, et que je résume ainsi :

En ce qui concerne le ministère :

En dehors du confessionnal où chacun est juge et responsable de ses actes, tout ce qui est du ministère paroissial doit être réglé par le curé.

En cas de divergence entre le curé et le vicaire, sur un point du ministère extérieur, la présomption est pour le curé; et celui-ci, vu sa charge, son âge, son expérience, a droit à ce que le vicaire se soumette à son opinion et y conforme sa conduite.

En cas de dissentiment porté par le vicaire à l'arbitrage de l'Évêché, lors même que l'Évêché accepterait comme expression de la vérité, sur tous points, l'exposé *sans contrôle* du vicaire, et y donnerait une solution conforme, le curé devrait maintenir son sentiment, dès qu'il est le résultat de ses lumières, de la connaissance de sa paroisse, et astreindre son vicaire à s'y soumettre, tant que la décision de l'Évêché ne lui a pas été notifiée.

Tout homme a ses devoirs d'état.

Se bien acquitter de ses exercices spirituels personnels ne dispense point un vicaire des obligations de son emploi ; si ces obligations ne sont point définies géométriquement, il est certain qu'elles existent, et qu'elles ne sont pas abandonnées à l'interprétation du vicaire seul. Il est inadmissible qu'un vicaire laisse au curé toutes les charges, tous les labeurs, tous les détails du ministère paroissial, ou ne s'y prête qu'à *titre de complaisance* et non d'obligation ; et qu'il puisse se retrancher, pour la satisfaction de sa paresse ou de son mauvais vouloir, dans le prétexte que cela ne le regarde pas. Ce qui le regarde, ce qui est son devoir, c'est d'aider son curé en toutes choses où son curé lui fait appel. Si un vicaire s'établit juge des circonstances, de la nature du travail, du concours où son devoir l'oblige, c'est le monde renversé, c'est l'anarchie.

En ce qui regarde le presbytère :

Le curé a droit à ce que son vicaire, qui lui est imposé comme pensionnaire, se maintienne dans la maison tout au moins dans les règles de la politesse élémentaire ; qu'il s'astreigne envers son curé aux égards et au respect que son curé lui témoigne à lui-même.

Si le vicaire apporte du bon vouloir, prend intérêt aux choses de la maison, se considère à la cure comme en famille ; montre quelque peu de complaisance pour son curé, lui témoigne de la confiance, de l'affection ; s'il se défie des mécontents qui le flattent, et cherchent à se faire de lui un point d'appui contre le curé : des liens d'amitié entre le curé et le vicaire ne tardent pas à s'établir ; les peines et les joies sont partagées, le bien s'opère dans la paroisse, édifiée de l'union, et curé et vicaire passent ensemble des jours heureux. On peut leur appliquer cette parole qu'un de mes anciens curés, M. Brémond, curé de Chemillé, me disait quand je le quittai : « Ensemble nous faisions le bien en nous complétant, nous étions un pasteur en deux volumes. »

Le 31 décembre dernier, Monseigneur l'évêque disait à

son clergé, qu'il n'avait jamais déplacé de force plus d'un ou deux curés, et pour des motifs qui s'imposaient sans conteste.

La situation que Monseigneur l'évêque me fait, la note publique, diocésaine, qu'il m'inflige, note accentuée, expliquée par les commentaires du supérieur de son séminaire, est-ce que cela n'est pas plus infamant que le déplacement d'un curé ?

Que Dieu daigne me continuer la grâce de résister toujours à une tentation qui croit à mesure que les épreuves s'aggravent ! Puissè-je ne point écrire, imprimer et répandre, pour ma justification publique, et avec pièces aussi nombreuses qu'irréfutables, tout ce qui s'est passé !....

» *Signé* : J. SUBILEAU, *curé*. »

Le 12 janvier, je recevais de M. l'abbé Goupil, chanoine, chargé de la vérification des budgets, une lettre que je ne puis reproduire parce qu'elle porte l'entête *confidentielle*, qu'elle affecte d'être *très confidentielle*, bien qu'elle semble ne l'être pas du tout. Le même chanoine, mon ancien condisciple, m'avait écrit le 14 juin une lettre *très officielle* pour me demander des explications sur mes budgets de 1881 et 1882. C'est à cette lettre que j'envoyai en réponse celle du 16 juin dont il est question dans la note qui précède. La *lettre confidentielle* datée du 11 janvier et que je recevais le 12, prenait le ton d'ancien camarade ; le tutoiement des jeunes années ne s'y trouvait point déplacé ; et le brave chanoine, après avoir constaté le bien fondé de mes réclamations relativement aux corrections faites à mes budgets, me disait *tout bas* que les difficultés relatives à la nomination d'un vicaire allaient s'arranger, et que Monseigneur l'évêque avait le désir de voir finir le conflit. Je crus voir dans cette lettre comme une éclaircie dans le ciel noir, d'autant que le chanoine Goupil ne me semble point de caractère à s'avancer sans être sûr de ne s'exposer à aucun reproche. J'en fus heureux; j'ai toujours cru du reste que Monseigneur Freppel a assez d'élévation dans l'esprit pour être de composition plus facile que presque tous les personnages qui l'entourent, et dont il subit très malheureusement l'influence, quelque inférieurs qu'ils lui soient.

Je répondis immédiatement à M. Goupil la lettre suivante.

« Montreuil-Bellay, le 12 janvier 1881.

» Mon cher chanoine,

» Je reçois ta bonne lettre et je veux t'en remercier tout de suite; il ne m'avait point échappé que la note relative au vicaire n'était pas de toi. Quant au vide laissé par moi sur la feuille du budget à l'article : *Supplément de traitement à M. le curé*, j'en ai donné le motif; et je verrai sur cette feuille à nouveau rectifiée si MM. A... et B... exprimaient réellement sur ce point la volonté épiscopale.

» Pour ce qui est de la question du vicaire, je te déclare que je ne serai plus si patiemment bête et si bêtement patient que je l'ai été envers les deux derniers. Mes paroissiens s'étonnaient, se scandalisaient de ma longanimité, de ma faiblesse à supporter leur indigne conduite ; et plusieurs de mes confrères me blâmaient très sérieusement de ne pas mettre à la porte ces jeunes fous, dont la vanité enflée par les encouragements de l'Evêché et des personnages de Montreuil faisant l'opinion de l'Évêché, poussaient l'impertinence et le mépris du devoir à une limite incroyable.

» Depuis qu'ils sont partis, si j'ai un travail au-dessus de mes forces, j'ai du moins chez moi la paix, et au dehors les manifestations incessantes des sympathies de mes paroissiens.

» Je comprends combien il est difficile à Monseigneur l'évêque de me trouver un vicaire; car l'Évêché et ses représentants ont tout fait pour discréditer et rendre inacceptable le vicariat de Montreuil. Tout jeune prêtre ne peut arriver chez moi qu'avec répugnance et une extrême défiance. Et puis viendront pour un vicaire, élevé comme ils le sont aujourd'hui, les ennuis inhérents à une situation où il devra, comme nous le faisions, passer la majeure partie de son temps dans sa chambre, à préparer sérieusement ses instructions, à préparer surtout le cours de son catéchisme pour le rendre clair, théologique, attrayant et réellement instructif; et aussi à prévoir et à organiser les cérémonies de l'église; à prendre ses récréations principalement en compagnie de son curé, car je mettrai pour condition *sine quâ non*, qu'il n'aille pas les chercher chez les gens qui ont gâté ses prédécesseurs. Et brochant sur le tout, ne lui manqueront ni les questions, ni les conseils, ni les condoléances de tant de confrères dont l'opinion, la conviction ont été faites par les calomnies du supérieur du grand séminaire et d'autres grands personnages. Est-il possible que tout cela ne provoque pas chez le nouveau vicaire l'ennui, le mécontentement, la peine noircie par l'imagination ? Ce jeune homme peut-il tarder à se croire victime d'une situation unique, à se croire sacrifié? Il s'insurgera ou il se découragera.

» Qu'il soit nécessaire de trouver un homme fait exprès : cela ne ressort que de l'opinion qu'on a faite. En ce qui me concerne, je n'ai besoin que d'un homme de bon sens, ayant le sentiment de sa situation et de ses devoirs d'état, comme tout simple chrétien. Je voudrais bien qu'il pût chanter, et fût d'une constitution assez forte pour célébrer à peu près toutes les grand'messes. Je voudrais bien aussi, chose aujourd'hui peu commune, qu'il fût assez bien élevé pour ne pas se croire avili, si j'attends de lui un peu de politesse, et comprendre que je ne puis admettre qu'il soit insolent sous prétexte de sauvegarder son indépendance et sa dignité. Et enfin il serait désirable, il ne serait que juste, qu'il reçût de l'Évêché l'assurance que le vicariat de Montreuil ne dévore pas nécessairement ses titulaires; et que l'opinion faite, si générale qu'elle soit, ne résulte que d'informations erronées et d'une ignorance complète de la situation vraie.

» Quant à chercher des membres de la fabrique et à te les désigner comme tu me le conseilles, mon ami, je n'en ferai rien; cette mission, je l'ai remplie en temps opportun, et Sa Grandeur m'a fait renvoyer ma lettre non décachetée. Une autre lettre bien importante où je demandais très respectueusement à Monseigneur l'évêque explication d'un propos infamant pour moi, au premier chef, et que mon vicaire me jetait à la face comme émané de Sa Grandeur, est demeurée également sans réponse. C'est assez. Puisque Monseigneur l'évêque a cru devoir diriger la paroisse de Montreuil par la dame X... et consorts, à l'exclusion notoire du curé qu'il avait nommé, le curé doit comprendre la réserve que ces faits lui imposent. Monseigneur n'a-t-il pas pour lui ici, au moins encore pour quelque temps, les personnes honorées de sa confiance, et à qui il n'a cessé de donner d'étonnants témoignages de satisfaction, particulièrement dans les faits publics les plus outrageants pour son curé? Toute ingérence du curé, en ce qui est du droit épiscopal, serait, dans les conjonctures présentes, une véritable impertinence. Aussi se gardera-t-il de faire parvenir, même par voie indirecte, le nom du seul candidat au conseil de fabrique.

» Ton ancien condisciple et dévoué confrère.

» Signé : J. Subileau, curé. »

Cette lettre se croisa avec la lettre suivante que m'écrivit M. le grand vicaire Pessard, le 12 janvier, et que je reçus le 13. Si l'homme se peint dans ses écrits, l'ex-secrétaire de Monseigneur Angebault, façonné par feu M. Bompois, aujourd'hui grand vicaire, assez renfermé en lui-même, homme réputé modeste et doux, se reconnait dans la lettre que j'ai eu l'honneur de recevoir de lui. On y chercherait aussi vainement un indice d'élévation, de générosité, qu'on y voit plus manifestement la satisfaction de rencontrer l'occasion d'humilier un prêtre qu'il n'a pu empêcher d'être nommé au poste pourtant bien modeste de curé de canton. Cette lettre sent la vipère; chaque phrase mord; chaque mot distille du venin.

« Évêché d'Angers, 12 janvier 1882.

» Monsieur le curé,

» D'une note envoyée à l'évêché il résulte que vous demandez un vicaire. C'est un désir que vous n'aviez point manifesté jusqu'ici. Après avoir provoqué le départ de quatre vicaires dans l'espace de cinq ans, on pouvait croire que vous préfériez rester sans auxiliaire. Par ailleurs, et après tout ce qui s'est passé à Montreuil, Monseigneur ne croit pas pouvoir obliger un prêtre à habiter avec vous. Toutefois, pour témoigner son intérêt à la paroisse de Montreuil, Sa Grandeur vous autorise à choisir, parmi tous les prêtres de son diocèse, un ecclésiastique qui consente à devenir votre vicaire, et elle s'empressera de le nommer. Vous devez comprendre en effet qu'un prêtre envoyé malgré lui à Montreuil, donnerait lieu à de nouvelles complications qu'il est de votre intérêt de prévenir.

» Agréez, monsieur le curé, l'assurance de mes sentiments bien dévoués.

» *Signé :* Pessard, *vic. gén* »

Je répondis le jour même :

« Monsieur le vicaire général,

» Vous me faites l'honneur de m'adresser en date d'hier et relativement à ma note transmise à l'évêché le 9 de ce mois, une lettre dont le public s'étonnera, et dont je ne m'étonne pas.

» Ma première impression, après en avoir pris lecture, a été de n'y pas répondre. A la réflexion, je crois devoir annoter, en vous les renvoyant, toutes vos phrases.

» 1° *D'une note envoyée par vous à l'évêché il résulte que vous demandez un vicaire.*

» Pardon, Monsieur le vicaire général, il résulte que je suis et que j'ai toujours été disposé à accueillir très fraternellement un vicaire qui veuille vivre chez moi dans les simples conditions indiquées par la raison et le bon sens ; mais que je suis déterminé à ne pas supporter chez moi un vicaire se disant autorisé à me contraindre, par ses impertinences, à quitter ma cure.

» 2° *C'est un désir que vous n'aviez point encore manifesté.*

» Ici vous dites vrai, monsieur le vicaire général.

» *Après avoir provoqué le départ de quatre vicaires en cinq ans, on pouvait croire que vous préfériez rester sans auxiliaire.*

» Cela n'est pas vrai, Monsieur le vicaire général.

» En m'annonçant ma nomination à Montreuil, Monseigneur l'évêque m'annonça le départ, dans un *délai maximum de quelques mois,* de M. Cordier, mon premier vicaire, dont mes prédécesseurs avaient souvent sollicité l'éloignement. Le temps se prolongeant, je rappelai l'engagement pris. Je ne puis avoir la prétention de vous apprendre que depuis longues années et à des dates diverses, M. Cordier, nommé ailleurs, avait toujours, malgré les curés, été maintenu à la sollicitation de M. X..., paroissien de Montreuil.

» Mon second vicaire a été M. Tremblay. Quand ai-je provoqué son départ ? N'ai-je pas en toute occasion proclamé ses qualités et l'union qui, à l'édification des paroissiens, régnait entre lui et moi ? Et n'est-ce pas par suite du bien que j'ai dit de lui, que l'Évêché a eu l'idée de le choisir pour refaire la situation compromise dans la paroisse du Mai ?

» Presque au début de son vicariat à Montreuil, M. l'abbé Tremblay, effrayé de la perspective d'être curé de Brossay, où le nommait la voix publique, interprétant le parti pris par l'Evêché de confier à de jeunes vicaires les petites paroisses de ce pays, me pria de faire savoir à Monseigneur l'évêque qu'il irait volontiers au Coudray-Macouard, dont la vacance s'annonçait à l'horizon. Parce que j'ai fait, d'accord avec M. Tremblay, une démarche pour le préserver d'une paroisse qu'il redoutait, pouvez-vous en conclure, dans le sens où vous le faites, que j'ai provoqué son départ, et cela presque deux ans après ?

» Mon troisième vicaire a été M. F..., arrivé à Montreuil le 25 avril 1880. Le 9 mai suivant, Monseigneur l'évêque m'écrivait à propos de ce vicaire : *Je vous l'ai confié dans l'espoir que vous sauriez le mater. Si vous n'y parvenez pas, je serai obligé de rendre M. F... à sa famille.*

» M. F... est resté chez moi jusqu'à la fin de décembre. J'ai employé pour lui être agréable et utile toutes les ressources de la confraternité la plus dévouée. Après une moisson exubérante d'ingratitudes et d'outrages que ce jeune étourdi récoltait pour m'accabler, dans quelques maisons de Montreuil, je me vengeai de lui, en priant Monseigneur l'évêque de le nommer vicaire à Saint-S...

» C'est le seul des quatre vicaires dont j'aie provoqué le départ.

» Mon quatrième vicaire a été M. Cholleau. Ma note du 9 janvier est assez explicite sur sa conduite à Montreuil.

» Ai-je provoqué son départ, malgré les peines incroyables que me firent par lui les familiers de M. F..., dès que, malgré mes recommandations, il fut tombé dans leurs pièges ? Quel curé aurait eu la patience de

16

supporter d'un vicaire, pendant une semaine, ce que j'ai supporté pendant cinq mois?

» Ai-je provoqué son départ? non.

» Vous lui avez donné acte de satisfaction.

» Vous avez eu pour moi des procédés indignes.

» Vos informations vous ont fait prendre le bourreau pour la victime.

» Et aujourd'hui encore, malgré la lumière jetée sur les faits par ma note du 9 janvier, et que le public appréciera, vous maintenez la balance de votre justice au même point.

» Que n'ai-je cru ce curé, l'un des plus intelligents, qui me disait : Pourquoi vous fatiguer à les éclairer, puisqu'ils ne veulent pas voir?

» 4° *Par ailleurs et après tout ce qui s'est passé à Montreuil, Monseigneur ne croit pas pouvoir obliger un prêtre à habiter avec vous.*

» Monsieur le vicaire général, je vous demande formellement l'explication de cette phrase. Et si vous ne me la donnez pas franche et claire, il demeurera acquis que vous abusez de votre situation, pour jeter l'injure à un prêtre qui croit avoir fait toujours son devoir.

» 5° *Toutefois, pour témoigner son intérêt à la paroisse de Montreuil (pas au curé bien entendu), Sa Grandeur vous autorise à choisir, parmi tous les prêtres de son diocèse, un ecclésiastique qui consente à être votre vicaire, et elle s'empressera de le nommer. Vous devez comprendre en effet qu'un prêtre envoyé malgré lui à Montreuil, donnerait lieu à de nouvelles complications, qu'il est de votre intérêt de prévenir.*

» Ainsi, après qu'un nuage de calomnies parti de points fort connus de l'Evêché, a répandu sur le diocèse l'idée que je rends la vie d'un vicaire impossible, vous prétendez me charger d'en choisir un moi-même, et d'assumer la responsabilité de toutes les tempêtes enfermées dans les préventions, les erreurs, les mensonges semés par les gens qui se glorifient de votre concours, et donnent des preuves de votre approbation !...

» Sous votre autorité, j'enseigne aux enfants de mon

catéchisme que celui qui fait le mal est celui qui est tenu de le réparer, et non celui qui en est victime, et ils me comprennent.

» A vous, puisque vous l'avez accepté, le gouvernement du diocèse, et la charge de donner aux paroisses des prêtres compétents, que vos lumières puisées à bonne source doivent vous faire discerner.

» Vous trouvez que le pouvoir épiscopal, que vous n'avez pas l'habitude de restreindre, ne va pas jusqu'au *droit* d'obliger un prêtre à habiter avec moi !

» Vous m'écrivez cette déclaration d'indignité unique, monstrueuse, dans la lettre où vous me chargez de choisir moi-même le prêtre à sacrifier !

» Vous êtes bien inconséquent !

» Tout en repoussant vos déclarations avec l'indignation qu'elles méritent, je vous dis que le choix d'un prêtre qui *consente à être mon vicaire*, ne me regarde point.

» Je suis, Monsieur le vicaire général, votre serviteur.

» J. SUBILEAU, *curé.* »

« Post-scriptum. — Encore une fois, veuillez me faire connaître votre pensée contenue dans ces paroles : *après tout ce qui s'est passé à Montreuil*, Monseigneur ne croit pas pouvoir obliger un prêtre à habiter avec vous. »

« Évéché d'Angers, 15 janvier 1882.

» MONSIEUR LE CURÉ,

» Mon intention n'est pas de répondre à votre lettre d'avant-hier. Vous l'avez écrite évidemment sous le coup d'une émotion qui demande à se calmer, et qui vous a fait oublier quelque peu que vous vous adressiez à un supérieur ecclésiastique. Il est un point cependant sur lequel je ne veux pas que vous vous méprenicz ; et bien que la phrase dont vous me demandez le sens s'explique

facilement par ce qui la précède, je n'ai aucun motif de
vous refuser l'éclaircissement que vous désirez de moi.
En écrivant ce passage, j'avais en vue les difficultés
d'intérieur qui ont amené le départ de plusieurs de vos
vicaires, et notamment ce fait que, de votre chef et sans
y avoir été autorisé par Monseigneur, vous avez mis l'un
d'eux à la porte de votre presbytère. Cet acte, si motivé
qu'il pût vous paraitre, est bien de nature à expliquer
les répugnances des jeunes prêtres à habiter la cure de
Montreuil.

» Agréez, Monsieur le curé, l'assurance de mes sentiments dévoués.

» *Signé* : Pessard, *v. g.* »

Comme l'homme continue à se peindre dans cette lettre !

Quel défaut absolu de hardiesse et de franchise ! Après
les explications données, comment les difficultés d'intérieur peuvent-elles être maintenues à ma charge, et
m'être présentées, à moi, comme motivant et expliquant
la déchéance du *droit épiscopal* à nommer un vicaire,
et le *droit*, jusqu'ici inconnu, d'un jeune prêtre à refuser
un poste assigné par son évêque !

Non, monsieur le grand vicaire, *après ce qui s'est passé
à Montreuil* signifie dans votre pensée ce que vous n'osez
pas dire, crainte de vous compromettre et de vous
exposer à une flagellante réplique ! D'un volcan vous
n'avez pu faire sortir qu'une souris de votre petite invention et à laquelle vous ne croyez pas vous-même.

Je répondis :

« Montreuil-Bellay, 18 janvier 1882.

» Monsieur le vicaire général,

» En rentrant d'une course près des malades, je trouve
votre lettre à laquelle je réponds immédiatement.

» Vous ne citez qu'un fait, c'est que de *mon chef et sans y avoir été autorisé par Monseigneur, j'ai mis l'un de mes vicaires à la porte de chez moi.*

» Cela est faux, archi-faux, faux de tous points, radicalement faux, bien que le sujet, s'il s'agit du dernier, l'eût mérité cent fois, et que je sois très décidé de mettre à la porte tout vicaire qui désormais se conduirait comme lui.

» La vérité, la voici.

» Après avoir dit aux gens de la maison, aux gens du dehors et à moi, dans le langage insolent et grossier qui lui était familier, et que ma plume ne doit pas reproduire, qu'il était autorisé *par M. Pessard,* provisoirement, en attendant l'autorisation définitive de Monseigneur l'évêque, à quitter la cure, et à prendre pension, à son choix, chez M. le curé de Méron ou chez M. Mollet, M. l'abbé Cholleau, sans m'en donner autrement avis, fit sortir du presbytère et transporter je ne sais où, ses bagages, revint plusieurs soirs reprendre son lit et sortit très matin, vécut je ne sais chez qui ; parut à l'église, à des intervalles plus irréguliers encore que de coutume ; la veille de l'Assomption refusa, malgré ma prière d'abord, mes instances et mes ordres ensuite, de confesser les personnes qui l'attendaient ; et pendant que je confessais mes pénitents, puis ceux des siens qui avaient eu la patience et le temps d'attendre, M. le vicaire, pour me narguer, se tint à l'orgue, où il fit, sans discontinuer, un tapage aussi troublant que scandaleux ; et enfin, cinq jours après, il disparut.

» Voilà l'odyssée et l'exode du vicariat de M. Cholleau à Montreuil.

» Avant de partir, après s'être informé du moment où je serais absent, il sonna à la cure, et dit que j'eusse à lui envoyer, à l'adresse qu'indiquerait la *Semaine Religieuse,* la note de ce qu'il me devait pour sa pension. Quinze jours plus tard, je lui envoyai cette note, avec une lettre très polie, et n'ai jamais reçu de réponse.

» Le parti pris d'accepter sans contrôle et d'emblée toutes les imaginations et délations à ma charge, explique naturellement le crédit que vous avez donné à la fable dont vous me faites un grief.

» Je suis, Monsieur le vicaire général, votre humble serviteur.

> » *Signé* : J. Subileau, *curé.* »

« Évêché d'Angers, 19 janvier 1882.

« Monsieur le curé,

» Puisque vous déclarez inexact le fait d'avoir mis à la porte un de vos vicaires, j'ai du mal à interpréter ce qui m'avait été dit, et, sans vouloir incidenter sur les mots, j'accepte la rectification. Je ne tiens pas, croyez-le bien, à aggraver une situation déjà beaucoup trop pénible. Il n'en reste pas moins, malheureusement, un ensemble.de circonstances qui expliquent les répugnances dont je vous ai parlé.

» Agréez, monsieur le curé, l'assurance de mes sentiments.

> » *Signé* : Pessard, *v. g.* »

Il semble difficile d'être plus plat et moins franc. Tous les griefs échafaudés sans vérité, et peut-être sans conviction, pour expliquer qu'on ne peut mettre de vicaire à Montreuil, sont renversés. On n'ose même pas contester l'indigne conduite qu'on a tracée au dernier vicaire, et la manière héroïque avec laquelle il s'y est conformé.

A la lumière de l'évidence qui éclaire une situation unique, incroyable, offre avec une certitude indéniable la vérité à la justice, et met les conséquences à déduire à la portée d'une intelligence d'enfant : voici la conclusion de M. le vicaire général : *Il n'en reste pas*

moins, malheureusement, un ensemble de circons-
tances qui expliquent les répugnances dont je vous
ai parlé.

Je répondis à la lettre de M. le grand vicaire.

« Montreuil-Bellay, 21 janvier 1882.

» MONSIEUR LE VICAIRE GÉNÉRAL,

» Malgré mon désir de clore une correspondance fatigante, je ne puis laisser sans réponse votre lettre du 19.

» Je n'ai point l'habitude des finesses et des astuces dans le langage, des phrases à double entente. Je nie à vous, comme à tous, le droit de vous inscrire en faux, même en doute, contre mes affirmations en ce qui est de mon fait. J'affirme à nouveau que jamais, ni directement, ni indirectement, je n'ai dit ou fait quoi que ce soit pouvant motiver le grief que vous avez allégué.

» Votre lettre continue : *Il n'en reste pas moins, malheureusement, un ensemble de circonstances qui expliquent la répugnance dont je vous ai parlé.*

» Oui, cela est vrai, bien trop vrai.

» L'Évêché rejetant la lumière qui ne lui ai jamais été refusée, qui lui a souvent été offerte, et même présentée malgré lui ; s'obstinant à donner satisfaction à des intrigues odieuses, a manœuvré vers une situation que vous constatez, et qui est telle que, selon vos propres paroles, *Monseigneur l'évêque ne se croit plus en droit d'obliger un prêtre à habiter avec moi.*

» Je suis bien à plaindre de voir ma réputation, mon honneur de prêtre compromis, flétri par ceux à qui Dieu en a donné la garde, d'être par eux publiquement offert en holocauste à des gens presque aussi honorés au loin que méprisés au près, et de subir aux yeux du diocèse une situation plus infamante que les prêtres sans foi, sans souci du salut des âmes, et sans mœurs.

» Mais plus à plaindre sont ceux qui m'ont fait ce sort humiliant, cette situation unique.

» La détraction, la calomnie revêt mille formes diverses.

» La supériorité de position et d'autorité excuserait-elle ceux qui l'emploient, et puisent dans leur place hiérarchique un élément plus certain du succès ?

» Contrairement à l'avis de ses deux vicaires généraux, Monseigneur l'évêque m'avait nommé curé de Montreuil-Bellay. Une coterie locale à qui je n'ai pas convenu pour des motifs dont je revendique le mérite devant Dieu, trouvant à l'évêché des dispositions favorables à ses vues, s'est ouvertement flattée, dès la première année, de se *débarrasser* de moi. Monseigneur l'évêque a été entraîné dans le courant, et a soutenu opiniâtrément un conseil de fabrique que j'avais, par une condescendance imprudente aux opposants, ouvert à des hommes qui, sitôt entrés, ne cachèrent nullement leur rôle accepté d'entraver l'administration paroissiale, et de me contraindre à partir.

» J'ai dû provoquer leur révocation près de l'autorité reconnue compétente par l'accord du chef universel de l'Église et du chef de l'Etat.

» Je l'ai obtenue, c'était fatal.

» De là, du côté de l'Évêché, guerre déclarée, rupture affectée ; refus de toute communication, de toute correspondance avec moi ; les mots d'excommunication, d'interdit prochain et trop mérité, non contredits et répandus par des membres du conseil épiscopal ; détermination non dissimulée de m'amener à abdication.

» Ma paroisse devait subir le contre-coup de ma disgrâce. Peu après, des faits nombreux et de plus accentués de la part des sœurs chargées des établissements de Montreuil, vinrent grossir l'orage qui planait depuis plusieurs années sur leurs rapports avec les autorités civiles. Le renvoi des sœurs et leur remplacement par des religieuses d'un autre ordre, furent arrêtés irrévocablement par la commission de l'hospice et par le conseil municipal.

» L'ascendant trop connu de la coterie de Montreuil sur l'Évêché ; la confiance et la complaisance notoire de l'Évêché pour certaines personnes qui s'en glorifiaient trop et dont le public était indigné : tout cela décida l'administration civile, témoin du sentiment général, à déclarer qu'elle voulait des religieuses, mais des religieuses prises hors du diocèse d'Angers.

» L'Évêché m'était fermé. Mes lettres les plus respectueuses et les plus importantes restaient sans réponse ; j'étais réduit à mes efforts personnels pour assurer, de concert avec les autorités locales, à des religieuses, la direction de nos établissements. Notre bon vouloir et nos efforts suprêmes durent échouer contre l'opposition et les idées fausses de l'Évêché, qui continuait à prendre ses informations à ses sources accoutumées, et trouvait là des renseignements aussi faux sur l'état des choses, qu'ils étaient passionnés contre le curé pour qui, du reste, il affectait le plus suprême dédain.

» L'Évêché crut remporter un triomphe en s'opposant à l'entrée chez nous de toutes les religieuses à qui nous avions fait appel. Le résultat de sa victoire a été double :

» Il nous a privés de religieuses.

» Il nous a dotés d'une direction laïque.

» Contrairement peut-être à ses prévisions, cette direction est plus intelligente, plus active, plus économe que la précédente. Elle donne amplement satisfaction aux exigences du personnel administratif, du personnel secouru, ainsi qu'à l'opinion et à l'attente du public, et prépare évidemment, par l'exemple, la laïcisation de plusieurs autres établissements dans ces pays.

» Voilà l'effet du triomphe de l'Évêché, de son action en opposition au curé et en harmonie avec les ennemis du curé.

» Que notre sainte Mère l'Église est sage dans le partage des diocèses en archiprêtrés, doyennés, etc..... pour décharger les évêques d'une responsabilité effrayante, et d'un fardeau au-dessus des forces humaines :

» Pour leur faire discerner l'opportunité, la nécessité des moyens étranges et inacceptables vus de loin, adoptés par les curés clairvoyants et d'un zèle aussi grand qu'intelligent, pour réaliser le bien possible selon la diversité des lieux, de l'esprit, des mœurs, des opinons acréditées;

» Pour donner à la vérité et à la justice les garanties qui leur ont fait si scandaleusement défaut dans le clergé diocésain, pendant l'administration nerveuse de Monseigneur Angebault, gar... ties que l'intelligence supérieure de Monseigneur Freppel nous avaient apportées, mais que, depuis quelques années, d'excellents esprits croient voir s'affaiblir, sous l'influence d'un personnage dont les tendances à se faire un parti dans le jeune clergé sont trop visibles; sous l'influence, pour d'autres, des souvenirs du passé; et enfin sous l'influence des coteries paroissiales dont le crédit, chassé de l'Évêché, y reparaît de manière à jeter l'inquiétude et le trouble dans l'esprit de grand nombre de prêtres.

» Daignez agréer, monsieur le vicaire général, l'assurance de ma respectueuse considération.

» *Signé :* J. Subileau, *curé.* »

NOTE

6 février 1882.

Il y a chez madame X... un jeune prêtre, faisant fonction de précepteur et de chapelain, et qui, les dimanches, assiste aux offices de la paroisse en habit de chœur.

Le dimanche 29 janvier, ce monsieur, qui dédaigne de me voir ailleurs qu'à la sacristie, me déclara qu'il était fort perplexe, et ne savait s'il devait avoir encore le moindre rapport avec moi, attendu que je suis en révolte contre mon évêque, que cela ne peut plus se cacher, puisque tous les *mauvais* journaux parlent avec éloge de mon sermon de la Toussaint. Il me pria de lui dire en conscience si je suis interdit, ajoutant savoir que je dois bientôt l'être.

J'engageai ce naïf jeune homme, dont la conscience s'éclaire de la théologie de madame X..., à écrire à Monseigneur l'évêque pour demander une règle de conduite.

Depuis lors, il assiste encore à nos offices, mais en prenant de grandes précautions pour ne point me saluer et n'avoir avec moi aucun rapport de parole ni même de regard qui puisse le souiller.

Plusieurs de mes confrères veulent que je l'invite à rester à sa chapellenie. J'y ai toujours répugné. Le ferai-je ?

Depuis le mois d'août, époque du départ du dernier vicaire, la paroisse avait encore une première messe, célébrée par un vieux prêtre habitué qui vient de mourir. Le dimanche 12 février, à la grande contrariété des paroissiens et au détriment de leurs intérêts spirituels et même matériels, nous avons commencé à n'avoir que la grand'messe. J'ai dit à mes paroissiens qu'ignorant combien durerait cet état de chose, je les engageais à joindre leurs prières aux miennes, pour que Dieu éclaire les supérieurs ecclésiastiques sur notre situation, et qu'ils veuillent bien nous envoyer un vicaire.

Après la grand'messe survint un incident d'une gravité particulière, et qu'explique la lettre suivante.

« Montreuil-Bellay, 13 février 1882.

» MONSEIGNEUR,

» Hier, après la grand'messe, en rentrant au presbytère par mon jardin, je vis près de la porte un groupe de quatre ou cinq personnes, duquel se détacha madame X..., suivie de son mari. Je compris qu'on voulait me parler, et j'offris d'entrer au salon.

» Madame X... s'arrêtant à l'entrée du jardin dit que c'était là qu'elle allait m'apprendre ce qu'elle voulait que je susse.

» Voici textuellement ses paroles.

» Madame de R... et moi sommes allées à l'évêché le » lendemain de la Toussaint demander un vicaire.

» Monseigneur nous a dit que jamais, jamais, jamais, » il ne vous donnerait un vicaire; que vous donner un » vicaire serait exposer un jeune prêtre à la perte pres- » que certaine de sa foi et de ses mœurs.

» Que tout prêtre-à qui il proposerait maintenant le » vicariat de Montreuil, viendrait se jeter à ses pieds, » pour le supplier de ne pas lui infliger l'obligation d'y » venir.

» Cherchez, cherchez, mesdames, un prêtre qui con- » sente à devenir le vicaire d'un tel curé, et je lui » donne d'avance ses pouvoirs. »

» Après ce discours je saluai sans répondre, et j'en- trai au presbytère, où j'écrivis immédiatement ce que je venais d'entendre.

» En parlant, madame X... paraissait convaincue, et bien qu'elle prît une pose théâtrale, et qu'elle élevât très fort la voix dans le but manifeste d'être entendue de tout le voisinage, il est difficile de ne pas croire qu'elle disait vrai, d'autant que son langage sur le choix d'un vicaire s'accorde avec celui de M. Pessard, dans sa lettre du 12 janvier.

» Je ne commettrai point la haute inconvenance d'ap-peler votre attention, Monseigneur, sur les conséquences de pareilles paroles tombées de la bouche d'un évêque et jetées aux quatre vents du ciel. Du reste, je ne pour-rais le faire sans vous blesser, ce qui a toujours été con-traire à mes intentions.

» Si cette fois pourtant Votre Grandeur dédaigne en-core de m'honorer d'une réponse à cette lettre, et de me donner une explication sur les faits que je ne puis pas ne point porter à sa connaissance, il demeurera avéré qu'elle accepte la responsabilité de tout ce qu'a dit la dame X...

» J'ajoute :

» Que je ne croyais pas que jamais la sincérité de ma foi eût été mise en doute. Jusqu'à ce jour, mes amis comme mes ennemis, tout en relevant mes défauts de caractère, particulièrement ma trop grande vivacité, ne manquaient guère d'ajouter qu'avec cela j'avais une grande foi et un bon cœur.

» La moralité des prêtres et des évêques a de tout temps été exposée aux attaques, fondées ou non fondées, du monde. Je ne me flatte point d'y avoir toujours échappé. Il y a une quinzaine d'années une accusation (la seule dont on m'ait donné connaissance) fut portée contre moi à l'Évêché, et soutenue par un personnage haut placé. J'étais loin d'être sympathique à Monseigneur Angebault. Mais après examen, Monseigneur Angebault vit la calomnie si évidente que ce fait amena un rapprochement. Quelques explications sur des paroles et des actes rapportés et dénaturés par la malveillance, et qui depuis longues années tenaient Sa Grandeur fort irritée contre moi, suffirent pour lui faire reconnaitre que sa bonne foi avait été surprise, et pour qu'elle m'en exprimât les plus vifs regrets.

» Depuis cette époque (15 ans), je ne sache pas que ma réputation, au point de vue des mœurs, ait jamais été signalée, entamée, suspectée, effleurée. Et c'est en toute assurance que je vous porte à vous, Monseigneur, le défi formel d'appuyer votre accusation sur un acte, sur une circonstance, sur une nuance, sur une apparence.

» Du moins si j'ai été accusé près de vous, ne puis-je absolument deviner sur quoi, ni pourquoi. Et avant d'être diffamé devant le monde, aurais-je eu le droit d'être mis en demeure de m'expliquer devant vous.

» La fatigue excessive et la peine ne tarderont peut-être pas à me conduire au tribunal de Dieu. J'y porterai non le regret, mais le mérite d'être résolu plus que

jamais à défendre ma réputation de prêtre et mes droits
de curé, parce que je ne prends pour arme que la vérité.

» Daignez agréer, Monseigneur, les hommages profondément respectueux avec lesquels je suis, Monseigneur, de Votre Grandeur, le très humble et très obéissant serviteur.

» Signé : J. SUBILEAU, curé. »

Inutile de dire que cette lettre demeura sans réponse.
Elle fut remise à Monseigneur l'évêque à Saumur, où il
était venu de Paris exprès faire un grand mariage. Son
mécontentement contre moi monta jusqu'à l'exaspéra-
tion. Après le dîner, se détachant des groupes dispersés
dans le salon, il entraina, dans une croisée, le curé de la
paroisse. Là, pendant près d'une demi-heure, Sa Grandeur
exhala contre moi les reproches les plus amers, des menaces exagérées de vengeance. Aucune allusion à la lettre
reçue ; mais imputation d'ingratitude, de fébronianisme,
de schisme, de laïcisme, de liaison avec les ennemis de
l'Église et les personnages politiques les plus antipa-
thiques à ceux qui étaient là, qui pouvaient, qui devaient entendre.

Monseigneur devait passer la journée du lendemain
au presbytère : et rien de plus naturel que d'attendre à
communiquer en particulier, au curé, ce que Sa Grandeur voulait peut-être me faire savoir. Mais la discrétion,
le secret entraient-ils dans ses vues ?... Car hélas !
l'évêque n'était plus là !....

Bien que rassuré sur les menaces de peines canoniques
parce que ma conscience ne m'a jamais rien reproché
qui pût les motiver, je fus ému des inductions, des affirmations de schisme, de fébronianisme répétées par Sa

Grandeur. Connaissant trop désormais ses dispositions, je me demandai si elle ne lancerait point contre moi une suspense *ab ordine* que je devrais préalablement respecter, si injuste qu'elle fût, jusqu'à infirmation par sentence supérieure ? Tout est à craindre de Monseigneur Freppel engagé comme il l'est.

Sur l'avis de confrères éclairés, prudents, connaissant bien Monseigneur Freppel et son caractère, j'écrivis au théologien même de Monseigneur l'Évêque, le père Ceslas Ruby, dominicain, professeur à la Faculté de théologie de l'université catholique d'Angers. — J'avais adressé préalablement la même consultation à quatre docteurs de diocèses différents. Leurs réponses ne témoignèrent que leur étonnement de ma naïveté. Ce ne fut que par surabondance de précaution que j'écrivis au père Ceslas Ruby.

Voici ma lettre :

AU RÉVÉREND PÈRE CESLAS RUBY, DOCTEUR EN THÉOLOGIE, PROFESSEUR A LA FACULTÉ DE THÉOLOGIE DE L'UNIVERSITÉ CATHOLIQUE D'ANGERS.

« Montreuil-Bellay, 19 février 1882.

» MONSIEUR LE DOCTEUR,

» Veuillez me permettre de recourir à vos lumières pour avoir la solution de deux cas de conscience que je ne soupçonnais pas, mais au sujet desquels Monseigneur Freppel semble aujourd'hui disposé à m'inquiéter.

I

Exposé :

» Trouvant dans mon conseil de fabrique le parti pris d'entraver le fonctionnement raisonnable de l'administration paroissiale, j'eus l'idée d'en provoquer la dissolution près de M. le ministre des cultes (ordonnance de 1825, art. 5).

» Les convenances demandaient que je fisse parvenir ma requête par l'intermédiaire de Monseigneur l'évêque ; mais Sa Grandeur, mise en erreur par certaines personnes de ma paroisse qui me faisaient une opposition acharnée, témoignait sympathie et confiance aux fabriciens dont l'éloignement me semblait nécessaire.

» J'écrivis donc moi-même mes griefs à M. le ministre des cultes. Toutefois, ma lettre faite, j'allai à Angers (64 kilomètres) dans l'intention d'en donner connaissance à Monseigneur l'évêque et de le prier d'appuyer ma demande, ou du moins de me permettre de la faire. Sa Grandeur venait de partir pour un voyage de quelques jours ; je revins avec ma lettre, et le lendemain je l'adressai à M. le ministre.

» Après plusieurs semaines, ne recevant aucune réponse, et ne sachant si ma lettre avait été seulement remarquée, j'en fis une édition nouvelle, avec le projet, Monseigneur l'évêque étant à Paris, de prier M. le préfet de la faire tenir d'une manière certaine à M. le ministre.

» Mais avant d'aller à la préfecture, j'en donnai lecture à Monseigneur Chesneau, premier vicaire général, qui ne me fit envisager que l'inutilité, plus que probable, d'une demande en dissolution d'un conseil de fabrique.

» Puis, en compagnie de Monseigneur Chesneau, j'allai faire la même communication à M. Pessard, second vicaire général, qui s'occupe spécialement des questions de droit civil ecclésiastique. Tous les deux n'envisagèrent, comme moi, la question qu'au point de vue de la jurisprudence civile, et ne parurent se douter, pas plus que moi, que les lois canoniques pouvaient condamner mes tentatives.

» J'appris de M. le préfet que ma demande lui était revenue, avec un ordre d'enquête qu'il avait transmis à M. le sous-préfet de Saumur.

» Quelques jours après, ce dernier m'invitait, par lettre,

à me rendre à la sous-préfecture, pour lui donner des éclaircissements. Là, je fus engagé à compléter ma lettre au ministre, par un rapport écrit, plus détaillé et plus circonstancié sur les agissements des fabriciens.

» Un peu après le 4 décembre 1880, j'envoyai à Monseigneur l'évêque, alors à Paris, copie et de ma lettre au ministre et de mon rapport au sous-préfet, avec une lettre bien respectueuse, dans laquelle je le priai de vouloir bien appuyer près de M. le ministre ma demande de révocation de deux membres du conseil de fabrique.

» Monseigneur l'évêque, fort irrité de la manière dont j'avais procédé, et y trouvant un manquement à mes devoirs d'une gravité extrême, fit tous ses efforts pour empêcher l'effet de ma demande.

» Néanmoins, un arrêté de M. le ministre, en date du 7 mars 1881, prononça la dissolution du conseil de fabrique.

Questions :

» En l'état de la législation civile ecclésiastique, en usage depuis 1825 :

» 1° Le fait que, sans l'évêque diocésain, moi, curé, aurais demandé à M. le ministre des cultes la dissolution de mon conseil de fabrique, dissolution que M. le ministre aurait prononcée, même malgré l'évêque diocésain, serait-il entaché de fébronianisme, et me placerait-il sous le coup d'une suspense, d'une peine ecclésiastique quelconque ?

» 2° En cas d'affirmative, une peine ecclésiastique pourrait-elle m'être appliquée, en présence de ma bonne foi attestée par l'exposé des faits ?

II

» Par traité datant d'une quarantaine d'années, les religieuses de Sainte-Anne de Saumur desservaient divers établissements de la commune de Montreuil-Bellay. Il était stipulé dans ce traité qu'en cas de désistement de l'une des parties contractantes, celle-ci pré-

17

viendrait l'autre quatre mois avant la séparation.

» Au mois de mai 1881, l'administration civile, agissant dans la plénitude de ses droits, et pour des motifs qui lui ont paru graves, a dénoncé le traité dans les conditions prévues, et s'est préoccupée de remplacer les sœurs de Sainte-Anne par des religieuses d'un autre ordre, à l'exclusion toutefois de tout ordre ayant son siège dans le diocèse d'Angers.

» Depuis la dissolution du conseil de fabrique, l'évêché m'était comme fermé ; mes lettres les plus respectueuses et les plus importantes restaient sans réponse, ou m'étaient renvoyées non décachetées.

» J'ai cru faire acte de bon pasteur, en confirmant l'administration civile dans la volonté de confier, après le départ des sœurs de Sainte-Anne devenu irrévocable, la direction de ses établissements à des religieuses, de préférence aux laïques, et je n'ai point refusé la prière que me faisait M. le maire, de joindre mes démarches aux siennes pour atteindre ce but.

» Jamais l'idée n'est venue à personne que les religieuses que nous aurions seraient dans d'autres conditions que toutes celles qui desservent, en toutes paroisses, des établissements analogues, et pourraient être considérées comme soustraites à l'autorité de l'évêque diocésain.

» Monseigneur Freppel a fait défense à toutes les religieuses d'accepter la succession des sœurs de Sainte-Anne, et contraint l'administration civile à laïciser ses établissements.

Question :

» 1° Moi, curé, ai-je commis acte de fébronianisme, de schisme, ai-je encouru une peine canonique quelconque, par le fait d'avoir, sans l'intermédiaire, sans la permission et sans la défense de mon évêque, écrit à des ordres religieux, et les avoir priés d'accepter la direction d'établissements d'instruction et de bienfaisance devenus vacants *sans ma participation*, et sans que mon intervention, et surtout sans que *l'intervention* épiscopale, eussent chance d'y maintenir l'ordre de Sainte-Anne, dont l'administration civile souveraine ne voulait plus?

» 2° En cas d'affirmative, la peine canonique serait-elle applicable en présence de la situation particulière qui m'était faite par l'Évêché ?

» En attendant la réponse que je me permets de solliciter à bref délai, je vous prie, monsieur le docteur, de vouloir bien agréer l'hommage, etc.

» *Signé* : J. Subileau, *curé*. »

Voici la réponse du théologien de Monseigneur l'Évêque.

« Angers, 26 février 1882.

» Monsieur le curé,

» D'après le droit canonique, l'excommunication majeure, spécialement réservée au Souverain Pontife, est encourue, *ipso facto*, par tous ceux qui entravent sciemment, directement ou indirectement, l'exercice régulier de la juridiction ecclésiastique, soit du for intérieur, soit du for extérieur, ou recourent, dans ce but, à l'autorité séculière. Le souvenir de cette loi disciplinaire, joint à celui des désordres trop fréquents, hélas ! dans l'histoire de l'Église, a sans doute inspiré les observations sévères dans lesquelles vous semblez voir la sentence d'un juge, tandis que, en réalité et selon la pensée de leur auteur, elles n'étaient, je crois, que l'avertissement d'un père.

» Quoi qu'il en soit, les faits tels qu'ils sont exposés dans votre lettre révèlent une situation pénible, dommageable à beaucoup d'âmes, et à laquelle il est urgent d'apporter remède.

» S'il m'était permis de donner un conseil, j'inviterais instamment le prêtre ici en cause à faire près de son évêque une démarche humble et filiale, à désavouer pour le passé, tout ce qui aurait été de sa part, une imprudence ou une faute, et à promettre pour l'avenir le concours respectueux et docile qui rétablisse l'ordre et la paix. A nous prêtres, plus encore qu'aux simples fidèles, s'adressent les graves recommandations de l'apôtre : *Obedite præpositis vestris: ipsi enim pervigilant quasi rationem pro animabus vestris reddituri, ut cum gaudio hoc faciant et non gementes, hoc enim expedit vobis.*

» Agréez, monsieur le curé, l'expression des sentiments religieux avec lesquels je suis votre très humble serviteur.

» Signé : F. Ceslas Marie Ruby. »

Jamais, quand j'ai cru avoir tort, je n'ai hésité à en exprimer le regret, à faire des excuses, et en agissant ainsi je n'ai point cru m'abaisser, j'ai toujours cru me relever, m'honorer ; mais pour faire des excuses il faut avoir l'idée d'une erreur, d'une faute ; il faut que l'excuse soit un acte sincère et sensé. Est-ce en moi défaut de jugement, de sens commun, ou toute autre cause, je l'ignore ; mais je dis franchement que je crois n'avoir aucun tort envers Monseigneur l'évêque, et que je ne me figure point quelles excuses je pourrais lui offrir. Quant à une démarche humble et filiale, le père Ceslas qui me la conseille, ignore évidemment tout ce que j'ai tenté, toutes les lettres pleines de respect, de soumission que j'ai vainement adressées à Sa Grandeur.

Le principe de droit canonique rappelé au commencement de la lettre du théologien, ne m'était point inconnu. Quant à l'appliquer aux faits auxquels j'ai pris part, il me semble qu'on n'y pourrait parvenir qu'en épuisant toutes les ressources de la chicane la moins honnête.

Etait-ce *entraver l'exercice de la juridiction ec-*

clésiastique, que de provoquer la dissolution du conseil de fabrique, pour l'expurger de deux membres qui *entravaient l'exercice régulier de la juridiction ecclésiatique* à son premier degré, et d'amener la reconstitution du même conseil de fabrique, dans lequel l'évêque avait droit sur cinq membres d'en choisir trois, parmi tous les paroissiens à l'exception des deux expulsés?

Il n'y avait là ni question de principe, ni question d'institution, ni question de juridiction; il n'y avait qu'une minuscule question de personnes, sans attaches à l'évêque, si ce n'est par l'intermédiaire de la dame X... et quelques consorts, dont ces hommes servaient la haine et les attaques contre le curé.

Et quand même j'aurais porté la question directement devant M. le ministre des cultes, qu'est-ce qui le défendait?

La jurisprudence *en matière de fabrique* qui soumet les questions litigieuses d'abord à l'arbitrage de l'évêque et du préfet, et en dernier ressort à la décision du ministre des cultes, est-elle condamnée par l'Église?

Si elle l'est, pourquoi tous les ouvrages, tous les recueils, tous les commentaires, toutes les publications mensuelles qui la confirment sous la signature de prêtres, d'évêques, de jurisconsultes éminents et notoirement catholiques, nous sont-ils proposés, conseillés, présentés comme régulateurs de notre conduite dans l'administration temporelle de nos paroisses?

Si cette jurisprudence n'est pas condamnée, quel mal ai-je fait en y ayant recours?

Monseigneur Freppel se retrancherait-il sur le texte de l'ordonnance de 1825, portant que les conseils de fabrique seront révoqués *sur la demande des évêques* et l'avis des préfets? Ce serait, pour une intelligence

comme la sienne, bien puéril. Car, en admettant qu'en
l'état actuel de la jurisprudence, un conseil de fabrique
ne soit dissous qu'à la demande de l'évêque, ce qui est
affaire d'interprétation et regarde le ministre et le conseil d'État : qui est-ce qui défend à un citoyen quelconque, particulièrement à un curé, plus intéressé et
plus compétent dans bien des cas, de poser la question,
d'en donner les motifs, sans préjudice aucun du droit de
l'évêque à demander, ou de sa disposition à ne pas
demander la dissolution ? Qu'est-ce qui entrave dans ce
cas la juridiction ecclésiastique ? Hommes pour hommes,
conseil pour conseil, peu importe en vérité, surtout lorsque la révocation n'est mise en question que sur preuves
surabondantes de l'incapacité ou du refus de concours.
Ce raisonnement, je l'applique à un cas qui n'est pas le
mien ; comme le mien, je l'ai exposé dans ma lettre de
consultation, est accompagné de circonstances profondément atténuantes ; et bien que Monseigneur l'évêque ait
fait sonner les mots de fébronianisme et de schisme,
qui est-ce qui peut y trouver une tentative *d'entraver
la juridiction épiscopale* ?

Je demande permission de presser mon argumentation
et de dire : quand même j'aurais fait savoir, ou me propo-
serais de faire savoir à tels personnages qu'il me conviendrait, en quelle situation je suis mis par Monseigneur l'é-
vêque ; quand même, pour ma justification publique, et
pour le rétablissement de ma réputation, de mon honneur sacerdotal conspué, flétri dans le diocèse entier,
j'imprimerais et répandrais l'exposé des faits, appuyé de
toute la correspondance qui en établirait la vérité :
est-ce qu'il y aurait là autre chose qu'une question de
convenance et de prudence chrétienne ?

Et si, par suite de la connaissance du tort fait à ma

paroisse et à moi ; si par suite de la clarté répandue sur les actes épiscopaux, le crédit de l'évêque était affaibli, son prestige diminué, si des privilèges lui étaient retirés ; si même l'État employait des mesures de rigueur pour faire cesser l'inquiétude des esprits, la perturbation apportée à la contrée, la souffrance des intérêts matériels eux-mêmes, serais-je responsable de ces conséquences et de toutes celles qui pourraient résulter de la légitimité, de la nécessité de ma défense ?

Est-ce que la calomnie est sacrée, parce qu'elle a pour auteur un évêque ou un grand vicaire ?

L'évêque qui diffame un de ses prêtres, lui fermera-t-il la bouche, lui retirera-t-il la plume de la main en faisant appel à sa conscience et en agitant devant lui le fantôme du schisme ?

Ne pourrait-on pas dire que l'habitude de ne reconnaître aucune limite à ses droits, de ne supporter aucune contradiction, d'être enivré de félicitations et de triomphes, apporte au jugement de Monseigneur Freppel une certaine obstruction dans les questions où son amour-propre est froissé ? S'il n'en était ainsi, comment trouver, je ne dis pas la justification, mais l'explication de la manière dont je suis traité par Sa Grandeur, et à son exemple, par plusieurs des hauts personnages qui l'entourent ?

Pour Monseigneur Freppel je suis le curé à détruire, et sa conscience ne paraît guère l'arrêter dans le choix des moyens.

Le trésor du prêtre, son plus puissant élément de bien, celui sans lequel son ministère est vain et sa vie honteuse, c'est sa bonne réputation, *curam habe de bono nomine.*

Monseigneur l'évêque a attaqué, fait attaquer, perdre la mienne par la diffamation, la calomnie dans ses paroles et ses actes ; et avec d'autant plus de succès que personne ne peut douter de la véracité d'un supérieur ecclésiastique laissant tomber le fardeau insoutenable de l'honneur d'un de ses prêtres, et le jetant en pâture à toutes les suppositions, à toutes les répulsions, à tous les mépris.

Pour le moment, je survis à ces tentatives de meurtre moral, et mes paroissiens me consolent, dans leur généralité, par les témoignages de leur estime et de leur affection.

J'ai 66 ans, ma santé est souvent chancelante, j'ai une paroisse de 2,200 habitants. Nous sommes en carême ; les maladies, la fièvre typhoïde surtout sévissent depuis plus de deux mois. Le travail excède mes forces. Les fatigues et les peines me tueront. Aussi Monseigneur l'évêque me laisse-t-il systématiquement sans auxiliaire, tandis que presque toutes les paroises de mille âmes et au-dessous en sont pourvues. Qu'il trouve un vicaire! répète-t-il ironiquement, après m'avoir discrédité assez pour que le vicariat de Montreuil soit regardé comme un châtiment !

Depuis trente ans, il y a toujours eu trois messes à Montreuil. Par suite de la privation de vicaire et de la mort récente d'un prêtre habitué, la paroisse n'a plus le dimanche qu'une seule messe. Plus de 300 personnes fréquentant ordinairement les offices sont dans l'impossibilité d'y venir. Les habitudes de l'église vont se perdre ; la foi va s'affaiblir de plus en plus. Qu'importe la foi ! Qu'importe le bien des âmes ! Là n'est pas le but à atteindre.

Monseigneur l'évêque sait que l'opinion populaire est mobile. L'affection, l'estime dont mes paroissiens m'honorent feront place au mécontentement, à la déconsidération. Les propos répandus par la dame X... feront impression, on se retirera de moi, on se dira qu'après tout c'est moi qui suis cause de la situation étrange dans laquelle l'autorité spirituelle supérieure laisse la paroisse. Monseigneur Freppel aura enfin atteint son but ; la campagne aura été un peu longue, laborieuse, anxieuse ; mais Sa Grandeur aura vaincu, son triomphe sera éclatant.

» MONSEIGNEUR,

» Voilà l'exposé véridique d'une situation heureusement peu commune. En portant à la connaissance de Votre Excellence les actes de Monseigneur l'évêque d'Angers, je comprends que j'assume une grande responsabilité. Je l'accepte tout entière, et j'ai l'honneur de vous prier de vouloir bien donner à la présente communication, toutes les suites et les conséquences de droit que comportent les faits.

» Daignez agréer, Monseigneur, l'hommage du profond respect avec lequel je suis, Monseigneur, de Votre Excellence, le très humble et très dévoué serviteur.

» *Signé* : J. SUBILEAU,

» *Curé de Montreuil-Bellay,*

» Diocèse d'Angers. »

FIN DU MÉMOIRE ADRESSÉ A SON EXCELLENCE LE NONCE

A PARIS.

XXXVIII

Le 26 avril 1882, Monseigneur l'évêque donnait la confirmation dans l'église de Montreuil-Bellay.

Cet événement accompagné de circonstances frappantes, réflétant comme un miroir le caractère, la disposition d'esprit, la conscience, la foi, l'idée du devoir, de Monseigneur Freppel; laissant son portrait d'évêque creusé dans tous les détails de ses gestes, de son attitude, de ses paroles, de sa physionomie, comme dans l'étonnement, l'ébahissement, les impressions souverainement pénibles, le scandale des assistants : cet événement demande de ma part un exposé minutieusement exact, et dont 1,200 témoins attesteraient la vérité.

Grâce à une disposition spéciale et inusitée, prise par Sa Grandeur pour éviter toute rencontre avec moi, j'avais simplement à la recevoir à la porte de l'église avec l'eau bénite et l'encens. Mon église quoique fort grande était remplie et comble. Les enfants de deux paroisses voisines, Méron et Antoigné, y devaient recevoir avec les nôtres le sacrement de confirmation. Après plus d'une heure d'attente nous entendimes le roulement de la voiture épiscopale, et je me précipitai vers la grande porte pour recevoir mon évêque. Je commençai par une bévue. Monseigneur. descendu de voiture, était entouré, à trois pas de moi, par la famille de X... et quelques autres personnes de son affection, à qui il prodiguait toutes les affabilités, les plus gracieuses et les plus chaleureuses poignées de main. Puis, tout d'un coup, il se tourne vers moi avec un air courroucé, mais la main tendue. J'eus la sotte idée qu'il m'offrait, comme à tous, sa main à serrer. Je remis au bénitier le goupillon que je tenais, et je me précipitai pour serrer et baiser la main que m'offrait Sa Grandeur, en signe de paix. A peine ma main eut-elle touché celle de Monseigneur Freppel que, par un mouvement aussi vif qu'indigné, il se précipita sur le bénitier, y saisit le goupillon, s'aspergea, aspergea l'assistance, et bénit nerveusement l'encens que je présentais. J'encensai de mon mieux, et selon le cérémonial que je croyais savoir; mais il paraît que je fis mal, car M. le grand vicaire Chesneau, qui tenait à donner sa note, élevant la voix de manière à ce qu'on sût que c'était lui, dit : Ce n'est pas ainsi qu'on encense Monseigneur ! Je repris l'encensoir pour recommencer, et m'acquitter de mon devoir avec surabondance; mais Monseigneur fit comprendre par un geste que cela suffisait, et, sans me regarder, monta vers le sanctuaire, souriant à tous, bénissant tous, s'arrêtant pour adresser d'aimables paroles et donner une spéciale bénédiction aux religieuses disséminées au milieu des enfants, aux frères, aux curés de Méron et Antoigné, et enfin arriva au sanctuaire précédé de quelques pas par moi, et toujours affectant de ne pas même me voir ; au pied de l'autel, quand Monseigneur eut fait sa prière d'usage sur le coussin préparé, je m'approchai très respectueusement, et lui demandai si son intention était de prendre ses habits de chœur à la sacristie où semblaient l'attendre son grand vicaire et son secrétaire. Sa réponse fut le signe de main de l'homme qui refuse de parler et repousse un importun.

Il était écrit que je ferais des oublis.

Tout en m'appliquant à mettre de l'ordre dans l'assistance qui refoulait jusqu'au delà des portes, je ne m'a-

percevais pas que j'avais conservé mon étole. Comme je
passais à petite distance de Monseigneur, pendant qu'on
chantait le *Veni Creator*, Sa Grandeur se tourne vers moi
et d'un œil enflammé, d'une voix de colère : « Otez ça, »
dit-il. Préoccupé de tout, je ne comprenais pas, et je demeu-
rais coi. « Otez ça, » répétait-il avec un accent étranglé
par la colère. « Monseigneur, dis-je, je ne comprends pas
ce que vous m'ordonnez. — Votre étole ! » cria-t-il en se
jetant vers moi, comme pour me l'arracher, si je n'avais
pas couru vers la sacristie pour la déposer. Pendant qu'il
donnait la confirmation, ses yeux ne me quittaient pas, et
son air était si furieux que grand nombre de paroissiens
terrifiés, redoutaient à tout instant, m'ont-ils dit plus
tard, qu'il ne m'envoyât de dures apostrophes. Son émotion s'élevait à un tel paroxysme que les enfants recevaient
non le *petit soufflet* annoncé dans le catéchisme, mais
des gifles retentissantes et qui étaient entendues des
personnes de la tribune, au bas de notre grande église.
Pour couper au plus court, au lieu de la bénédiction du
Saint-Sacrement qui faisait partie du cérémonial, et pour
laquelle un prêtre de sa suite venait me prévenir de
l'assister, il donna la bénédiction épiscopale et partit. Je
voulus me mettre à ses côtés pour l'accompagner jusqu'à la sortie de l'église ou jusqu'à sa voiture. Affectant
de ne pas me regarder, il distinguait dans l'église les
frères, les sœurs, fendait les rangs pour aller leur dire
à tous un mot gracieux, leur affirmait son regret de n'aller pas les voir à cause de l'heure avancée pour son
arrivée à la paroisse du Puy-Notre-Dame qui l'attendait,
causait familièrement et longuement avec les desservants
d'Antoigné et de Méron, et leur donnait rendez-vous
pour le lendemain chez M. le curé du Puy-Notre-Dame.
J'étais toujours là, à deux pas de lui, me demandant si

je m'arrêterais au seuil de l'église, ou si j'irais jusqu'à la
voiture épiscopale, épiant un signe, un regard, lorsqu'à
deux mètres de la porte, comme je me préparais à lui
offrir l'eau bénite, Monseigneur l'évêque, sans se tourner
vers moi, prit son élan, me tirant de mes doutes, et ne
me laissant ni le temps, ni la possibilité de lui adresser
même un salut.

Il est facile de comprendre combien la foule était attentive à tous les incidents, aux nuances les plus légères
des mouvements, des faits. Ce jour-là, Monseigneur a
voulu m'achever dans l'esprit de mes paroissiens. Son
dédain si prononcé, si persévérant, si visiblement inten-
tionnel, était un moyen pris par lui pour détruire dans
l'esprit de mes paroissiens tout respect, toute confiance,
toute considération pour leur curé. L'évêque a fait fausse
route. « Il était soûl, » disait-on dans la foule ! Chez le
peuple surnage toujours, après réflexion, le sentiment du
juste, des convenances, du devoir des situations. Si jusqu'alors quelques paroissiens, me voyant abandonné de
mon évêque, de mes confrères, traité indignement par
celui qui m'avait fait leur curé, avaient pu concevoir sur
moi quelques doutes, ils se sont appliqués, depuis ce jour
trop mémorable, à me donner en toute occasion tous les
témoignages de confiance, de respect, d'affection. « Nous
savons maintenant ce qu'est cet homme-là, » disent-ils
en parlant de l'évêque.

Pour moi, je déclare volontiers qu'avant cette journée
je ne connaissais pas M. Freppel ; j'avais espéré que son
passage à Montreuil, même limité par lui au temps le
plus court, serait une occasion de rapprochement. J'avais
préparé quelques mots où, sans m'attribuer des torts
que je n'avais pas, je lui aurais exprimé mon ardent désir
d'une entente où mon respect, ma soumission auraient été

le gage de mon application à éviter ce qui pouvait le contrarier. Jusqu'à ce jour, je comptais qu'il y avait dans cette personnalité encore quelque chose de sacerdotal, sinon d'épiscopal.

. . . .

XXXIX

Le 4 mars 1882, j'avais adréssé à Son Excellence le nonce apostolique à Paris le long mémoire qui précède, explicatif de ma situation, avec prière de vouloir bien intervenir près de Monseigneur l'évêque d'Angers, et me tracer une ligne de conduite au milieu des épreuves extraordinaires que je traversais.

Le 23 mars, n'ayant reçu aucune réponse, je me rendis à la nonciature dans le but de connaître l'impression produite par mon manuscrit, et d'obtenir une règle sûre de conduite. Monseigneur Xacky étant malade, je fus reçu par monseigneur Ferrata, auditeur, qui me dit ne rien savoir de ce qui me préoccupait, et m'engagea, sur les explications verbales que je lui donnai, à recourir au Métropolitain, attendu que la solution de ces sortes d'affaires et de difficultés échappe absolument à l'action de la nonciature. Et sur ma demande, mon Mémoire me fut rendu.

En conséquence, j'adressai ce même mémoire à Monseigneur l'archevêque de Tours avec cette lettre :

« Montreuil-Bellay, 26 mai 1882.

» MONSEIGNEUR,

» Depuis longtemps je suis dans une situation extrêmement pénible vis-à-vis de Monseigneur l'évêque d'Angers.

» J'ai eu souvent l'idée de soumettre ces difficultés à Votre Grandeur, et de vous prier, Monseigneur, de vouloir bien m'aider de vos conseils, et me soutenir de votre autorité. Tel était aussi l'avis de quelques-uns de mes confrères.

» D'autres m'engageaient à m'adresser au Nonce du Saint-Siège, dans la pensée qu'en l'état actuel de notre province ecclésiastique, les rapports assez fréquents et certains intérêts communs, notamment ceux de l'Université catholique, gêneraient peut-être le métropolitain dans les observations qu'il aurait à faire à son suffragant sur la légitimité de mes plaintes. J'ai cédé à l'avis de ces derniers.

» Il y a quelques jours mon manuscrit m'a été rendu avec invitation de m'adresser au métropolitain, de qui la cause relève directement et naturellement.

» Je reviens donc à la voie que j'aurais dû suivre, et je prends la liberté de vous adresser, Monseigneur, le manuscrit même envoyé à Son Excellence le nonce du Saint-Siège à Paris, en vous priant d'avoir la patience de le lire, malgré la longueur.

» La situation, loin de s'améliorer depuis le 4 mars, n'a fait que s'aggraver. Monseigneur Freppel, donnant la confirmation dans mon église, le 26 avril dernier, a affecté pour moi le plus suprême dédain, et par ses gracieusetés à certaines personnes, a porté à son comble le mécontentement, pour ne pas dire le scandale de mes paroissiens.

» Si Votre Grandeur a besoin de plus amples explications, je suis à sa disposition. Sur un mot jeté par Elle à la poste, je ferai le voyage de Tours.

» Daignez, etc.

« *Signé* : J. Subileau, *curé*. »

Je reçus la réponse suivante :

« Tours, 1er juin 1882.

» Monsieur le curé,

» Sous la date du 4 mars dernier vous avez adressé à Monseigneur le nonce apostolique un long Mémoire dans lequel vous demandez justice contre certains procédés de Monseigneur l'évêque d'Angers à votre égard. Son Excellence vous ayant fait connaître que la cause rentrait dans les attributions du métropolitain, vous m'avez envoyé le même mémoire sous la date du 26 mai dernier, en me demandant de donner suite à cette affaire.

» Je viens de terminer la lecture de ce Mémoire qui se résume dans une question d'administration diocésaine, dans laquelle je n'aurais le droit d'intervenir que par voie de conseil ; car la juridiction des métropolitains sur les diocèses de leurs provinces est limitée par le droit à la réforme, s'il y a lieu, des jugements réguliers rendus par les évêques suffragants ou par leurs officialités.

» Pour ce qui est des questions purement administratives de la nature de celles dont vous m'avez saisi, elles ne peuvent être, de la part du métropolitain, l'objet d'une instruction que sur une réquisition directe du Saint-Siège ou de son représentant.

» Le but que vous poursuivez est la nomination par Monseigneur l'évêque d'Angers d'un vicaire à Montreuil-Bellay. Cet auxiliaire vous est évidemment nécessaire dans une paroisse de 2,200 habitants. Mais Monseigneur l'évêque d'Angers ne vous le refuse pas. Il prétend seulement qu'un jeune prêtre ne peut accepter le poste, vous promettant de donner les pouvoirs à l'ecclésiastique que vous lui présenterez comme consentant à devenir votre collaborateur.

» Les lettres écrites par vous à ce sujet, à M. l'abbé Pessard, vicaire général, sous les dates des 13, 18 et

21 janvier dernier, et les commentaires dont vous les accompagnez dans votre mémoire, me prédisposent à penser que votre manière d'être vis-à-vis de vos vicaires n'est peut-être pas attrayante.

» J'ai rencontré dans le cours de ma longue carrière administrative plusieurs excellents curés auxquels leur caractère rendait impossible la vie en commun avec un vicaire, et qui, après plusieurs essais, finissaient par accepter un poste où le concours d'un vicaire ne leur fût pas nécessaire.

» Je crois que vous vous honorerez vous-même en prenant ce parti ; car votre population finira par vous rendre responsable des privations religieuses qui lui sont imposées, et vous terminerez mal une vie qui jusqu'ici a été honorable, puisqu'elle vous a mérité d'être promu à un poste inamovible.

» Agréez, Monsieur le curé, l'assurance de mes sentiments affectueux et dévoués.

» *Signé* : CHARLES, *Archevêque de Tours.* »

Cette lettre ne m'étonna pas trop ; j'avais pensé dès le principe que Monseigneur l'Archevêque de Tours ne se soucierait guère d'avoir un conflit avec Monseigneur l'évêque d'Angers. Ce qui m'étonna ce sont les réflexions qui m'y sont adressées, et le conseil de demander un autre poste. J'en conclus que Monseigneur l'archevêque avait parcouru mon trop long Mémoire, plutôt qu'il ne l'avait lu. Je lui écrivis la lettre qui suit :

« Montreuil-Bellay, 3 juin 1882.

» Monseigneur,

» J'ai reçu la lettre que vous m'avez fait l'honneur de m'écrire relativement au Mémoire que j'avais pris la liberté d'envoyer à Votre Grandeur, le 28 mai dernier. J'ai hâte de vous remercier, Monseigneur, d'avoir bien voulu lire ce trop long document ; et aussi de vous prier de ne pas trouver mauvais que j'insiste pour obtenir de Votre Grandeur qu'elle use de ses moyens de persuasion, sinon de son autorité, vis-à-vis de Monseigneur l'évêque d'Angers, pour amener la fin d'un conflit qui scandalise toute notre contrée.

» Il est naturel qu'un archevêque prenne, autant que possible, parti pour un évêque, et je comprends en outre les ménagements à garder vis-à-vis de Monseigneur Freppel dont le caractère se prêterait peut-être assez peu aux observations d'un supérieur, aujourd'hui surtout que les circonstances et ses talents l'ont mis en pleine lumière, et le font considérer comme le champion des intérêts de l'Église.

» Cependant la gloire qui l'entoure et la force qu'il a ne peuvent légitimer et ne font qu'aggraver son parti pris de m'écraser, sans grande préoccupation des conséquences de ses actes pour la foi de ma paroisse et de tout ce pays.

» Qu'aucun vicaire ne puisse vivre avec moi, c'est un prétexte qu'on n'a trouvé qu'après l'échec infligé à Monseigneur par la révocation de deux conseillers de fabrique, aussi malheureusement que passionnément soutenus par lui.

» Quand il s'agit de ma chétive personne, l'évêque n'est plus là ; Monseigneur Freppel laisse tomber et disparaître sa dignité, ses prérogatives, pour n'être plus qu'un homme, et un homme rageur et vengeur. Par ses paroles et par ses actes, cet homme me diffame avec tout l'avantage de sa supériorité de talent, de renommée, de situation ; son objectif c'est ma destruction. Sachant que j'ai assez de foi et de générosité pour ne négliger aucun devoir de mon ministère, il me laisse sous un prétexte absurde sans auxiliaire, dans la certitude de m'épuiser et de me tuer, si ma conduite et mon honorabilité notoires résistent aux efforts de la calomnie.

» Les victimes d'un empoisonnement, lent et sûr, ont sur moi l'avantage de ne pas se douter de ce qu'on veut faire d'elles.

» Cette situation, quelque follement exagérée qu'elle paraisse, est la situation vraie, situation comprise et appréciée dans cette contrée par la très grande majorité, et par les plus intelligents et les plus observateurs de mes confrères.

» Nous ne pouvons pas croire que la discipline ecclésiastique soit désarmée en face de tels abus de pouvoir.

» Est-ce qu'il ne me resterait d'autre ressource pour sauvegarder le seul bien que je n'ai pas permission d'aliéner, mon honneur sacerdotal et ma réputation d'honnête homme ; est-ce qu'il ne me resterait d'autre ressource que de montrer au public dans une brochure appuyée de faits nombreux et indéniables, ce qu'est le champion de l'enseignement chrétien, le défenseur de l'Église dans le Parlement français ?

» Le parti que vous me proposez, Monseigneur, est d'une exécution impossible, et s'appuie sur une erreur. Quittant Montreuil dans les circonstances présentes, je donnerais crédit à toutes les calomnies par lesquelles Monseigneur Freppel essaie de justifier sa conduite, et je me rendrais inacceptable dans toute autre paroisse. Puis si j'étais curé d'une paroisse sans vicaire, j'aurais toujours le fardeau des grand'messes qui m'accablent en ce moment et j'accepterais comme fondé le reproche que les antécédents contredisent, celui d'un curé avec qui un vicaire ne saurait vivre.

» La paroisse de Montreuil offre à un curé des difficultés exceptionnelles. Tout le monde le reconnait et personne ne le nie. Grâce à des précautions extrêmes pour éviter toute ingérence dans les questions politiques et les divisions locales, je suis parvenu, avec l'aide de Dieu, à être particulièrement bien accepté, respecté, honoré. J'irais visiblement contre les desseins de Dieu si, pour être agréable à la toute petite coterie à la tête de laquelle s'est placée une femme que Monseigneur Freppel tient trop à satisfaire, j'avais la faiblesse d'abdiquer. S'il le faut, je mourrai au poste, je ne l'abandonnerai pas. Et Monseigneur Freppel aura devant Dieu la responsabilité, s'il s'en soucie, des conséquences de ses rancunes et de ses colères. Monseigneur Freppel bénéficie encore, après 40 ans, de la tradition de respect et de confiance, du prestige répandu sur la personne épiscopale, par Monseigneur Montault. Le clergé angevin, malgré bien des épreuves, s'est maintenu dans le culte de ses évêques. La vérité m'oblige à vous dire, Monseigneur l'archevêque, que cette confiance chancelle, que le prestige s'en va. Le talent de Monseigneur Freppel n'est contesté de personne; c'est peut-être la seule chose en lui dont on ne doute pas.

» Votre Grandeur rendra à Monseigneur Freppel un éminent service, si elle parvient à lui faire comprendre la passion qui le guide et les conséquences funestes de ses injustices envers moi, si petit que je sois.

. » Daignez agréer, etc.

» *Signé* : J. Subileau, *curé*. »

LETTRE ADRESSÉE A MONSEIGNEUR L'ARCHEVÊQUE
DE TOURS.

« Montreuil-Bellay, 24 août 1882.

» Monseigneur,

» Le mercredi 16 de ce mois, j'ai fait le voyage de Tours, dans l'intention de vous offrir l'hommage de mon profond respect, et de savoir si Votre Grandeur avait jugé à propos de donner suite à la communication que j'avais eu l'honneur de lui faire par l'envoi d'un Mémoire et de lettres, sous les dates des 26 mai et 3 juin.

» Dans la pensée que vous êtes de retour, Monseigneur, je prends la liberté de vous écrire, et de vous demander si je dois conserver quelque espoir d'une intervention de Votre Grandeur près de Monseigneur l'évêque d'Angers pour mettre fin à la situation de ma paroisse et à la mienne.

» En tout état de cause, je vous prie de vouloir bien me

renvoyer mon manuscrit dont je n'ai conservé qu'un brouillon incomplet, et que je n'ai point le temps de copier et de mettre au net.

» Daignez agréer, etc.

» *Signé* : J. SUBILEAU, *curé*. »

RÉPONSE DE MONSEIGNEUR L'ARCHEVÊQUE DE TOURS.

« Luxeuil (Haute-Saône), 27 août 1882.

» MONSIEUR LE CURÉ,

» Je n'ai pas eu l'occasion de voir Monseigneur l'évêque d'Angers depuis l'envoi que vous m'avez fait de votre Mémoire dans lequel, d'ailleurs, vous avez pris une attitude d'opposition et d'aigreur que je ne puis approuver. Je vous renverrai votre Mémoire dans une quinzaine de jours, à mon retour de Luxeuil.

» Recevez, etc.

» *Signé* : CHARLES, *Archevêque de Tours*. »

« Tours, 12 septembre 1882.

» MONSIEUR LE CURÉ,

» Je m'empresse de vous renvoyer votre Mémoire suivant la promesse que je vous en ai faite par ma lettre du 27 août dernier. Je ne puis que former des vœux pour que Dieu dispose votre esprit et celui de Monseigneur l'évêque d'Angers à une réconciliation.

» Cette réconciliation me paraît possible, mais à la condition que vous ferez acte de soumission vis-à-vis de votre évêque, ainsi que vous y obligent vos devoirs hiérarchiques.

» Recevez, monsieur le curé, l'assurance de mes sentiments respectueux.

» *Signé* : CHARLES, *Arch. de Tours*. »

L'impression que m'a laissée la lecture de ces lettres se résume en quelques points :

1° Intention de Monseigneur l'archevêque d'éviter d'engager des difficultés avec Monseigneur l'évêque d'Angers dont le caractère lui est connu :

2° Je ne crois point avoir pris dans mon Mémoire du 4 mars, l'attitude d'opposition et d'aigreur reprochée. — Monseigneur l'archevêque semble avoir écrit sa lettre de Luxeuil (27 août) sous l'empire du souvenir de ma lettre du 3 juin plutôt que de mon Mémoire.

3° Monseigneur l'archevêque s'est-il assez rendu compte que je suis une victime poursuivie à outrance, et par des procédés horribles ? Dans l'excès de mes fatigues et de mes peines, ne peut-il m'échapper quelques expressions dures en exposant la vérité, rien que la vérité ?

4° Le conseil donné par Monseigneur l'archevêque dans sa dernière lettre serait fondé, si à de nombreuses démarches, à toutes les lettres les plus respectueuses dont la dernière (23 juin 1882) à l'occasion de ma nomination de chanoine de Saint-Denis, Monseigneur Freppel avait répondu autrement que par le dédain, la colère, un surcroît d'empressement à se mettre au service de la dame X... pour m'humilier et me déconsidérer, et à peser sur mes confrères pour les obliger à me rejeter.

XL

NOTES DE SEPTEMBRE 1882 ET AUTRES DATES

Plusieurs prêtres qui depuis quelques mois se sont hasardés à parler à Monseigneur Freppel de la situation

do ma paroisse et de moi, ont reçu pour réponse que Sa
Grandeur ne s'occupait ni de Montreuil ni du curé de
Montreuil, et qu'au fond, si elle m'avait abandonné ce
n'était que depuis mes démarches au ministère des
cultes pour faire révoquer deux de mes marguilliers ;
que jusque-là elle m'avait été toujours sympathique et
dévouée.

Monseigneur se flatte de ne s'occuper ni de la paroisse ni du curé de Montreuil. En l'état où il a conduit
les choses, ce langage approche du cynisme. — Qui
est-ce qui comprendra cette quiétude après tout le mal
fait ?

Le Mémoire en date du 4 mars 1882, communiqué
à la nonciature et au métropolitain, fournit d'abondantes
et irréfutables preuves que depuis dix-huit mois Monseigneur Freppel,

A laissé dire,

A fait dire,

A dit :

1° Qu'il avait mille raisons de m'interdire ;

2° Qu'il ne se croyait pas le droit d'obliger un prêtre
à être mon vicaire ;

3° Qu'il ne me donnera jamais de vicaire parce que
ce serait exposer un prêtre à perdre près de moi sa foi
et ses mœurs.

Sa Grandeur a confirmé ses allégations :

1° Par le parti pris de me laisser sans vicaire, quoiqu'il en advienne pour les intérêts spirituels d'une paroisse de 2,200 âmes ;

2° Par les conséquences voulues, provoquées, forcées
qu'en doivent déduire et les paroissiens, et le pays, et le
diocèse, et les régions voisines où le bon sens oblige à
croire qu'un évêque n'agit pas ainsi sans des raisons

que sa discrétion cache, mais qui doivent être d'une extrême gravité ;

3° Par les insinuations, les conseils, les ordres transmis aux prêtres de s'éloigner de moi, de me traiter en excommunié, et par les témoignages de satisfaction ouvertement donnés à ceux qui agissent ainsi.

Si cela est de l'habileté,

Cela est aussi,

1° *De la lâcheté ;* car Monseigneur Freppel sait qu'il est mon supérieur ; que mes moyens de défense ne sont point proportionnés à ses moyens d'attaque ; que tandis qu'il s'efforce de m'écraser par des procédés aussi sûrs qu'insaisissables à la justice humaine et civile, moi je dois continuer à lui être soumis, respectueux, de prier chaque jour pour lui au saint sacrifice de l'autel, de le défendre devant les hommes contre les nombreux propos qui attaquent son honneur.

2° *De la calomnie au premier chef ;* car monseigneur Freppel sait qu'il n'a jamais eu à me faire dans ma conduite, soit comme prêtre, soit comme homme, ni un reproche, ni même une observation. Il sait qu'il a été mis au défi par moi, notamment dans deux lettres consignées dans mon Mémoire (du 4 mars) et datées l'une du 28 avril 1881, l'autre du 13 février 1882, de motiver, même sur une apparence, les rigueurs de sa conduite et l'horreur de ses propos.

3° *Un crime ;* car la réputation d'un prêtre, l'honneur d'un curé sont confiés à l'évêque par l'Église, comme un dépôt sacré. Et l'évêque, soit qu'il les vende à une femme, soit qu'il les immole à son amour-propre froissé, commet un *crime* au premier chef, devant la conscience publique, devant l'Église, devant Dieu.

Aujourd'hui Monseigneur Freppel s'efforce de déplacer les dates et de dénaturer les faits. Il voudrait faire croire que les entraves qu'il apporte à mon ministère, et les moyens odieux qu'il a mis en œuvre pour me détruire, ne sont que la conséquence et le châtiment des démarches que j'ai faites en octobre 1880, pour obtenir de M. le ministre des cultes la révocation de deux conseillers de fabrique qui rendaient, sous l'inspiration même de Monseigneur Freppel, tout fonctionnement paroissial matériellement impossible.

Sans m'arrêter à faire remarquer la disproportion entre le châtiment infligé et la faute, si faute il y a eu, je dis hautement que les allégations de monseigneur sont fausses ; que ce qu'il dit n'est pas vrai. Les premières causes de sa haine sont bien antérieures, et son parti pris de m'obliger à quitter Montreuil, en y rendant mon ministère impossible, date de plus de deux ans avant que j'aie eu la pensée de faire aucune démarche au ministère des cultes, ou ailleurs.

Les causes de sa haine les voici :

J'ai compris peut-être un des premiers ce qu'un certain nombre de mes confrères comprennent aujourd'hui, savoir : l'exagération et, par suite, la vanité des œuvres entreprises par Monseigneur Freppel. J'ai apporté dans des manifestations publiques d'adhésion à ses actes, provoquées par lui, une réserve qui l'a blessé. J'ai hautement témoigné que la ligne de conduite préconisée et imposée par lui à son clergé, en matière politique, n'était conforme ni aux intérêts de l'Église ni au calme de la société, et contredisait celle du Souverain Pontife et de la majorité des évêques.

Monseigneur Freppel étend en effet, comme on sait, son action, son activité sur des œuvres nombreuses, grandes, retontissautes. Son journal officiel, envoyé dans nombre de diocèses, donne, chaque semaine, des récits de succès admirables de ses entreprises, et de merveilles opérées dans toutes les paroisses.

Or le diocèse d'Angers, au point de vue religieux, va-t-il s'améliorant ? De tous ceux de la région n'est-il pas incontestablement celui où le respect de la religion et la mise en pratique de ses préceptes, déclinent dans une plus affligeante proportion, malgré les manifestations splendides et les protestations de fidèles qui ne s'aperçoivent pas qu'ils ne sont plus qu'une minorité dans les paroisses où, il y a quelques années, ils étaient la grande majorité, et souvent la presque totalité ?

Hélas ! quand on observe dans l'impartialité et à la lumière des faits, et qu'on voit la foi diminuer d'une manière effrayante dans notre beau pays d'Anjou, en même temps que s'élève le bruit des œuvres triomphantes de Monseigneur Freppel, ne pourrait-on pas dire que de ces œuvres, présentées comme elles l'ont été, sont sorties, avec quelques bons fruits, des malheurs qu'on n'avait pas prévus ; je veux dire : la désaffection de l'Église montrée comme appuyée et liée à des idées, à des coteries, à des partis dont grand nombre de fidèles ne veulent plus ? Et par suite, la désagrégation d'un peuple chez qui le temps, l'oubli du passé et de ses torts, le mélange des alliances et des intérêts, la similitude des mœurs, la communauté et l'identité de l'instruction, avaient confondu les fils des martyrs et les représentants de la société nouvelle, dans la même foi, le même amour de la patrie, le même renoncement à toute revendication du passé, la même fraternité dans le calme et l'égalité des droits : et finalement l'effacement progressif et fort avancé des divergences de vues en matière politique ?

Quel est donc le résultat définitif de toutes les œuvres de Monseigneur Freppel ?

Beaucoup de retentissement ; beaucoup de mise en scène ; des millions dépensés ; beaucoup de dettes, après épuisement de la bonne volonté et de la générosité sans pareilles de ce pays, exploitées avec une habileté qui n'a eu d'égales que la ténacité et l'audace.

Y a-t-il d'autres résultats ?... Il serait en vérité trop triste et trop injuste de n'en pas reconnaitre d'autres ; et le personnel enseignant si nombreux, si méritant qui peuple les établissements de Monseigneur l'évêque d'Angers a droit à ce que l'on constate les succès remportés par les élèves devant les facultés de l'État.

Le clergé angevin est fier particulièrement de compter parmi ses membres un ecclésiastique aussi recommandable par sa modestie que par son aptitude à enseigner, M. l'abbé Pasquier, qui fait rejaillir sur l'Université catholique l'éclat des triomphes des jeunes gens qui lui sont confiés. Qui oserait dire cependant que les succès des maisons diocésaines d'instruction sont proportionnés aux dépenses du passé, aux efforts et aux embarras du présent, aux inquiétudes de l'avenir ? Et si l'on recherche les résultats acquis ou entrevus pour ce qui est des études spéciales préparant au ministère sacerdotal, on n'a jusqu'à présent guère de raisons d'espérer que l'Église d'Angers puisse donner bientôt satisfaction aux exigences du droit canonique, pour le recrutement des membres importants de son clergé. Rien ne fait entrevoir que la distribution des paroisses sera moins le jeu du hasard, et plus accommodée à la science constatée, au mérite éprouvé. Et pourtant, combien de prêtres, parmi les plus dignes, s'affligent en silence de voir les faveurs distribuées aux sujets qui ont l'adresse, en se

mettant sous le vent des passions épiscopales, d'entrer
en conflit avec les autorités de la république? L'esprit
imprimé à notre clergé est tel dans la généralité, qu'à
l'exception de quelques hommes particulièrement réfléchis et éclairés, on se croit obligé en conscience de
parler et d'agir en ennemis avérés du gouvernement.
On regarderait comme une félonie et une impiété la
sagesse de celui qui voudrait, sans rien sacrifier des
droits dont il a la garde, vivre en paix avec les fonctionnaires et les représentants de l'État. L'opinion de Monseigneur l'évêque est confirmée par les journaux que
Sa Grandeur préconise, et va presque jusqu'à imposer,
sans le contrôle de ceux dont il interdit la lecture.

Loin de rechercher les occasions de pacification et
de rapprochement, on s'étudie à les éviter, parce qu'on
regarderait une entente comme un grand scandale et
un malheur suprême. Lorsque, d'accord avec le Nonce,
avec les évêques, avec le Souverain Pontife, les chefs
d'ordres religieux présentèrent la *déclaration* par laquelle ils espéraient conjurer les décrets d'expulsion,
on sait que Monseigneur l'évêque, en chaire et en pleine
retraite pastorale, les tourna en dérision, et en les ba-
fouant obtint le sourire approbateur de presque tout
son clergé.

Monseigneur Freppel, contrairement à l'idée qu'on
se fait de lui, subit facilement des influences, surtout
quand elles favorisent son amour-propre. Il eut le malheur, au début de son épiscopat, de garder les membres
de l'administration de son prédécesseur, à la tête desquels
était M. Bompois qui, pendant vingt ans, gouverna
le diocèse, étant lui-même gouverné par quelques
femmes, surtout par quelques religieuses. Les abus
d'autorité pendant cet épiscopat furent aussi énormes

que fréquents. On ne savait pas distinguer entre les pouvoirs d'un supérieur sur ses religieuses et les pouvoirs d'un évêque sur ses prêtres. Il était même passé en fait, qu'en cas de conflit entre un curé et une religieuse en obédience dans sa paroisse, le curé partait et la religieuse restait. Tout desservant qui, à force d'être victime, étudia, se rendit compte des abus d'autorité de ses chefs, et se permit de s'en plaindre avec les précautions les plus respectueuses, fut considéré comme rebelle. — Je fus du nombre (1). Le vieil évêque, peu de temps avant de mourir, m'exprima de la façon la plus touchante, le regret de ses injustices involontaires. Mais les hommes de son entourage me sont demeurés intimement et profondément hostiles. C'est malgré eux que Monseigneur Freppel m'a donné le poste inamovible de Montreuil-Bellay ; et dans la séance extrêmement agitée du conseil où je fus proposé, je fus discuté avec acharnement dans mon passé, dans mon présent, dans mon avenir possible. Trois membres de l'ancienne administration, particulièrement les deux vicaires généraux, M. Chesneau et M. Pessard, héritier du titre de M. Bompois et façonné par lui, ne cédèrent pas. Monseigneur Freppel, avec les autres membres du conseil, jugea que j'étais digne de confiance et que mon passé ne compromettait point mon avenir. Mais les grands vicaires Pessard et Chesneau

(1) En écrivant ceci, il me revient un souvenir que je reproduis comme signe du temps, non de Monseigneur Freppel, mais de Monseigneur Angebault.

C'était, je crois, en 1846, j'étais vicaire à Notre-Dame de Chemillé. Monseigneur, de passage en cette ville, dîna à la cure en compagnie de M. Menard, alors secrétaire particulier ; celui-ci remarqua dans ma bibliothèque un ouvrage de droit canonique. « Je vous en prie, cher abbé, me dit-il, ne gardez pas ces ouvrages ; si Monseigneur savait que vous vous occupez de droit canonique, il serait outré. » Finalement M. Menard, qui me voulait du bien, prit malgré moi les volumes, me les paya le double du prix, et les emporta pour m'éviter des désagréments.

n'ont jamais, depuis cette époque, négligé une occasion de se venger de l'évêque et de moi, en faisant valoir à outrance, dans mes actes, toutes les apparences qui pouvaient être présentées en induction d'opposition à l'administration de Monseigneur.

Je cite en preuve ce seul fait.

XLI

En mars 1879, allant à Angers, je passai par Saint-Saturnin et j'y trouvai une très grande émotion, principalement à propos de quelques modifications dans les places du chœur de l'église et de l'ouverture d'une porte que le curé avait faite malgré le conseil municipal. J'en causai avec M. le grand vicaire Pessard près de qui m'appelait je ne sais plus quelle affaire. M. l'abbé Pessard m'apprit que mon successeur à Saint-Saturnin était un homme d'esprit, et surtout un érudit ; que le diocèse d'Angers le comptait au premier rang de ses liturgistes, et qu'en ce moment un ouvrage sur les cérémonies romaines et composé par lui était à l'évêché, à l'étude, et attendait pour être imprimé, aux frais du diocèse, l'approbation épiscopale. Rentré à Montreuil-Bellay, et la tête pleine et un peu malade de tout ce que m'avait révélé M. le grand vicaire, je lui écrivis sur la liturgie et sur la manière dont la comprenaient et la pratiquaient certains esprits, une lettre très longue et quelque peu mordante où j'expliquais et commentais, si ma mémoire ne me trompe, une parole que j'avais recueillie de la bouche même de Dom Guéranger, proclamant que dans l'Anjou la manière de comprendre et de pratiquer la liturgie romaine était un scandale. Je ne sais le parti que tira et de ma lettre et de ma conversation M. le vicaire général ; ce qui peut en donner l'idée, c'est ce que m'adressa Monseigneur l'évêque.

« Évêché d'Angers, le 17 mars 1879.

» MONSIEUR LE CURÉ,

» Je suis bien peiné de votre intervention dans les affaires de la paroisse de Saint-Saturnin. Il est de règle qu'un curé doit éviter toute immixtion dans l'administration de son ancienne paroisse. A défaut du droit canonique, le simple bon sens suffit pour dicter cette ligne de conduite. Et, par le fait, si M. Périgois et M. Cordier se mêlaient de diriger la paroisse de Montreuil-Bellay, et recevoir les plaintes des mécontents, et donner leur avis sur les mesures que vous croyez devoir prendre dans l'exercice de vos droits, d'écrire à l'évêché pour censurer vos actes, vous vous plaindriez à coup sûr et avec raison. Pourquoi ne pas traiter votre confrère comme vous désirez être traité vous-même ? Il a des difficultés, mais vous ne pouvez pas avoir oublié que, sous votre administration, les plaintes affluaient de Saint-Saturnin à l'évêché. Vous savez le peu de cas que j'en ai fait. D'où vient que vous attachez tant d'importance à des oppositions que vous aviez rencontrées vous-même ? Vous vous prononcez, dans l'affaire de la porte de la sacristie, contre l'évêque et le ministre lui-même ; et l'on ne manque pas de s'appuyer sur votre opinion pour entraver la marche de mon administration. Est-ce là une conduite à laquelle je devais m'attendre, après les marques de bienveillance que je n'avais cessé de vous donner ?

» Tout cela est bien triste, monsieur le curé, et me cause beaucoup de peines. Pour le moment je dois me borner à vous interdire à l'avenir toute intervention dans les affaires de la paroisse de Saint-Saturnin. Vous n'avez absolument rien à y voir : je suis fâché d'être obligé de vous le rappeler ; mais c'est là un principe d'administration auquel je dois tenir la main, sous peine de voir s'introduire la division dans le clergé et la confusion dans les paroisses.

» Recevez, monsieur le curé, l'assurance de mon dévouement.

» *Signé :* CHARLES-EMILE, *Évêque d'Angers.* »

« Montreuil-Bellay, 18 mars 1879.

» Monseigneur,

» Je reçois à l'instant même la lettre de Votre Grandeur, et je ne veux pas attendre une minute avant d'y répondre.

» Permettez-moi de vous dire, Monseigneur, que depuis que je suis sorti de Saint-Saturnin, je ne me suis jamais mêlé de ce qui s'y passe, si ce n'est le jour où, à Antoigné, je communiquai à Votre Grandeur une lettre relative à la Société de musique et qui m'était adressée précisément et uniquement pour vous être remise.

» Si j'avais connu dernièrement la situation réelle de cette paroisse relativement à son curé, j'aurais évité d'y passer, bien que, depuis plus d'un an, j'y eusse quelques affaires d'intérêts à régler.

» Si l'on s'appuie sur moi, sur mes conseils, sur mes appréciations, sur mes dires, pour résister au curé, c'est absolument sans fondement, car je me suis borné à chercher à calmer, à faire comprendre la puérilité des motifs d'opposition que l'on prétendait avoir, et à rallier au curé les personnes que j'ai rencontrées. Que le curé prétende que je suis le moteur avoué ou secret des difficultés qu'il soulève, c'est simplement une calomnie et une ingratitude.

» Que les paroissiens disent que je n'aurais point fait ce que fait mon successeur, c'est vrai.

» Passant à Saint-Saturnin en allant à Angers, j'ai cru avoir à remplir une double mission :

» A Saint-Saturnin soutenir le curé ; presser par tous les motifs les gens qui m'arrêtaient d'apprécier le bonheur d'avoir un saint prêtre pour pasteur, et à se rallier à lui.

» A l'évêché, dire les choses comme je les voyais dans toute leur réalité.

» Votre lettre, Monseigneur, me prouve que je me suis trompé; et ce qui m'afflige sincèrement et plus profondément que je ne puis vous l'écrire, c'est la peine que vous m'exprimez. Monseigneur, croyez bien que l'ingratitude n'est pas dans la nature que Dieu m'a faite. S'il y a parmi vos prêtres quelqu'un à vous aimer, et à vous être attaché par la reconnaissance, c'est moi.

» Je puis faire des actes sujets à des interprétations opposées à mes intentions, puisque cela vient d'arriver. Mais jamais je ne ferai intentionnellement rien qui puisse vous être désagréable.

» Recevez, etc.

» Signé : J. Subileau, curé. »

XLII

Pris par l'amour-propre et sous la pression des hommes de son intimité, Monseigneur ne tarda pas à interpréter à faux les précautions de prudence que la situation exceptionnellement difficile de ma paroisse me commandait. Et quand il lui fut rapporté, comme un grand scandale, que j'avais reçu avec honneur et respect, le préfet et le sous-préfet en tournée, je fus regardé par lui comme un ennemi et un renégat. Il n'y avait qu'un an environ que j'étais à Montreuil.

Une autre influence et qui paraît avoir été toujours la plus forte, est venue vers le même temps peser sur l'esprit de Sa Grandeur, attiser sa haine, et lui faire prendre ma perte, ma *destruction* comme but à atteindre par tous les moyens.

Une femme de ma paroisse, mère de huit enfants dont l'ainé a maintenant douze ans et demi, et le plus jeune quinze mois, épouse d'un excellent homme qui avait le double de son âge à l'époque du mariage et n'est plus qu'une ruine : ayant de l'esprit, de l'entrain, une remarquable facilité de paroles, et se donnant pour très pieuse, humiliée de n'avoir pas réussi à me subjuguer et à me dominer, déclara qu'elle me forcerait à quitter Montreuil et qu'elle y parviendrait par Monseigneur Freppel.

Monseigneur Freppel n'a pas tardé à prouver que cette femme ne se flattait pas trop en comptant sur lui. Il s'est fait son auxiliaire avec une opiniâtreté et une absence de prudence qui ne s'expliquent que par l'aveuglement de la haine. Depuis environ quatre ans, les occasions d'exprimer à cette femme son désir de lui être agréable dès qu'il s'agissait de m'humilier et de m'amoindrir dans l'esprit du public, ont toujours été saisies avec un inexplicable empressement. Je ne puis ni ne veux mettre en relief une série d'actes blessants, les uns graves, les autres puérils. Je ne reproduirai que quelques faits en les appuyant de pièces authentiques.

Le 22 mai 1879, dix-huit mois avant que j'aie pensé à faire aucune démarche pour obtenir de M. le ministre des cultes la révocation de deux conseillers de fabrique, j'écrivais à Monseigneur la lettre suivante :

« Montreuil-Bellay, 22 mai 1879.

» MONSEIGNEUR,

» Depuis plusieurs semaines j'ai été fréquemment prévenu par mes confrères et par le bruit public que Mme X... se flattait d'avoir pris toutes ses mesures pour donner une preuve nouvelle de son dédain à son curé, et de son crédit à l'Évêché.

» Un baptême doit, dit-on, être fait dans sa chapelle. Monseigneur l'archevêque de Rennes présiderait la cérémonie, selon les uns, serait parrain selon les autres. La chose certaine, c'est qu'on se passera du curé.

» Or hier, M. de X... est venu m'apporter la pièce ci-jointe que j'ai l'honneur de remettre sous les yeux de Votre Grandeur, parce qu'elle est un commencement de preuves par les termes de son libellé, de la vérité des intentions attribuées à M*me* de X... Cette pièce, cette déclaration d'autorisation est adressée à moi, et dit *vous nous suppliez*. Or je ne vous ai point supplié, Monseigneur, par la raison que je n'ai point été mis à même de le faire et que je n'ai pas même été informé. — Déjà, on s'est parfaitement, quelque part, passé et moqué du curé.

» Hier, M. de X... m'a dit que Monseigneur l'archevêque de Rennes sera parrain nominatif, représenté par M. Mollet, prêtre habitué à Montreuil. La marraine sera M*me* de G..., sœur de M*me* de X... Et le bon, le très bon M. de X..., en m'exposant ce programme, m'a déclaré qu'il était entendu que le baptême, qui, d'après votre décision, Monseigneur, sera conféré dans sa chapelle, le serait non par moi, mais par mon vicaire.

» Vous êtes juge, Monseigneur, des permissions que vous accordez ; veuillez cependant me permettre d'appeler l'attention de Votre Grandeur sur la date du 8 avril que porte la pièce à moi remise par M. de X..., hier 21 mai.

» Le 18 avril, Monseigneur l'archevêque de Rennes devait *peut-être* venir ;

» Aujourd'hui, 21 mai, Monseigneur l'archevêque ne doit *point* venir.

» Il semble ne demeurer en fait de raisons de faveur, que la satisfaction des sentiments assez peu édifiants de M*me* de X... à l'égard du curé de sa paroisse.

» Depuis longtemps, j'avais la pensée de signaler à Votre Grandeur les inconvénients d'un privilège accordé à Mme de X... et aux personnes à qui il lui convient de le communiquer, de se confesser dans la chapelle du château de la Salle ; les voyages de confesseurs étrangers, fort honorables d'ailleurs, font dans ma paroisse un assez mauvais effet, pour que je croie utile de le dire à Votre Grandeur. D'autant que tout privilège manque le but de celui qui l'octroie quand il devient une arme d'opposition à l'autorité légitime.

» Quant au baptême, veuillez, Monseigneur, me dire ce que je dois faire. En tout cas embarrassant, le curé doit en référer à son évêque. J'attends la décision de Votre Grandeur. Il m'est superflu d'affirmer que je m'y conformerai ponctuellement.

» Daignez agréer, etc.

» *Signé* : J. Subileau, *curé.* »

Voici la réponse :

» *Nivoiseau*, en tournée pastorale, 23 mai 1879.

» Monsieur le curé,

» Pour des raisons qui m'ont paru suffisantes, et qui n'ont rien perdu de leur force, j'ai accordé à M. X... la faveur mentionnée dans le diplôme du 18 avril, et j'entends qu'elle sortisse son plein effet. Vous pouvez user de votre droit de curé en allant vous-même faire la cérémonie dans la chapelle du château de M. X... ; sinon ce sera à votre vicaire d'administrer le baptême.

» *Signé* : CHARLES-ÉMILE, *Év. d'Angers.* »

Comme on le voit, cette lettre, qui ne dit mot de l'archevêque de Rennes, affirme que les raisons de faveur persévèrent et n'ont rien perdu de leur force. Donc l'archevêque n'était qu'un prétexte. Selon les dires de Mme X..., selon ce qu'elle m'affirma elle-même le 16 septembre 1880, tout avait été concerté entre elle et Monseigneur l'évêque pour m'exclure du baptême et y trouver l'occasion d'une manifestation contre moi, par l'invitation de tout le clergé du pays.

Contrairement à leurs espérances, je m'élevai au-dessus de leur petit complot. J'allai faire le baptême, et, cette fois, le coup fut manqué.

Voici un autre fait avec pièces authentiques, arrivé un mois avant la moindre démarche de ma part près du ministre des cultes.

Madame X... était venue à la sacristie me déclarer qu'elle entendait désigner elle-même le prêtre qui ferait faire les pâques aux enfants de ma paroisse, sous peine de n'avoir point ses fils au catéchisme. Comme son ton était extrêmement exalté, je la priai de m'écrire le lendemain une lettre calme, en termes acceptables, à laquelle je pourrais répondre.

Voici sa lettre.

« La Salle, 17 septembre 1880.

» MONSIEUR LE CURÉ,

» C'est au sujet de la première communion de nos enfants que je vous adresse cette lettre, pour vous confier nos désirs à cet endroit, espérant que vous voudrez bien les comprendre et les agréer.

» Félix a déjà dix ans et demi, Frédéric en a neuf et trois mois. Nous avons l'intention de les faire élever par les Révérends Pères dominicains d'Arcueil, et nous pourrions parfaitement attendre leur entrée dans cette maison, laquelle aura lieu l'année prochaine, pour la leur faire faire, puisque l'âge est douze ans dans le diocèse de Paris. Cependant je préfère qu'ils fassent cette grande action cette année, parce qu'ils sont assez développés pour la comprendre, et qu'ils le désirent si vivement que je ne me crois pas le droit de retarder cette grâce et leur bonheur.

» Mais je voudrais obtenir de vous, Monsieur le curé, deux faveurs : la première, qu'ils continueront à se confesser à leur confesseur habituel qu'ils aiment, qui a toute influence sur eux et qui les connaît à fond, M. l'abbé Branchereau.

» La seconde, que vous voudrez bien permettre que ce soit le R. P. Trophime, dominicain de la maison d'Angers, qui les prépare à leur première communion par la retraite d'usage, dont tous les frais, bien entendu, seront à notre charge.

» Je ne crois pas en vous demandant ces deux grâces, Monsieur le curé, vous paraître trop exigeante. Comme nous, sans doute, vous ne désirez que le plus grand bien de ces âmes d'enfants qui vous sont confiées. Je vois pour les nôtres dans la continuation de leur direction par le prêtre qui les confesse depuis si longtemps une unité et une suite très désirables et des plus salutaires. Et dans cette retraite prêchée par un religieux qu'ils connaissent et qu'ils aiment aussi, et dont l'habit seul impressionne et est une éloquente prédication, je reconnaîtrais une grâce immense de piété et de recueillement dont je vous serais éternellement reconnaissante, ainsi que M. X... qui, en tout ceci, pense absolument comme moi.

» Veuillez, Monsieur le curé, recevoir l'assurance de mes sentiments religieux et distingués.

» Signé : C^e VIALART de MOTIGNY,
» Vicomtesse de CAQUERAY. »

J'écrivis la réponse suivante :

« Montreuil-Bellay, 18 septembre 1880.

« MADAME LA COMTESSE,

» Jeudi 16 septembre, vous êtes venue après ma messe à la sacristie m'exposer que votre fils aîné devant rester encore cette année à l'école des frères de Montreuil, serait appelé, vu son âge et son avancement, à faire sa première communion dans notre église paroissiale.

» Toutefois vous désiriez qu'il continuât à se confesser, comme vos autres enfants, à un prêtre étranger à la paroisse, et qu'il fût préparé à la communion par un religieux de votre choix, lequel, à vos frais, présiderait à la retraite accoutumée et en donnerait tous les exercices, ainsi que ceux du jour de la communion.

» J'eus l'honneur de vous répondre, madame, que j'étais toujours désireux de vous être agréable, mais qu'il m'était impossible de dire, dès ce moment, qui prêcherait l'année prochaine la communion des enfants et la retraite qui la précéderait.

» Vous insistâtes, madame, pour une réponse à bref délai, à votre double demande, attendu que si je ne prenais pas l'engagement de me conformer à votre volonté, votre fils ne ferait point ses pâques dans mon église.

» Je crus devoir vous faire observer qu'aucun curé ne pouvait accepter de telles conditions. J'ajoutai que je ne vous avais jamais fait d'observation sur ce qu'il y a pour le moins d'insolite à mener vos enfants à confesse à Saumur ; et que je n'entendais pas plus que par le passé, user de mon droit qui vous semblerait une entrave à la liberté de conscience de votre fils ainé, même pendant la carrière du catéchisme, même pendant la retraite préparatoire à la première communion ; mais que je me réservais absolument de faire ou de faire faire les exercices de la retraite et de la première communion.

» S'il en est ainsi, répliquâtes-vous, mon fils fera sa communion chez les Dominicains d'Arcueil, dans deux ans.

» La conversation engagée avec le curé, sur le curé, sur ses devoirs, sur l'administration de sa paroisse, sur ses sermons, et bien d'autres choses, continua ; et je dois vous rendre cette justice, madame, que vous n'y avez pas manqué de franchise.

» Cette fois vous ne m'avez point fait dire par d'autres que je perdais la religion à Montreuil ; que ma présence y était à cet égard un malheur peut-être irréparable ; et que chaque jour vous adressiez à Dieu une prière spéciale et fervente pour avoir un autre curé. Vous vous êtes empressée d'ajouter que vous ne me détestiez point, que vous regrettiez singulièrement que nos relations fussent rompues; mais que la piété disparaissait, que les communions diminuaient d'une manière effrayante, et que bientôt l'assistance aux offices serait nulle; que mes instructions étaient dirigées contre le petit nombre de chrétiens que possédait encore cette paroisse, etc. etc. etc.

» Déjà le 6 janvier 1878, après une allocution que j'avais faite en chaire à l'occasion du renouvellement de l'année, vous aviez cru devoir m'écrire une lettre, vrai monument, que je garde précieusement, et dans laquelle vous me tanciez avec une verve héroïque et un ton que le pape hésiterait à prendre.

» A pareille époque, en 1879, en me voyant paraître en chaire, vous vous êtes levée, votre livre à la main; vous avez traversé lentement l'église, vous êtes sortie pour ne rentrer qu'après l'instruction. Tout le monde a compris l'autorité, la majesté que vous entendiez donner à votre protestation. On s'est étonné, toutefois, de vous la voir entreprendre sans savoir ce que je dirais.

» Persuadée que je suis ici comme le fléau de Dieu, vous mettez un zèle en rapport avec votre tempérament, à détruire l'autorité nécessaire à tout curé pour faire le bien. Comptez, si vous le pouvez, le nombre des personnes à Montreuil, à Saumur, dans les châteaux du voisinage, parmi mes confrères, à qui vous avez cherché avec une violence et une persévérance que le bon Dieu n'approuve peut-être pas, à faire partager vos idées, et à en déduire toutes les conséquences. Directement, et par des amis, vous n'avez rien négligé pour les faire admettre même, et surtout, à l'évêché, et d'après vos dires, vous y avez eu quelques succès. Je ne puis douter, puisque vous me l'avez ainsi expliqué jeudi dernier, que Monseigneur l'évêque ne soit entré dans vos vues au sujet du baptême de votre dernier enfant. Toutes les faveurs qu'il vous accorde, la permission de faire venir à votre discrétion tous les confesseurs dans votre chapelle, l'empressement prétendu avec lequel il accueille

vos plaintes sur le curé qu'il aurait le regret de vous
avoir donné, tout cela indiquerait que Monseigneur
Freppel lui-même n'aurait pas échappé à la séduction de
vos doléances. Le bon Dieu, en effet, vous a donné, madame, de la foi, de l'esprit, une grande facilité de paroles,
une situation élevée à Montreuil, un mari que l'on a
toujours été accoutumé à respecter et à aimer. Ce qui
serait une indignité dans une femme du commun, vous
savez le faire admettre comme une marque de zèle pour
la gloire de Dieu.

» Avec cela, vous étiez appelée à faire beaucoup de
bien, et permettez-moi de vous le dire, puisque je suis,
quoique bien malgré vous, votre curé, il ne vous faut
pour l'accomplir qu'un peu d'humilité. Si vous acceptiez le
conseil que j'ai la témérité de vous donner, vous ne ver-
riez plus aussi souvent dans mes sermons ce qui n'y est
pas ; vous ne seriez plus aussi certaine que l'assistance
aux offices disparait, bien que la fabrique ait fait la dépense de 40 nouvelles places, toutes aussitôt affermées ;
vous ne seriez plus autant scandalisée de la diminution
des communions, en vous apercevant que vous êtes
encore dans la communion fréquente.

» Je vous ai engagé à consigner dans une lettre dont
vous garderiez copie, la demande par laquelle avait commencé notre entretien, en vous disant que vous auriez
dans ma réponse un exposé qu'il vous serait libre de
communiquer à qui bon vous semblerait. Votre lettre,
madame, est moins exclusive que votre langage, elle ne
mentionne point la sanction que vous donnerez à mon
refus d'accepter le prêtre que vous désignez pour la
communion des enfants. Est-ce de votre part changement de résolution, ou bien auriez-vous jugé inutile de
revenir sur une menace que vous m'avez assez fortement
accentuée ? Si, comme je le crois, vous tenez à cette
clause qui a amené notre conversation de jeudi, je dois
vous dire qu'en présence de votre disposition d'esprit, je
m'exposerais devant tout homme raisonnable à passer
pour un insensé, si je m'engageais à introduire dans mon
église un prédicateur imposé par vous.

» J'arrête ici cette longue lettre, et je résiste au besoin d'exprimer des plaintes plus vives qui vous blesseraient probablement, et dès lors manqueraient leur but. A certains égards, je regrette même de vous avoir conseillé de m'écrire en m'engageant à vous répondre, et d'avoir été ainsi amené à appeler votre attention sur l'attitude que vous avez prise, et dont vous vous glorifiez, vis-à-vis de votre curé. Jeudi, vous m'avez répété que vous ne pliez jamais, que vous ne vous soumettez jamais, et que le seul moyen d'avoir raison avec vous, c'est de se soumettre et de vous prier.

» Comme curé je ne le puis faire ; comme homme je vous dirais volontiers : Madame, laissez votre curé accomplir selon les petites lumières que Dieu lui a données, le ministère que Dieu lui a confié ; c'est à Dieu, et non à vous, qu'il en doit rendre compte. Confiez, si cela vous plait, à d'autres prêtres la direction et le soin de votre âme et des âmes de vos enfants. Mais arrêtez-vous là....

» La médisance ne devient point une vertu en passant par vos lèvres.

» La calomnie ne s'atténue point quand une grande dame s'en fait l'écho.

» Les bonnes œuvres n'acquièrent point un surcroit de mérites, par cela qu'on s'en fait des instruments d'opposition à son curé.

» Dieu ne tire point gloire, ni le prochain édification, du vide que ceux qu'il a comblés de ses dons s'efforcent de faire autour du pasteur qu'il a placé à la tête du troupeau.

» Ne vous constituez pas juge des moyens que votre curé a mission d'étudier et de prendre pour accomplir le bien.

» Acceptez le bien, lors même qu'il est poursuivi par des voies qui ne sont pas celles que vous aviez rêvées, que vous comprenez, que vous voulez. Croyez qu'il peut y avoir, dans les desseins de Dieu, un bien à faire ailleurs que chez vous, autrement que par vous, même au rebours de vos appréciations et de votre jugement.

» Pour tout dire, restez ce que Dieu vous a faite, simple paroissienne, simple fidèle, humble membre du troupeau.

» Alors, mais alors seulement, vous aurez la paix ; et même à vos yeux, le curé fera quelque bien.

» Daignez agréer, etc.

» *Signé* : J. Subileau, *curé.* »

J'avais écrit cette lettre tout d'une haleine. En la relisant je crus devoir attendre au lendemain à l'envoyer. Dans notre très longue conservation à la sacristie, madame X... avait été presque jusqu'à la fin insolente. J'avais eu la chance d'être toujours poli, calme, digne, je dirais même paternel. La lettre ne reflétait point le ton, l'attitude de la veille. Il y avait de l'embarras, presque de l'humilité. Sa lettre ne ressemblait absolument en rien à celles dont elle m'avait quelquefois gratifié, et qui étaient de véritables monuments d'insolence et d'orgueil. Aurait-elle été touchée de ma modération ? Y aurait-il chez elle un désir, si léger qu'il fût, de rapprochement ? — Je m'efforçais de l'espérer. La lettre que je venais d'écrire me parut empreinte de causticité et de nature à irriter cette femme dont l'orgueil fortifié encore par l'empressement de Monseigneur l'évêque à souscrire à toutes ses fantaisies, ne pouvait jamais convenir, même vis-à-vis de soi, qu'elle pût avoir tort.

Je serrai ma lettre dans mon secrétaire ; et si je l'ai reproduite dans cet écrit, c'est parce qu'elle me semble très utile pour éclairer le caractère de madame X... et les actes de Monseigneur Freppel, en regard des miens.

Le lendemain, j'envoyais les lignes suivantes :

« Montreuil-Bellay, 19 septembre 1880.

» Madame la comtesse,

» J'avais fait hier une longue réponse à la lettre que vous m'avez fait l'honneur de m'écrire avant-hier.

» Après réflexion, je prends le parti de ne pas vous l'adresser. Peut-être y trouveriez-vous quelque chose qui vous contrarierait, et que toutefois je n'y ai mis que pour maintenir ce que je crois être mon droit, et remplir un devoir.

» A l'aurore d'une entente que je désire vivement voir se développer et se perpétuer, si vous le voulez bien, nous laisserons les choses en l'état, au sujet de votre demande.

» La Providence, quand le temps sera venu, arrangera tout au mieux des intérêts du bon Dieu. Elle a souvent trouvé des solutions plus difficiles.

» Agréez, etc.

» *Signé* : J. Subileau, *curé*. »

Cette modération, ces procédés paternels, ces précautions poussées à l'extrême envers une nature orgueilleuse et irritable, furent suivis :

1° D'une insulte sanglante que m'infligea madame de X... quelques mois plus tard, en faisant sortir du catéchisme ses enfants, un dimanche où je remplaçais mon vicaire ;

2° D'une lettre de huit pages, remplie d'infamies, que j'ai reçue de madame de X... ;

3° De l'approbation et de la consécration de cette injure par Monseigneur l'évêque, en autorisant madame de X... à faire faire la communion de ses enfants dans e autre paroisse (Mémoire du 4 mars) et, cette année, à leur donner la confirmation à Fontevrault, chez le curé, qui me fait la plus stupide opposition, la veille du jour où ce sacrement était conféré à Montreuil ;

4° Des paroles horribles par lesquelles Madame de X... a essayé de m'écraser le dimanche 12 février 1882, paroles qui constatent en Monseigneur Freppel une absence incroyable de sens moral (Mémoire du 4 mars).

J'ai parlé dans mon Mémoire du 4 mars, des procédés d'un prêtre de 25 ans, du diocèse de Laval, précepteur des enfants de Madame de X..., et des propos qu'il m'avait tenus le dimanche 22 janvier 1882.

Je lui adressai le 10 mars 1882 le billet suivant :

« Monsieur l'abbé,

» Le curé de Montreuil croit vous avoir laissé le temps suffisant pour lui faire vos excuses du langage que vous lui avez tenu le 22 janvier.

» Il regrette que vous n'ayez pas compris qu'on ne va pas chez les gens à qui l'on dédaigne de parler, et qu'on affecte de ne pas saluer, même chez eux.

» Il vous invite à ne plus mettre les pieds dans sa sacristie, et à ne plus paraître en habit de chœur dans son église.

» Copie de ce billet est envoyée sans commentaires à Monseigneur l'évêque de Laval.

» *Le curé de Montreuil-Bellay,*

» *Signé* : J. Subileau. »

Ce billet a produit son effet naturel. Monseigneur l'évêque d'Angers a tenu à donner au jeune précepteur une marque de satisfaction et de confiance, en lui conférant les pouvoirs de confesser dans la chapelle du château de la Salle, et d'administrer les sacrements. Entre autres preuves en voici une que ce Monsieur a saisi l'occasion de me fournir.

« Monsieur le curé,

» Hier au soir, avec l'autorisation de Monseigneur l'évêque, Monsieur le comte X..., dangereusement malade, a reçu le saint Viatique, dans son château de la Salle.

» Votre très humble serviteur en Jésus-Christ.

» *Signé* : Mauçon, *précepteur*. »

Je dois faire remarquer ici que l'acte autorisé par Monseigneur l'évêque est essentiellement réservé au curé, c'est une acte curial, et absolument distinct des pouvoirs de confesser et autres souvent donnés par les évêques.

Aussi ce jeune homme de 25 ans me rencontrant assez souvent dans les rues de *ma* paroisse, moi curé, moi prêtre depuis plus de 40 ans, se sent-il assez fier de la confiance de Monseigneur l'évêque et de l'appui de Madame X..., pour affecter de passer la tête haute et de ne pas me saluer.

Et chaque semaine les religieuses qui tiennent l'école libre à Montreuil dans une maison fournie par madame X..., lui font la gracieuseté, par reconnaissance ou par ordre, d'aller et de mener leurs grandes élèves se confesser au précepteur dans la chapelle du château ; dans cette chapelle sont conviés les prêtres du pays en raison de l'opposition qu'ils me font ; l'évêque s'obstinant à ne pas donner de vicaire à la paroisse, y pourvoit pour la convenance des personnes amies de la dame X..., en faisant de sa chapelle une petite église échappant au curé, mais non à la direction de la châtelaine.

Plus tard, ce bon précepteur se présenta d'autorité au

presbytère, réclamant de la part de Monseigneur les saintes huiles pour conférer le sacrement de l'extrême-onction à M. de X... Je les lui confiai.

Si j'en crois les affirmations de quelques serviteurs, M. de X... m'aurait réclamé avec instance, et on l'aurait laissé mourir sans tenir compte de ses désirs.

Monseigneur Freppel proclame aujourd'hui d'un cœur bien léger pour un évêque qui a charge d'âmes, qu'il ne s'occupe ni de Montreuil ni du curé de Montreuil, dans ce sens qu'il veut que le public sache qu'à ses yeux le curé de Montreuil est hors la loi ecclésiastique, hors la voie sacerdotale, frappé d'indignité, presque excommunié.

Sa Grandeur en tournée de confirmation au mois d'avril dernier, dans mon canton, et obligée de passer au chef-lieu où Elle aurait dû, d'après les usages et la raison, faire une halte d'un jour, a voulu ne paraître qu'à l'église, et juste le temps requis pour confirmer les enfants. Elle s'est appliquée à affecter de me témoigner un suprême dédain, à ne pas me parler, à ne pas me répondre, et, en multipliant ses gracieusetés pour certaines personnes, à porter au comble le scandale de mes paroissiens.

Monseigneur Freppel poursuit sur moi un plan d'assassinat qui échappe au code pénal.

Et pourtant, ai-je jamais manqué dans mes relations avec Sa Grandeur, dans mes paroles, dans mes lettres, de respect, de soumission filiale et empressée ? Ai-je jamais manqué à mes devoirs de prêtre, de curé, d'homme d'honneur et de conscience.

Lorsque j'eus reçu ma nomination au canonicat honoraire de Saint-Denis, je m'empressai de lui adresser la lettre suivante :

« Montreuil-Bellay, 23 juin 1882.

» Monseigneur,

» Un décret présidentiel du 16 juin me confère le titre de chanoine honoraire du second ordre de l'insigne chapitre de Saint-Denis.

» Je suis sans doute bien flatté de cette distinction, et des prérogatives qu'elle entraine ; mais je ne suis pas moins heureux d'y saisir l'occasion, dans les circonstances présentes, de vous affirmer, Monseigneur, mon intention bien sincère de vous être toujours soumis, et mon grand désir que Votre Grandeur daigne mettre fin à des rigueurs, lesquelles donnent, il est vrai, satisfaction à des gens qui ont surpris sa bonne foi, mais nuisent beaucoup aux véritables intérêts religieux de cette paroisse et de ce pays.

» Daignez, etc.

» *Signé* : J. Subileau, *curé*. »

Bien entendu qu'aucune sorte de réponse n'a été faite à cette lettre. Seulement, à la nouvelle de la faveur dont j'étais l'objet, un plus grand nombre de mes confrères, en vue de se conformer à la volonté connue de l'Évêché, se sont empressés de briser ostensiblement avec moi. Bien que j'aie reçu l'institution canonique dans la basilique de Saint-Denis, selon le rit établi par les constitutions apostoliques, je suis regardé comme un mécréant, je suis un renégat ; mes insignes de chanoine de Saint-Denis sont la livrée de l'apostasie. Je suis, comme le chapitre auquel je suis digne d'appartenir, vendu au gouvernement persécuteur de l'Église.

A la réunion qui a suivi ma nomination, la majorité des prêtres de mon canton m'a déclaré déchu de la présidence de nos conférences cantonales, bien que jusqu'à

cette année jamais on ait paru penser à un autre qu'à
moi, et que j'aie toujours été président par acclamation ;
et en ma présence, le plus jeune, qui en même temps a
été recommandé publiquement par Monseigneur à son
passage à Montreuil, a proposé d'écrire le jour même
à l'évêché pour y porter la bonne nouvelle de l'acte accompli.

Pour Monseigneur Freppel, tout disparaît devant la
vengeance à tirer d'un curé qui a le malheur, en ne le
suivant pas dans une voie réprouvée par le Souverain
Pontife et par l'ensemble des évêques de France, d'être
considéré comme un ennemi.

L'intérêt des âmes n'est plus rien. Le but à atteindre,
c'est la fin du curé, d'abord en le tuant moralement,
ensuite en le tuant physiquement sous le poids des fatigues ou des ennuis.

Par force majeure, par impossibilité, vu mon âge et
mon peu de forces, les instructions manquent à la grand'·
messe, tous les dimanches. Les catéchismes qui vont
s'ouvrir prochainement réclameront, en regard des lois
nouvelles, une préparation, une application, un temps,
un zèle tout particuliers, et seront, malgré moi, négligés
et presque nuls. Les fidèles seront de plus en plus privés des secours spirituels qui leur sont dus et dont Monseigneur Freppel n'a point le droit de les dépouiller,
qu'il a le devoir impérieux de leur assurer.

Cela viendra quand le curé ne sera plus.

Alors Monseigneur Freppel, au nom de l'Église vic-
torieuse en sa personne, installera à Montreuil-Bellay
un curé et des vicaires qu'il présentera comme devant
réparer le mal passé, et qui auront pour mission spéciale
d'être agréables aux personnes agréables à Sa Grandeur.

XLIII

NOTE, FIN D'OCTOBRE 1882

Chacun déduit en pratique les conséquences de ses convictions. Convaincu que le prêtre doit demeurer étranger aux compétitions de la politique, je ne m'en occupe point, je vois passer les luttes électorales et je n'y prends pas part ; je limite mon action à l'église, et dans mes relations avec mes paroissiens, à la mission que j'ai reçue de Dieu, et qui est assez importante pour absorber toutes mes facultés. J'ai charge d'âmes et c'est assez. Je me soumets aux gouvernements établis. Je m'applique à maintenir avec les hommes qui les représentent, à tous les degrés de la hiérarchie, les rapports de convenance, de déférence, de respect, d'où résulte l'entente possible, et qui écartent les conflits, les irritations et le mal ; et je suis assez heureux pour pouvoir rencontrer à peu près toujours un concours empressé, là où mes supérieurs et quelques-uns de mes confrères, agissant sous l'influence de principes opposés, se heurtent à une raideur trop naturelle et trop évidemment provoquée, pour qu'ils ne doivent pas en endosser la responsabilité, au moins en proportion de leur habitude connue d'hostilité.

Et mes supérieurs et mes confrères me considèrent comme un renégat, comme le prêtre de scandale, et ils s'éloignent de moi avec l'affectation d'hommes qui redoutent d'être contaminés par la lèpre ou la variole ; et ils crient au peuple, par tous les moyens dont ils disposent, que je suis un loup dans la bergerie, que j'ai abandonné les intérêts de Dieu, que je suis le courtisan du mal..... Et l'évêque et le supérieur du séminaire font écrire à tous mes confrères l'ordre de s'abstenir de toutes relations avec moi.

Aujourd'hui, on se plaint de la suppression du traitement de quelques prêtres. Loin de moi de juger et de
qualifier une mesure qui établit ce qu'on appelle les victimes de la puissance civile. Mais il y a entre ces victimes et les victimes ou la victime de Monseigneur
Freppel cette différence : Les premières ont aux yeux
des fidèles l'auréole du martyre; l'autre est marquée du
stigmate de l'indignité.

NOTE PRISE LE 4 NOVEMBRE 1882.

Un desservant de ce pays dinait, il y a une dizaine de
jours, à près de trente lieues d'ici, en compagnie de
prêtres du diocèse de Nantes et du diocèse de Luçon.

Apprenant que cet ecclésiastique appartenait à
l'Anjou, les prêtres Nantais et les prêtres Luçonnais
s'empressèrent de lui demander des détails sur le *scandale du diocèse d'Angers*, sur le misérable curé de
Montreuil-Bellay, l'homme vendu au gouvernement, et
dont la conduite immonde obligeait Monseigneur Freppel à priver la paroisse d'un vicaire, pour ne pas exposer
un prêtre à se perdre avec lui.....

« Montreuil-Bellay, le 14 décembre 1882.

» MONSIEUR LE CURÉ,

» J'ai l'honneur de vous prier de vouloir bien me mettre
à même de répondre au passage ci-après d'une lettre que
M. le préfet m'a adressée le 12 courant:
» Veuillez également me faire connaitre quel est pour
» Montreuil le prêtre mandataire cantonal, par l'entre-
» mise duquel les souscriptions personnelles des prêtres
» ou les sommes dues par les fabriques à la caisse des

» retraites, sont transmises au trésorier de ladite
» caisse.

» Recevez, monsieur le curé, l'assurance de mes sentiments bien affectueusement dévoués.

» *Le président du conseil de fabrique,*
» *Signé* : MACÉ. »

« Montreuil-Bellay, 14 décembre 1882.

» MONSIEUR LE PRÉSIDENT,

» Le collecteur dans chaque canton des souscriptions
des prêtres et des fabriques pour la caisse des retraites
ecclésiastiques est le président des conférences cantonales, c'est-à-dire le curé du canton, quelquefois élu en
vertu d'un règlement tombé en désuétude, et presque
toujours proclamé par acclamation. Jusqu'à cette année,
mes confrères, à l'unanimité, m'avaient fait président de
la conférence du canton de Montreuil, malgré la pression
tentée par l'Évêché, l'année dernière, sur plusieurs. Mais
au mois de juin dernier, quand ma nomination de chanoine de Saint-Denis a été connue, la majorité des
prêtres du canton, parmi lesquels se distinguaient le curé
de Méron et celui d'Epieds comme les plus ardents, me
déclara déchu de la présidence, qui fut acceptée avec empressement par M. le curé de Brézé.

» C'est donc le curé de Brézé qui doit désormais recevoir et transmettre à l'évêché la collecte du canton pour
la caisse des retraites et autres œuvres.

» Je crois devoir joindre à la présente lettre, en vous
priant de les transmettre à M. le préfet :

» 1° Le reçu pour solde et règlement de tous comptes
que m'a délivré le secrétaire de l'évêché ;

» 2° Les reçus du secrétaire de la caisse des retraites
pour la cotisation de la fabrique en 1880 et 1881, et de
la mienne pour 1881 et 1882. J'ai cru qu'il était de ma
dignité de faire ces versements directement à l'évêché,
et non à celui (mon ancien condisciple) qui a eu la plati-

tude d'accepter la présidence dans les conditions où elle lui avait été offerte,

» Recevez, monsieur le président, etc.

» *Signé :* J. Subileau, *curé.* »

On dit généralement que je suis un prêtre révolté, que je suis en révolte ouverte contre mon évêque ; c'est pour ce motif surtout que mes confrères ont reçu avis, puis ordre, de s'éloigner de moi, et de m'abandonner comme un malade désespéré, de faire le vide autour de moi comme autour d'un lépreux. Si je suis bien informé, c'est en faisant valoir mon état de révolte indéniable que le supérieur du grand séminaire fait appel à la conscience des prêtres, par voies directes et indirectes.

Or le mot *révolte* implique une idée d'hostilité ouverte, déclarée. Aussi un *prêtre angevin* qui a eu la prudence de ne pas signer une lettre adressée aux journaux de Paris et d'Angers, a trouvé moyen de me signaler dans une phrase si transparente que tout le monde m'y voit, comme un curé qui, *en raison de son hostilité à son évêque*, s'est attiré quelque haute faveur du gouvernement (novembre 1882).

Quant à cet insulteur anonyme, il est encore plus insulteur du gouvernement que de moi, puisqu'il déclare que c'est *en raison* de mon hostilité à mon évêque, que je me suis attiré une haute faveur du gouvernement. Comme le gouvernement a dédaigné ce *prêtre angevin* insulteur anonyme, je l'ai dédaigné aussi.

Mais si je suis révolté contre mon évêque, si je suis en hostilité avec mon évêque, je déclare en toute sincérité que je ne sais pas pourquoi ni en quoi, et que je crois être, que je crois avoir toujours été parfaitement soumis à mon évêque. Je déclare hautement que si l'on peut me dire en quoi je suis révolté, quel acte d'hostilité j'ai commis, je suis prêt à faire toute réparation, toute rétractation, toute soumission.

Dans toute question de foi, dans toute question de morale, dans toute question de culte, dans toute question de discipline, ai-je été jamais seulement en dissentiment avec mon évêque ?

Un curé révolté contre son évêque !!! Et l'Église le tolérerait ! Et monseigneur Freppel ne l'écraserait pas !

Est-ce parce que monseigneur Freppel fait à ses prêtres une obligation *sub gravi* d'employer tous leurs moyens pour faire triompher les candidats choisis par lui aux élections parlementaires, départementales, municipales?

Dans cette question, je ne suis point révolté contre lui, mais je m'abstiens. Et ma conscience, oblitérée peut-être, ne se soulève pas ; je n'ai pas de remords.

Est-ce parce qu'en présence de tous les obstacles mis au fonctionnement de l'administration temporelle de la paroisse, directement par un ou deux membres de la fabrique, et indirectement par Monseigneur Freppel qui les encourageait, je me suis adressé au ministère des cultes pour obtenir le déblaiement du chemin, la possibilité des moyens, la mise à même de remplir les obligations de la charge que m'avait donnée, que me maintenait, que ne me contestait pas monseigneur Freppel, et d'accomplir le ministère sacré, de conférer les sacrements aux âmes que monseigneur Freppel m'avait données à éclairer, à sanctifier ; et cela au moyen des ressources du culte qui m'étaient refusées par la fabrique, telle que Monseigneur Freppel la connaissait, l'inspirait, la dirigeait ?

Est-ce pour cela que je suis un prêtre révolté contre mon évêque ?

Et en sollicitant de l'autorité seule compétente, admise
et proclamée par le droit civil ecclésiastique, par l'Église
et par l'État, non une faveur, mais l'écart d'un obstacle
à l'accomplissement de mon devoir envers Monseigneur Freppel lui-même ; en provoquant une mesure,
prise non contre lui, mais contre l'abus de lui-même,
contre l'erreur ou la passion qui le jetait hors de sa voie,
et entraînait ici scandale et péril des âmes :

Est-ce que j'ai fait acte de révolte ou d'hostilité ?

Et quand les religieuses de Sainte-Anne qui diri-
geaient nos établissements, inspirées par Monseigneur,
eurent par une série d'actes que je n'ai point à énumérer ici, fini par exaspérer le conseil de la commune,
et par lui faire prendre la détermination définitive et
irrévocable de leur enlever la direction de l'hôpital, et
de l'offrir à d'autres religieuses avec la seule réserve
qu'elles n'eussent pas leur siège dans le diocèse de
Monseigneur Freppel :

Ai-je fait acte de révolte et d'hostilité en usant de mes
moyens pour écarter l'idée d'une direction laïque, et
procurer à notre hôpital un service de religieuses ? Monseigneur Freppel n'a rien négligé pour faire échouer
nos négociations avec les ordres religieux très recommandables auxquels nous nous sommes adressés. Il y a
réussi. Grâce à lui nous avons une direction laïque ;
mais contrairement à ses espérances, les pratiques religieuses sont respectées à l'hôpital autant qu'autrefois,
et les sœurs de Sainte-Anne qu'il prétendait nous imposer, ne paraîtront pas de sitôt sur les ruines désirées
d'un établissement qui leur est à jamais fermé.

Et pourquoi donc suis-je un prêtre révolté contre
mon évêque ?

Si l'idée de révolte n'impliquait pas nécessairement

infériorité chez celui qui refuse d'obéir, je conviendrais que je suis révolté contre quelques personnes de ma paroisse fort accréditées près de Monseigneur ; mais enfin si je refuse obéissance à cette dame ou à ce monsieur, je ne suis pas, par ce fait, révolté contre Monseigneur mon évêque !

Qui est-ce qui oserait, de ma situation en face de ces gens-là, tirer une si énorme et si extravagante conséquence ?

Pouvez-vous me dire, monsieur Houbard, supérieur du grand séminaire, pourquoi je suis révolté contre mon évêque ??? .....

Le séminaire, n'est-ce pas l'asile des bons prêtres ? Tant que je l'ai pu, j'ai été l'ami, le bienvenu au séminaire ! Pendant les années de mon vicariat à Angers, j'y passais souvent mes récréations ; les directeurs étaient mes confidents et mes conseils. Aux jours d'épreuve dans ma vie de curé, j'allais puiser au séminaire les consolations, les forces spirituelles qui m'aidaient à les supporter ! Nous avions pour supérieur l'homme le plus humble, le plus saint, et l'un des plus doctes du diocèse, le bon père Desgarets ! Mon Dieu ! quelle charité, quel cœur de prêtre ! Il poursuivait deux modèles, saint Vincent de Paul et saint François de Sales. Sa devise était *ama nesciri et pro nihilo reputari*. M. Helly, qui le remplaça, fut également homme de Dieu. Je l'ai moins intimement connu, bien que j'aie eu avec lui autant de relations que les circonstances et l'éloignement le permissent. Je garde encore quelques-unes de ses lettres, empreintes comme son cœur, d'affection, de dévouement et d'humilité ! Qu'ils étaient loin ces saints, d'aspirer à être réputés tout conseiller et tout mener dans le diocèse ! *ama nesciri et pro nihilo reputari*. Rien ne rap-

pelait moins qu'eux *la mouche du coche !* Se seraient-
ils jamais pardonné de vouloir qu'on leur attribuât les
nominations, et qu'on dût être présenté par eux, sous
peine de ne point arriver ! Pour flatter la jeunesse sacerdotale et s'y constituer un parti, eussent-ils jamais sacrifié cette réserve professionnelle, cette discrétion qui
est une des qualités de l'homme d'honneur, et le devoir
le plus strict d'un supérieur ecclésiastique ? Auraient-ils
jamais établi comme axiome devant de futurs vicaires,
que les curés, pris dans la généralité, ne sont que des
fainéants, des joueurs, des ignorants, sans esprit sacerdotal, et que tout vicaire qui garde seulement les éléments théologiques de ses études au séminaire, est plus
apte à conduire les âmes que son curé ! Aussi sous le
gouvernement de ces hommes si sages, si pénétrés des
obligations de leurs charges, quel calme au séminaire !
quel esprit intérieur ! L'idée eût-elle jamais pu se concevoir de désordres comme ceux dont on cherche à effacer le souvenir, et qui ont porté une terreur et une humiliation si légitimes, à certaines époques, dans le clergé
d'Anjou !

Le séminaire n'avait rien du confortable et du luxe
d'aujourd'hui, et le jeune vicaire en arrivant chez son
curé n'avait point à regretter le bien-être que celui-ci
ne pouvait lui offrir ; mais il venait avec le sentiment
de l'infériorité de sa situation, et conséquemment avec
l'intention formelle d'être un auxiliaire soumis, respectueux, dévoué, et d'une dévotion aussi sincère et franche
que dépouillée d'exagération et de prétention. Il se tenait à son poste, toujours prêt au devoir, au ministère
extérieur, comprenant qu'il était là pour aider et remplacer le curé, et non pour que le curé fît le travail de
l'imprévu en remplacement du vicaire habituellement

sorti ou en voyage. L'obéissance du vicaire, alors, partait du cœur, de l'âme, du sentiment du devoir et de la supériorité du curé, et non du convenu, de l'obligation externe, étrangère à la conviction, et basée uniquement sur la nécessité et les exigences de position.

M. Desgarets et M. Helly n'auraient point parlé de moi comme vous le faites, Monsieur le supérieur. D'abord ils auraient eu la sagesse d'étudier une question qui intéresse l'honneur d'un prêtre et la religion dans le diocèse, pour ne pas être victimes d'une erreur. Si après étude approfondie, et sur le vu des éléments contradictoires d'examen, ils avaient conclu au bien fondé d'une accusation, ils auraient pris toutes précautions pour en soustraire la connaissance au travail d'imagination, aux discours, aux commentaires de jeunes gens qui ne pouvaient qu'en être distraits dans leurs études et fort mal impressionnés. Quel prêtre de l'Anjou aurait jamais eu l'idée de faire d'un des vénérables supérieurs qui ont dirigé le grand séminaire, ce portrait:

Bavard comme une écaillère, indiscret comme un inconscient, semblant hors d'état de comprendre jusqu'où le vaniteux peut aller sans froisser l'honneur, sans s'exposer à violer les dépôts confidentiels et sacrés, et provoquer le manque de respect à l'évêque même qui lui a donné sa confiance.

Je ne suis pas l'auteur de ce portrait, je n'en suis que l'éditeur.

Et si en supposant éclipse de leurs habitudes, si par faute d'examen, pour faire leur cour à l'évêque diocésain, sans souci du devoir de charité aussi strict pour un supérieur de séminaire que pour un simple fidèle, par besoin de bavarder, par habitude d'indiscrétion, prenant pour prétexte la nécessité de préserver les prêtres du contact d'un confrère gangréné, ils avaient travaillé pendant une année à perdre un curé du diocèse, en l'accusant à faux, en le calomniant à merci : ah ! ces hommes vraiment prêtres, vraiment remplis de l'esprit de leur état, ces saints se seraient jugés eux-mêmes, ils se seraient déclarés indignes ; ils auraient hâtivement quitté un poste souillé par eux, et seraient allés s'ensevelir à tout jamais dans la pénitence et la solitude.

Votre titre, votre dignité de supérieur du grand séminaire vous couvrent ; car ce poste suppose toujours un homme recommandable dans toute la bonne acception de ce mot.

Ma vie si agitée, si exposée à toutes interprétations, à tous soupçons, à toutes accusations, assure à vos calomnies crédibilité et triomphe.

Eh bien ! Monsieur le supérieur, malgré tout le désavantage de ma situation en face de la vôtre, je viens vous dire que vous êtes un calomniateur, et que je ne suis point, que je n'ai jamais été révolté contre mon évêque, et que votre devoir, selon l'application rigoureuse des principes de théologie que vous êtes tenu de comprendre et d'enseigner, est de réparer le mal que vous m'avez fait.

Parmi les preuves de l'habileté de Monseigneur Freppel, ce n'est pas une des moindres d'avoir pris pour champion de la haine contre moi, et pour héraut de ses reproches et de ses menaces, le supérieur du grand séminaire. Un prêtre ayant titre de supérieur du séminaire jouit près de ceux qui ne le connaissent pas personnellement, d'une autorité qui dérive de ses attributions, et on lui croit un ensemble de vertus et de qualités sacerdotales qui lui donnent autant de force qu'elles supposent de torts et de vices à un prêtre qui a le malheur d'être stigmatisé par lui. Il n'est pas de témoi.

gnage plus concluant contre un prêtre, que d'être publiquement répudié par le supérieur du séminaire diocésain, et d'être dans les conseils donnés intimement par
lui, dans la direction des consciences, proposé comme un
membre gangréné dont la prudence et la foi commandent l'éloignement.

Tout ce que je dis de Monseigneur Freppel a son
explication, puise sa raison d'être, sa justification dans
ce qu'il me fait. L'opinion que j'ai de sa personne, et
que j'émets dans cet écrit, se base sur ses actes dont je
suis victime. Et qui est-ce qui prétendrait que l'égorgé
est tenu de sourire à son assassin et de célébrer ses
vertus et sa générosité ? Qui est-ce qui oserait dire que
celui qui se défend d'odieuses et criminelles attaques,
doit respect à la personne, quelle qu'elle soit, qui prend
ses armes dans la supériorité de sa position, et se fait un
renfort de son autorité ?

Les précautions prises, l'habileté mise au service de la
calomnie caractérisent celui qui en est l'auteur et le pro-
pagateur.

Ainsi l'on ne dira plus directement à des prêtres dont
on redouterait l'indiscrétion : Faites le vide autour du curé
de Montreuil, c'est un révolté contre son évêque, il faut
le traiter en *excommunié*. On impressionnera les amis des
prêtres de mon canton, de mon voisinage, et on les pous-
sera à écrire confidentiellement à ceux-ci, qu'ils aient à
me fuir, sous peine des colères épiscopales, et d'être à
jamais privés de chance d'avancement. De trois frères
prêtres, deux sont vicaires à petite distance de chez moi.
M. le supérieur disait au plus éloigné de faire savoir par
l'un des deux autres au troisième qui, avec son curé,
entretenait quelques rapports avec moi, de s'en abstenir
absolument, qu'on eût à faire le vide autour de moi, et à

me traiter en excommunié. Et ce vicaire, depuis lors et à toute rencontre, m'exposait l'embarras de son curé qui désirait continuer avec moi les relations accoutumées, et qui ne le pouvait faire d'après tous les avertissements de ses amis, et particulfèrement du séminaire, qu'en renonçant à toutes chances d'avancement, et en s'assurant à tout jamais les disgrâces de Monseigneur Freppel. Et du séminaire venaient dans la paroisse de ce curé, et sans qu'on y découvrît d'autres motifs, des lettres qui félicitaient les paroissiens d'avoir un curé si méritant, et que la voix publique désignait pour la cure de Chollet dont le titulaire menaçait de mourir. Et quelques jours après, je recevais la lettre suivante :

« Le Puy-Notre-Dame, 23 décembre 1882.

» Monsieur le curé,

» Lundi dernier, à Saint-Macaire, j'ai prié M. le curé des Verchers de vouloir bien venir jeudi prochain confesser mes religieuses, et j'ai invité mon confrère de Saint-Macaire à dîner à cette occasion.

» Je ne puis donc répondre à votre invitation. Cette raison, hélas ! n'est plus la seule. On me fait savoir de l'Évêché que je n'aie plus à continuer de relations avec vous ; l'histoire de M. Houbard et celle de M. Mollet ont comblé, paraît-il, la mesure ; et Monseigneur a été outré d'apprendre que j'avais, dans un dîner donné chez moi, porté un toast à votre promotion au canonicat de Saint-Denis.

» Je prends mon cœur à deux mains pour vous écrire cela. Vous comprenez que je n'ai point à choisir ; du reste, vous ne le voudriez pas.

» Je n'ai, Dieu le sait, rien à vous reprocher à mon endroit, mais beaucoup à vous remercier de vos excellents procédés d'ami et de confrère : et je vous prie de vouloir bien agréer, **avec** mes regrets, l'assurance de mes respectueux sentiments.

» *Signé :* Cormeau. »

On sait qu'un journal demandait s'il **était** vrai que M. Houbard, supérieur du séminaire d'Angers, fût allé pendant les vacances réclamer au ministère des cultes la continuation des subsides largement accordés pendant de longues années, en déclinant toute solidarité d'action sur certaines questions avec Monseigneur Freppel. M. Houbard s'est défendu victorieusement de cette accusation dubitative, mais il n'a pas déclaré qu'aucun directeur de la maison ne se fût présenté de sa part.

Dans un dîner de confrères, il fut question en ma présence de cette démarche attribuée à M. Houbard. Presque tous les curés, au nombre d'une dizaine, se récrièrent, déclarant que quel que fût à leurs yeux le supérieur du séminaire, ils ne pouvaient croire à ce qu'on lui prêtait. Un jeune vicaire, assez récemment sorti du séminaire, et qui en toutes circonstances s'en référait aux dires et aux décisions du supérieur, lui attribuant une action toute-puissante dans la direction du diocèse, et une influence absolue sur la personne épiscopale, fut le seul à soutenir l'accusation dubitative du journal comme probablement fondée, et entreprit de le prouver par la connaissance personnelle qu'il avait de M. Houbard, et les faits qu'il rapportait.

Quant à l'histoire de M. Mollet, elle serait trop longue à exposer. Du reste, le public la connaîtra peut-être plus tard dans tous ses détails.

Et deux mois plus tard je prenais cette note.

XLIV

NOTE, 27 FÉVRIER 1883

Le desservant de Courchamp, canton de Montreuil-Bellay, sort de chez moi, et je note notre conversation.

— Je suis profondément peiné, Monsieur le curé, de la communication que je vais vous faire, car vous avez toujours été pour moi plein de bontés : j'ai défense d'avoir désormais avec vous aucune relation.

— Cette défense vient-elle de l'Évêché ?

— Oui, mais pas directement. J'ai d'abord reçu une lettre dans laquelle on me faisait savoir que telle était la volonté de Monseigneur, et qui m'était écrite, je crois, par ordre ou sous l'inspiration de M. le supérieur du grand séminaire. Cette lettre disait que si je continuais de vous voir, je ne vous ferais aucun bien, et je me ferais beaucoup de tort dans l'esprit de mes supérieurs. Puis, je suis allé à Angers et j'ai fait visite aux grands vicaires, dans la pensée qu'ils me parleraient de cela. Ils ne m'en ont rien dit. Sortant de l'évêché je suis allé chez M. Rogeron, chanoine, dont j'avais été vicaire quand il était curé à Challonnes, et que je ne manque jamais de voir à mes voyages d'Angers. — J'ai à vous faire une commission de la part de l'Évêché, me dit M. Rogeron. Il faut immédiatement cesser toutes relations avec le curé de Montreuil. En continuant de le voir vous ne lui feriez aucun bien, et vous vous feriez grand tort pour votre avenir dans l'esprit de vos supérieurs. — Mais si

M. le curé de Montreuil, malade, réclamait mon concours, comme cela est arrivé plusieurs fois, est-ce que
je devrais le lui refuser, et exposer ses paroissiens à
mourir sans les secours de la religion et à n'avoir pas
de prêtre pour les enterrer ?

— Monseigneur attend cela, reprit M. Rogeron.

Je sais que tous les prêtres du canton et des environs
ont reçu des lettres confidentielles, comme celle qui m'a
été adressée. Il n'y a plus que le curé de Cizay, qui ces
jours derniers n'avait encore rien reçu ; et c'est d'après
son conseil que je suis venu vous faire ces confidences
si pénibles, en vous priant de me conserver quand même
votre amitié.

NOTE, 28 FÉVRIER 1883

J'apprends que madame X... parcourt les maisons de
ses ouvriers et fournisseurs, pour apprendre au public
que Monseigneur Freppel a envoyé à tous ses prêtres la
défense écrite de conserver des relations avec moi.

Tous mes confrères s'abstiennent, par ordre, de relations avec moi. Celui d'entre eux qui était mon confesseur a pris peur comme les autres. — Il faut que j'aille,
pour me confesser, fort loin d'ici. — Étant seul, et en
présence des éventualités de baptêmes, d'accidents, de
malades, de mourants, de morts, fréquentes dans une
paroisse nombreuse, une absence d'un jour m'est fort
difficile. Je ne puis, depuis plusieurs années, assister à
la retraite ecclésiastique, car cela suppose cinq à six
jours hors de chez moi. Et d'ailleurs, quelle figure y
ferais-je ? A qui parlerais-je ? En me voyant, on passerait
au large. Je n'ai pas assez de vertu pour m'exposer à tant

d'humiliations, mais j'ai assez de foi pour rester fidèle à tous mes devoirs au milieu d'une telle persécution. Et si l'on avait compté, en me traitant ainsi, m'amener à infidélité, on se serait trompé. J'ai, du moins je le crois, d'autant plus de mérite devant Dieu, à être soumis à mes supérieurs, au moment où ils me calomnient et redoublent d'efforts pour me perdre, que je vois plus clairement leurs intentions, et que je comprends mieux ce qu'ils sont.

NOTE D'AVRIL 1883

Il convient de reconnaître des degrés à cet éloignement, à ce dédain, à ce mépris. J'ai beaucoup observé, et, j'ai sans difficulté, rangé en catégories les manifestations soit négatives, soit positives dont je suis l'objet. La plupart de mes confrères m'évitent afin de se soustraire à un embarras. Quelques-uns, en petit nombre, mais des plus remarquables par l'intelligence et l'honorabilité de leur vie sacerdotale, ont plusieurs fois saisi à la dérobée l'occasion de me consoler et de me témoigner leur affectueuse estime. Tous sont sous le poids de la terreur, et beaucoup sous l'impression que je suis révolté contre Monseigneur l'évêque. Cela a été tant dit ! tant écrit ! tant proclamé ! Aussi les jeunes, les vicaires, les professeurs des institutions diocésaines, se détournent-ils du chemin ou de la rue, quand j'apparais à quelques cents mètres. Ce qui m'a le plus frappé dans mes observations, c'est que certains prêtres notoirement connus comme incapables, ceux qu'en langage ecclésiastique on apppelle *minus habentes*, semblent me prendre pour le *loup-garou*. D'autres, pour des motifs que Dieu sait, peu riches de considération dans leurs paroisses et dans l'es-

prit de leurs confrères, promenant beaucoup le petit
bagage d'honneur qui leur reste sans parvenir à y faire
faire la boule de neige, se montrent pour moi absolument
dénués de pitié, et ne manquent pas une occasion de
m'accabler de leur dédain public, de leur mépris affecté.
Je comprends que le parti qu'ils en savent tirer en ra-
contant avec l'esprit dont ils disposent, les occasions, que
dans leur amour de l'Église, ils ont saisies pour protester contre moi, leur procure une bonne note, et les relève
quelque peu. Je leur pardonne bien volontiers de mettre
le pied sur moi pour s'élever, d'autant que si je puis leur
être utile ainsi, c'est sans mérite, ils ne me font pas de
mal...

Je ne sais pourquoi, en écrivant ces lignes, je cède au
plaisir de raconter une toute petite histoire.

Dans le courant de mars dernier, j'allais à Angers en
chemin de fer, lorsque, à la station de Juigné-sur-Loire,
la portière s'ouvrit pour donner accès à M. Tendron, desservant de cette localité. Celui-ci, un pied dans le wagon,
m'aperçoit dans un coin, recule d'horreur, et me lançant
un regard moins tendre que ceux qui lui sont si familiers
et si naturels : « Je n'entre pas là dedans, » s'écrie-t-il ;
et commande qu'on lui ouvre un autre compartiment.

XLV

La logique inexorable des faits qui domine toute autorité, toute grandeur, qui est en ce monde le langage
de Dieu, quelle que soit la plume ou la bouche qui l'exprime, parce qu'elle est la vérité :

Ne m'autoriserait-elle pas, ne m'obligerait-elle pas, moi infime, moi sujet toujours soumis de Monseigneur l'évêque d'Angers, mais sa victime,

A lui dire,

Non, avec des expressions respectueuses, parce que si respectueux qu'on soit pour la dignité, vient le moment suprême où l'on ne saurait plus respecter la personne, vu l'impossibilité de voiler sous les formes de l'expression la nudité de ce qui est ;

Vient le résumé des choses démontrées ;

Viennent les syllogismes ;

Viennent les conséquences absolues et brutales des faits, qui ne se peuvent traduire que par le langage précis, rigoureux, lumineux, inéluctable de la logique, de la vérité ; si blessant que soit ce langage, c'est le langage nécessaire, unique, le seul fruit venu de la semence, la lumière qui jaillit du choc des faits, l'expression qui s'imposerait à ma plume comme conclusion de ce que j'ai écrit, et qui me justifierait lorsque, m'adressant ici à Monseigneur Freppel, évêque d'Angers, j'oserais dire :

« Monseigneur,

» Vous dites hautement et vous m'avez fait écrire par un de vos grands vicaires, que je n'ai qu'à choisir un vicaire dans votre diocèse, et que vous lui donnerez les pouvoirs, *pourvu qu'il consente à le devenir.*

» Et quel est le prêtre *qui consentira,* après ce que vous avez laissé dire, fait dire, dit, dans le diocèse entier ? quand dans vos actes, et dans votre langage, vous m'avez représenté comme un prêtre indigne, comme un prêtre sur la tête de qui sont suspendues les foudres de l'Église ?

» Et si, par impossible, je rencontrais un prêtre aban-

donné, sans ressources, consentant à être mon vicaire ;
n'est-il pas évident qu'il me viendrait avec un cortège
de préventions, et qu'il serait excité à outrance contre
moi à Montreuil même, par les personnes qu'il aurait
l'ordre de fréquenter, et hors de Montreuil par les prêtres
à qui il serait recommandé, de telle façon que sa manière de faire serait pour moi non un secours, mais un
sujet de peines nouvelles ? N'est-il pas vrai que le moyen
certain de se recommander à l'Évêché serait de s'y faire
appuyer, lui aussi, par la dame X... et les siens ; de
combiner avec elle et quelques prêtres protégés par elle,
ses plaintes fondées ou non fondées, qui seraient transmises par M. le supérieur du séminaire ou par M. le
vicaire général Pessard à Monseigneur Freppel, et acceptées par Sa Grandeur avec empressement.

» Ces plaintes, pas plus que celles de M. l'abbé Cholleau, on ne voudrait les contrôler, crainte d'être forcé
d'en voir l'inanité, et aussi afin de se ménager le prétexte
d'agir contre le curé avec une sorte de conscience, et de
pouvoir dire, et se dire, après l'achèvement de la victime,
qu'on a eu le malheur d'être trompé.

» Vous vous êtes proposé, Monseigneur, et j'en atteste
vos actes et vos paroles, de rendre tout vicaire impossible à Montreuil, tant que j'y serais curé, et vous n'avez
rien négligé pour que cette cure soit prochainement vacante par ma démission forcée.

» A défaut de démission, vous espériez m'écraser sous
le poids du discrédit, et si je résistais au discrédit, sous
le poids de la fatigue.

» Vos paroles et vos actes posés comme prémisses,
donnent pour conclusion péremptoire, la poursuite de
ma mort morale et ma mort physique.

» Vous déclarez, Monseigneur, que votre pouvoir
d'évêque ne va pas jusqu'à obliger un prêtre à vivre
avec moi.

» *Votre pouvoir*, que vous prétendez ne pas excéder
en privant des secours religieux que vous êtes tenu de
leur fournir et auxquels ils ont un droit strict, une portion de vos enfants spirituels, dans l'unique but d'at-

teindre dans son honneur et dans sa vie, un curé, votre
fils aussi, contre qui vous ne sauriez relever aucun grief ;

» *Votre pouvoir* dont vous vous faites sans effroi,
vous docteur et pasteur d'un magnifique diocèse, un
poignard pour tuer l'un de vos prêtres, et lui porter le
coup de la mort avec assez d'habileté pour vous concilier
par là l'attachement des faibles, des illusionnés, pour
flatter l'ensemble de vos prêtres par l'appât du contraste,
en signalant votre victime comme une tache unique et
déshonorante sur le corps resplendissant du clergé diocésain, et en excitant contre cette victime la foi sincère, le
zèle, tous les nobles sentiments d'un corps sacerdotal qui
jusqu'ici ne vous a guère vu qu'au prisme de votre talent.

» Monseigneur, la passion, même dans un homme
splendidement doué par Dieu, conduit le raisonnement
à d'étranges conséquences, et fausse bien tristement le
jugement.

» Vous vous déclarez prêt à donner les pouvoirs de
vicaire au prêtre que j'aurai choisi, pourvu qu'il soit
consentant.

» Vous me donnez à moi que vous proclamez indigne,
que vous traitez en indigne, le droit que vous déclarez
n'avoir pas, de choisir parmi vos prêtres celui qui sera
sacrifié au péril presque certain de perdre sa foi et ses
mœurs.

» Vous déclarez n'avoir pas ce droit, et vous le tenez
à ma disposition !...

» Vous me proclamez indigne, et vous m'offrez de
faire dans votre clergé, en l'état où vous reconnaissez
et constatez les choses, une sélection qui exigerait la
délicatesse et l'inspiration d'un saint !

» Et comment, vous, père de vos prêtres, ayant
charge des âmes de vos prêtres, sacrifiez-vous à un
indigne, l'un d'eux, victime destinée à perdre sa foi et
ses mœurs !...

» Si je suis indigne, si un prêtre vivant avec moi est
exposé au péril presque certain de perdre sa foi et ses
mœurs, comment ne me frappez-vous pas avec les armes
que l'Eglise vous donne !...

» Si je suis indigne, pourquoi n'en donnez-vous pas
la preuve en face de l'Église?

» Votre charge vous le commande ;

» L'honneur de votre épiscopat le commande ;

» La conscience publique le commande ;

» Votre victime, si peu de chose qu'elle soit en face de
votre autorité, de vos talents, de votre renom, de votre
gloire, le commande ;

» La justice le commande ;

» Dieu le commande.

XLVI

Que de fois, hélas ! l'excès de la fatigue et des peines,
la maladie et les souffrances, conséquences d'une situation trop lourde pour les forces humaines, le sentiment
d'une responsabilité aussi terrible qu'exceptionnelle ; le
besoin impérieux de calme, de soulagement ; le désir de
jouir de quelques jours de repos sur les limites de cette
vie, et de me préparer dans la lucidité d'une conscience
moins agitée, à rendre à Dieu les comptes qu'il me
demandera bientôt : que de fois tout cela m'a-t-il donné
la pensée de quitter cette paroisse de Montreuil-Bellay,
et d'aller où la bonne Providence me mènerait, m'aban-
donnant à elle absolument, et donnant à Monseigneur
l'évêque d'Angers la satisfaction qu'il poursuit !

J'ai prié ; j'ai fait prier des âmes saintes ; j'ai consulté
des hommes à qui je croyais un jugement sûr et parfaitement éclairé.

De tout cela est résultée pour moi la conviction que
je dois continuer sur place l'immolation de moi-même,

et soutenir jusqu'à la mort ce qui est le droit, la justice, la vérité.

Le sort qui m'a été fait si souvent par Monseigneur Angebault et ses grands vicaires, aussi bien que celui que je subis de Monseigneur Freppel, a été depuis près de 40 ans une provocation continuelle aux dénonciations, aux interprétations, aux suppositions, aux calomnies. On était d'autant mieux accueilli à l'évêché qu'on y apportait contre moi des racontars plus compromettants. Je pourrais citer certains confrères qui ont refait à l'évêché leur situation justement compromise, par leur zèle à m'y décrier. Il y a quelques années, un membre du conseil épiscopal me questionna sur la moralité d'un confrère, en me confiant qu'il était, de ce chef, l'objet d'une grave accusation. Ma réponse fut favorable. « Vous me faites un grand bien, me répondit-on, car votre témoignage est décisif en faveur d'un homme qui vous a poursuivi autrefois avec tant d'acharnement. »

Je tiens à la disposition de Monseigneur Freppel les noms et les circonstances.

Un prêtre, qui a par ses talents, ses vertus et sa position, un nom en France, fut prié par moi de se renseigner en passant à Angers, il y a quelque vingt ans, et de me prévenir de ce que j'avais à faire pour obtenir quelques explications de Monseigneur Angebault. Ce prêtre me fit savoir que chaque semaine l'Évêché accueillait des plaintes de toute nature contre moi, mais que, vu la disposition de l'Évêché, il n'y voyait aucun remède.

J'ai eu deux fois seulement dans ma vie connaissance des délations faites à l'Évêché.

Un jour, Monseigneur Angebault, recueillant précipitamment un grand nombre de feuilles pour composer un dossier relatif à une affaire de fabrique très compliquée, y laissa une lettre anonyme où j'étais couvert d'infamies. Rendu chez moi j'y trouvai cette lettre, et je crus devoir, en honneur, la renvoyer immédiatement à Sa Grandeur. Quelques jours après, j'écrivis à l'évêché pour y signaler le nom de l'auteur qu'une circonstance m'avait appris et les motifs de sa vengeance.

Une fois, une seule fois dans ma vie, Monseigneur Angebault m'appela à l'évêché pour me demander éclaircissement sur des faits extrêmement graves dont j'étais accusé. Mes explications furent si lucides, mes preuves si convaincantes, que c'est à partir de ce moment qu'un retour vers moi se fit dans son esprit. Je garde plusieurs lettres qui attestent l'impression de Sa Grandeur, sur la calomnie par laquelle certaines personnes avaient pensé m'écraser.

Il m'est permis de croire que pendant 40 ans de sacerdoce, en présence des dispositions de Monseigneur Angebault et surtout de M. Bompois, la Providence m'a gardé de périls de plus d'une sorte.

Je suis dans ma 67e année d'âge,

  dans ma 42e année de sacerdoce,

  dans ma 33e année de cure.

On a vu que les épreuves ne m'ont pas manqué.

Est-il un prêtre dont la vie ait été plus examinée, plus interprétée, plus discutée, plus scalpée ?

Dieu m'a donné une grande foi et une grande énergie. Grâce à lui, mes peines ne m'ont pas été, je crois, sans profit. Je lui demande humblement, non qu'il y mette fin, mais qu'il me donne la force de les supporter jusqu'au bout. Je sens que je ne puis attendre longtemps.

Si, après de grandes hésitations, je me suis déterminé à donner au public connaissance d'une partie de mes

épreuves, et si je l'ai fait en style qui peint mon caractère, c'est que vient un moment où la manifestation de
la vérité est un acte de justice, et que cet acte, tout en
entrainant des inconvénients partiels, contribue toujours
au bien général.

XLVII

TRENTE MOIS APRÈS. — NOVEMBRE 1885

La situation étrange et les choses incroyables
qu'on vient de lire, ne se sont guères modifiées. Il
y a eu de la part de l'évêché plutôt aggravation, et
dans ma paroisse quelque amélioration.

Les frères, chargés de l'école libre, ont repris
vis-à-vis de leur curé l'attitude qu'ils n'auraient
jamais dû perdre.

Depuis trois mois un prêtre d'un diocèse étranger
où il avait eu quelque désagrément, est venu prendre
gîte dans sa famille établie à Montreuil-Bellay, et
m'a offert son concours. Ma réponse devait être
naturellement subordonnée à la décision de Monseigneur l'évêque d'Angers à qui je l'ai engagé à se
présenter. Le prélat a accueilli sa demande; mais
sortant du cabinet épiscopal, cet ecclésiastique a vu
M. le vicaire général Pessard qui n'a pas pu s'abstenir de chercher à lui insinuer de la défiance à

mon endroit. Ce prêtre demeure donc à Montreuil-
Bellay, est en possession de tous les pouvoirs de
vicaire ou de desservant, et se met très volontiers
à ma disposition et à celle des paroissiens. Toutefois, et quiconque a lu ce livre n'en sera pas surpris,
je n'ai reçu de l'évêché aucune information, aucune
pièce, rien, pour me notifier sa nomination, son
titre, ses pouvoirs ; et ce prêtre est très perplexe
sur la question du traitement qui lui sera octroyé,
d'autant que, comme on l'a vu, M. Pessard a depuis
quelques années retranché du budget le traitement
du vicaire.

Je n'ai eu avec Monseigneur l'évêque, non plus
qu'avec aucun de ses représentants dans le gouvernement du diocèse, aucune rencontre, aucune correspondance que celles qui sont mentionnées dans
ce livre, si j'en excepte une lettre que j'ai adressée
avec espoir d'un rapprochement à un membre de
son conseil, et à laquelle il n'a pas été fait réponse.
J'ai employé vainement tous mes moyens pour
obtenir une entrevue, une explication, sous telle
forme qu'il conviendrait à Sa Grandeur. A diverses
époques j'ai prié des prélats très haut placés dans
la hiérarchie ecclésiastique, de dire à Monseigneur
que je me tenais à sa disposition ; que sur un mot
de sa part, je me présenterais devant lui avec le
respect que je dois à son épiscopat ; que je lui
donnerais toutes les explications qu'il lui convien-

drait de me demander; que j'étais prêt à reconnaître mes torts si j'en avais; que mon ardent désir était qu'on sût partout que je lui étais soumis, etc. etc.

Ces prélats m'ont promis d'interposer leurs bons offices, et d'intervenir officieusement avec toute leur bonne volonté, pour toucher Monseigneur Freppel, et je ne puis douter qu'ils l'aient fait. Comme je n'ai été avisé de rien, je ne doute pas non plus que Monseigneur Freppel leur ait fermé la bouche avec ce seul mot : « le prêtre dont vous me parlez est dans mon diocèse l'objet de la répulsion universelle, et aucun de ses confrères ne veut ni le voir ni lui parler. » — Serait-ce la première fois qu'un audacieux se justifierait en attribuant à suicide la mort qu'il a donnée à sa victime ?

J'ai saisi quelques occasions pour obtenir le même résultat de prêtres approchant Sa Grandeur. Tout a été vain. J'ai seulement cru entrevoir parfois, non voir, mais entrevoir au langage embarrassé de quelques confrères, que si j'allais me jeter aux pieds de mon évêque, me déclarer coupable d'offenses que je ne sais pas ; le solliciter de m'accueillir comme l'enfant prodigue de la famille sacerdotale ; accréditer dans le public le bien-fondé des sévérités épiscopales et la magnanimité du prélat qui aurait consenti à me pardonner ; en un mot, m'atteler au char de son triomphe, j'aurais chance d'obtenir grâce.

Tous les hommes graves et observateurs que j'ai rencontrés, qui ont suivi et étudié Monseigneur Freppel pendant longues années, et avant et depuis son épiscopat, me l'ont déclaré inaccessible à tout sentiment généreux, et même à tout acte de justice qui impliqueraient pour lui-même la reconnaissance d'un tort.

La correspondance suivante va mettre en lumière le dernier coup de pinceau du portrait du grand évêque, peint par lui-même.

« Montreuil-Bellay, 17 août 1885.

» A MONSEIGNEUR L'ARCHEVÊQUE DE TOURS.

» Monseigneur,

» J'ai été nommé par Monseigneur l'évêque d'Angers, à la fin de 1876, curé de Montreuil-Bellay. Moins d'un an après, Sa Grandeur se repentit de m'avoir confié cette paroisse où je ne pus convenir à quelques personnes qu'elle tenait à satisfaire ; et les difficultés s'aggravant toujours, sont arrivées depuis quatre ans à une acuité extrême. Je ne crois pas qu'il y ait dans l'univers catholique un curé dans une situation pareille à celle qui m'est faite par Monseigneur l'évêque. Tous mes confrères ont défense d'avoir avec moi aucune relation. Les quelques personnes pieuses de ma paroisse et des environs ont eu à subir une grande et incessante pression tendant à me priver de leur confiance. Voilà quatre ans que je suis sans vicaire, et ma paroisse a compté pendant ce laps de temps une population effective de 2,600 habitants. J'ai dù aller jusqu'à Angers, dont je suis éloigné de 66 kilomètres, pour trouver un confrère qui ne craignît pas, en me confessant, de se compromettre à l'évêché. Ces voyages étant coùteux et extrêmement fatigants pour mes soixante-neuf ans, et en prévision de la maladie, et même de la mort que les peines et les fatigues semblent devoir rendre prochaine, j'ai demandé à l'un de mes voisins de m'accepter pour pénitent. Il s'y est prêté avec empressement ; mais hier il m'a déclaré en avoir reçu la défense formelle de Monseigneur l'évêque.

» Je ne me suis jamais exposé, je crois, à aucune censure ; et si, à mon insu, j'en avais encouru quelqu'une, je n'en ai jamais été prévenu. Mon confesseur d'Angers, qui est incontestablement l'un des prêtres les plus éclairés du diocèse, m'a toujours regardé et traité comme une victime de Monseigneur Freppel, agissant plutôt en homme qu'en évêque.

» Il y a un peu plus de deux ans, j'ai écrit sous ce titre : *Quarante ans de ministère paroissial et d'autorité épiscopale en Anjou*, une sorte de mémoire rappelant, avec pièces authentiques à l'appui, les principaux incidents de ma vie de prêtre. Dans mon intention cet écrit doit être imprimé et livré au public.

» Jusqu'à présent il est demeuré dans mon secrétaire, mais j'ai pris mes précautions pour qu'il soit publié après mon décès. Si vous voulez me le permettre, Monseigneur, je vous adresserai ce travail, bien empaqueté et bien renfermé. La lecture vous en demandera une dizaine d'heures, et vous mettra en mesure de porter, comme métropolitain, un jugement éclairé sur la cause que, par cette lettre, j'entends déférer à votre autorité, savoir : s'il y a dans la manière dont je suis traité par mon évêque, votre suffragant, abus de pouvoir, et, quelle que soit l'opinion de Votre Grandeur sur le point de droit, quelle conduite je dois tenir pour me maintenir dans la ligne de mon devoir, et pour y rentrer si, contrairement à ma conviction, j'en suis sorti. Votre opinion, Monseigneur, formera ma conscience et réglera ma conduite.

» Daignez, etc.

» J. SUBILEAU, *curé,*
» *chan. hon. de Saint-Denis.* »

« Archevêché de Tours, 24 août 1885.

» MONSIEUR LE CURÉ,

» La procédure ecclésiastique ne permet pas aux métropolitains d'accueillir les plaintes et les causes d'abus en première instance, et de les soumettre à leur tribunal quand l'officialité diocésaine n'a point statué sur le cas. C'est donc à Rome, au Saint-Siège, qu'il convient de vous adresser. D'autre part, les rapports difficiles que j'ai pu avoir avec votre évêque ne me permettent pas une intervention officieuse dans cette affaire. Aussi il m'est impossible de m'en occuper.

» Agréez, cher Monsieur le curé, l'assurance de ma bonne volonté impuissante.

» *Signé :* GUILLAUME, *Archevêque de Tours.* »

« Montreuil-Bellay, 27 août 1885.

» Monseigneur,

» Il n'y a pas dans le diocèse d'Angers d'officialité, bien que l'*Ordo* le suppose, en indiquant comme titulaires quatre des ecclésiastiques les plus immédiatement dépendants de Monseigneur. Il n'est jamais venu à l'idée d'aucun prêtre d'y voir autre chose qu'une fiction. Du reste, en ce qui me concerne, je n'ai jamais eu à m'apercevoir de l'action, ni même de l'existence d'une officialité. La personne seule de Monseigneur l'évêque a toujours été engagée dans mes difficultés, et le nom d'officialité n'a jamais paru. Donc je ne puis appeler devant le métropolitain d'une sentence qui n'a jamais été prononcée, et qui émanerait d'un tribunal purement imaginaire.

» D'autre part, recourir à Rome, d'après les informations que j'ai prises, est un moyen entouré de tant de difficultés, entraînant tant de dépenses et de lenteurs, qu'il est absolument impraticable, au moins pour moi, à moins que le métropolitain ne se fasse donner une délégation.

» Si l'on suppose un prêtre sur qui son évêque, par un abus à peine croyable d'autorité et la certitude de l'impunité, poursuive un genre d'assassinat qui échappe au code pénal : peut-on admettre que ce prêtre ne trouve dans l'Église, aucun moyen de se faire rendre justice, aucune protection, aucune défense possible ? La réalité d'un tel état de choses dans l'Anjou n'est-elle pas un malheur auquel il serait urgent de remédier ?

Si la lettre du droit canonique ne vous donne pas prise, Monseigneur, pour me défendre comme métropolitain, je viens vous supplier de faire, par charité, le sacrifice de quelques heures de votre temps pour prendre, par la lecture du manuscrit que je me suis proposé de vous adresser, connaissance exacte de ma situation ; et vouloir bien, comme évêque consulté, comme docteur dans l'Église, me communiquer soit par écrit, soit verbalement, vos impressions, vos conseils, et me mettre dans une voie que ma conscience puisse suivre avec sécurité dans le vide où je marche forcément. Veuillez bien, Monseigneur, vous rendre compte que Monseigneur Freppel

soit à dessein, soit par aveuglement, me pousse hors
de l'Église ; si le bon Dieu ne me soutenait dans ces
épreuves extrêmes, par des grâces spéciales qu'assurément je ne mérite pas, j'aurais donné depuis longtemps le scandale d'une défection attendue, sinon
désirée, et, aux yeux de tous, passionnément provoquée.

» Veuillez être assez bon, Monseigneur, pour
m'autoriser à mettre sous les yeux de Votre Grandeur les pièces et éléments d'informations qui
éclaireront votre charité. Lorsque votre conscience
sera formée, j'irai au premier avis que vous voudrez
bien m'en donner, pour recevoir les ouvertures,
les conseils de Votre Grandeur ; et la règle de conduite qu'elle voudra bien me tracer sera acceptée
et suivie avec fidélité et bonheur, parce qu'elle
mettra mon âme dans la sécurité et le calme dont
j'ai grand besoin.

» Daignez, etc.

» J. SUBILEAU, *curé*,
» *Chanoine honoraire de Saint-Denis.* »

Cette lettre écrite le 26 août, est demeurée sans
réponse. Nous sommes au 26 novembre. — J'envoie
mon manuscrit à l'impression.

Je suis prêtre depuis près de quarante-quatre ans,
et j'ignorais que le tribunal de la pénitence pût être
fermé à un chrétien qui s'y présente. Tout le monde

sait que l'Église met au pardon de certaines fautes exceptionnelles, de certains crimes énormes, des conditions particulières. Mais j'avais cru qu'elle ne rebutait jamais le pécheur, qu'elle l'accueillait avec empressement et bonté, subordonnant seulement la grâce de la réconciliation à l'acceptation des conditions imposées.

Il faut donc que je me sois chargé d'un amas de crimes qui dépassent en horreur tout ce qui s'est vu et tout ce qui se peut imaginer, pour que Monseigneur Freppel fasse défense, et sous de graves peines, non de m'absoudre, mais même de me confesser !... pour que le sacrement de la réconciliation ouvert et offert aux plus grands criminels connus, me soit fermé !.... Et que faut-il que je fasse pour y être admis ?... On ne me le dit pas !... On rejette mes demandes d'entrevue !... On ne répond pas à mes lettres !... Aucun prêtre ne peut me parler, sans s'exposer aux colères épiscopales et briser son avenir !.. ..

Qui n'a entendu raconter ce trait de vendetta ? Un homme embusqué sur le passage de son ennemi, se précipite sur lui, tenant un poignard dans sa main droite, et un crucifix dans sa main gauche : Tu es mort, dit-il, si tu n'abjures la foi sur l'image du Christ !... Le malheureux, dans sa frayeur, balbutie ce qu'on lui demande. Et le brigand lui plongeant son poignard dans le cœur: J'avais ton corps, rugit-il, il me fallait ton âme !... Ah ! Monseigneur ! Vous m'avez pris mon repos, mon honneur, ma réputation, ma gloire de prêtre !... Vous n'aurez pas mon âme ! Mon âme est à Dieu ! Il a bien voulu la garder jusqu'à ce jour, et, j'en atteste sa miséricorde infinie, il la gardera jusqu'au jour où il la jugera !... où il nous jugera !.....

Dans l'Anjou, les suspenses, les interdits, les censures de tous titres sont une arme dont les évêques, peu retenus par le droit canonique, menacent souvent, et dont ils frappent quelquefois, sans grand examen, légèrement préoccupés des causes et des effets relativement aux prêtres atteints, et sans paraître se douter des véritables et justes censures qui résultent pour eux de l'abus qu'ils font de leur pouvoir.

Monseigneur Angebault lança une *suspense a saeris* contre M. Maupoint, curé de la Trinité d'Angers, pour avoir, malgré sa défense, *prononcé* en chaire le nom de Napoléon.

Un prêtre qui plus tard fut mon vicaire, s'était vu administrer le même châtiment ; et vraisemblablement la cause n'était pas grave, car la suspense fut levée par Sa Grandeur, à la réception d'un compliment en vers que la victime lui adressa à l'occasion de sa fête.

Éloignons toute comparaison. Disons seulement qu'il faut avoir une intelligence et une science théologique que je n'ai pas, pour comprendre comment l'Église, divinement bonne et divinement sage, autoriserait Monseigneur Freppel à lancer les foudres spirituelles dont il est dépositaire, pour châtier des fautes, si fautes il y a, dont l'effet et le but ne blessent ni Dieu ni l'Église, mais seulement Monseigneur, non dans sa charge épiscopale, mais dans l'abus qu'il en fait ;

Pour comprendre comment l'Église, divinement bonne et divinement sage, autoriserait Monseigneur Freppel à publier qu'il a mille raisons pour interdire un curé à qui il laisse quand même, depuis neuf ans, l'administration d'une paroisse importante, et la direction des âmes ;

Pour comprendre que pour l'accomplissement de ces actes d'autorité extraordinaires, aussi pénibles que redoutables à la conscience d'un supérieur , Monseigneur Freppel, par un privilège inouï dans le gouvernement de l'Église, par un privilège personnel et mérité, fût dispensé de ces formalités nombreuses et rigoureuses, de ces attentions, de ces précautions requises par la sainte Église, mère aussi tendre que vigilante, de ces *informations* sur la nature du péché, sa gravité en soi et ses conséquences, sa publicité; sur les intentions du coupable, s'il y a eu chez lui advertence pleine de l'acte à commettre et consentement entier ; s'il y a eu de la part du supérieur notification écrite et suffisante de la peine à laquelle s'expose le coupable refusant de se repentir ; s'il y a eu les monitoires prescrits par les saints canons...

Est-il téméraire de dire qu'un évêque qui manierait facilement, légèrement, allègrement, l'arme terrible des censures, laissant là les prescriptions si formelles, si minutieuses imposées par l'Eglise divinement sage, divinement bonne, divinement tendre, préoccupée par-dessus toutes choses non de châtier mais de sauver, n'employant la sévérité qu'après épuisement des moyens de persuasion et de douceur ; est-il téméraire de dire que cet évêque courrait risque de se tuer, sans blesser ceux qu'il voudrait atteindre ?

D'ordinaire un prêtre ne publie pas un livre sans approbation de son évêque. — S'il y a dans cette coutume très louable une question de droit, je crois que, dans l'espèce, le droit est devenu caduc par abus de pouvoir démontré. Et de plus le droit n'existe que pour des cas prévisibles ; or qui oserait dire que les faits exposés et péremptoirement prouvés dans ce livre ont eu jamais des analogues, et ont pu être prévus ? Qui aurait imaginé qu'un évêque signalerait à tous un de ses prêtres comme une brebis galeuse sans apporter aucune preuve de l'indignité de ce prêtre, et sans le mettre en demeure de prouver sa parfaite régularité et sa parfaite orthodoxie ? — Si tout se réduit à une question de

convenance, je me sens dispensé de solliciter de
Monseigneur Freppel la permission de faire connaître les souffrances que je lui dois.

L'autorisation de publier un livre serait plus sérieusement prescrite, s'il s'agissait de controverses,
d'une question doctrinale. Or ce livre ne traite évidemment ni du dogme, ni de la morale au point de
vue de l'enseignement théologique, ni de la liturgie. — Traite-t-il de la discipline ? Non... Car
je reconnais, je respecte profondément tout enseignement disciplinaire théologique ; et je défie qu'on
trouve dans mes paroles ou dans mes actes, non une
négation, mais même l'expression d'un doute sur
mes obligations envres mes supérieurs. Ce livre
relate des faits abusifs, et je n'attaque que l'abus.
Dans le personnage revêtu de l'autorité je révère
l'autorité ; et pour maintenir à l'autorité son prestige légitime, je la dégage des actes passionnés et
injustes de l'homme qui en a le dépôt et l'exercice.
Dans les conditions de l'humanité, l'autorité, émanation de la puissance divine, n'est jamais compromise par des imperfections qui lui soient propres,
mais toujours par les défauts des hommes qui en
prennent la responsabilité ; que ces défauts résultent de la pénurie du jugement ou de la science, de
passions indomptées, ou de toutes autres causes
volontaires ou involontaires. Sans doute, il est bon
de taire les faiblesses de l'homme revêtu de la

puissance, *sacramentum regis abscondere bonum est ;* mais quand la puissance est compromise par les vices de l'homme, au point que le public scandalisé tend à solidariser celle-là avec ceux-ci, à juger la puissance sur l'homme qui l'exerce, il peut être utile de redresser l'opinion de la foule en montrant l'indépendance de l'une d'avec l'autre.

Mais, dira-t-on, qui êtes-vous pour vous poser en redresseur des torts, et vous attribuer la mission de donner des leçons aux évêques de France, de les contraindre à rentrer dans le droit commun pour gouverner leurs diocèses, comme si l'Église de France, dans l'état actuel, n'était pas le plus beau joyau de l'Eglise universelle? Je ne suis le redresseur des torts de qui que ce soit; je ne m'attribue aucune mission dans le gouvernement de l'Église, soit particulière, soit universelle. Je suis un pauvre prêtre, un tout petit curé, sur la tête de qui, par sa faute ou non, se sont amassées une quantité à peine concevable d'injustices, d'abus d'autorité, de tortures morales, que deux évêques successifs se sont cru le droit de m'infliger; parce que l'erreur, la passion, les influences funestes dépourvues de contrepoids offert, commandé par le droit, ont dicté leurs actes tyranniques; et que si ces deux évêques avaient daigné s'éclairer, comme le commande à tout homme la raison, et à tout évêque les saints canons, qui, en même temps, leur en donnent les

moyens, je n'aurais pas tant souffert, on n'aurait pas
fait de moi un sujet de scandale; et en me laissant
suivre, dans un accord complet avec mes devoirs,
la route par laquelle les événements, mon caractère,
mes aptitudes prouvaient que Dieu m'appelait, j'aurais pu être un sujet d'édification.

TABLE

Novembre 1885   I
Avant-propos.   1
    I. Si l'Etat connaissait le prêtre de paroisse. .   7
   II. Situation désavantageuse pour écrire ce livre . 10
  III. Monseigneur Montault 14
   IV. Monseigneur Angebault 15
    V. Enfants de Paris. 21
   VI. Association générale et fraternelle de secours . 23
  VII. Défiance du clergé. — M. le curé de Saint-Joseph 28
 VIII. Opposition occulte 39
   IX. Les catholiques d'à présent. 46
    X. Je suis nommé desservant 49
   XI. Trélazé en 1851. 51
  XII. Le père Bompois 53
 XIII. Le sacrifice est arrêté. — Préliminaires. . . . 61
  XIV. Plaidoyer de la victime avant son immolation . 69
   XV. Il n'est pas toujours bon de prouver qu'on a
       raison 88
  XVI. Première tentative pour donner satisfaction à
       Monseigneur. — Son empressement à la
       seconder 91
 XVII. Sacrifice accompli 94
XVIII. Montillers. — Piétinement sur la victime par
       terre 104
  XIX. Les auxiliaires de Monseigneur et du père Bom-
       pois 105

XX. Ils ont réussi 110

XXI. Adieux 112

XXII. Deuxième tentative pour donner saisfaction à
Monseigneur. — Nouvelle marque du bon vouloir de Sa Grandeur. 117

XXIII. Le père Catroux. — Nos engagements réci-
proques. 118

XXIV. Les angoisses de Monseigneur et le zèle de certains curés 124

XXV. L'auteur d'un crime est dénoncé. 125

XXVI. Les effets du zèle de soi-disant bons prêtres,
pour servir les intérêts de Dieu 129

XXVII. Troisième tentative pour donner satisfaction à
Monseigneur, et troisième preuve de l'empressement de Sa Grandeur à seconder mes vues. 138

XXVIII. Montreuil-sur-le-Loir 143

XXIX. Quatrième tentative pour donner satisfaction à
Monseigneur, et toujours même empressement de Sa Grandeur à m'aider 141

XXX. La lumière 147

XXXI. Notice biographique de Monseigneur Freppel,
publiée par les journaux, lors de sa première
candidature, à Brest. 148

XXXII. Monseigneur Freppel 159

XXXIII. Montreuil-Bellay. — Précautions du curé pour
être, comme saint Paul, tout à tous. — D'où lui
viennent les difficultés 169

XXXIV. Hommages spontanés des cantons aux actes publics de Monseigneur Freppel. — Ma réserve.
— Le mécontentement de Sa Grandeur commence à paraître. 175

XXXV. Mémoire adressé à Monseigneur, le 14 janvier
1881. — Un évêque, un curé, un conseil de fabrique. — Quelquefois les extrêmes se touchent. 181

XXXVI. Continuation du même sujet. — Jusqu'où un
homme éminent peut être mené. 194

XXXVII. Mémoire adressé à Monseigneur le nonce apostolique, à Paris, 4 mars 1882. — M. Pessard,
vicaire général. — Théorie sur la mission d'un
vicaire. — Comment Monseigneur me recom-
mande à mes paroissiens. — Imputation de fébronianisme, de schisme, de laïcisme. — Consultation. 205

XXXVIII. Monseigneur donnant la confirmation à Mon-
treuil-Bellay 266
XXXIX. Recours à Monseigneur Colet, archevêque de
Tours. 270
XL. Pas de subterfuges. — A chacun sa responsabilité.
— Prenons les dates et les faits. 278
XLI. M. Pessard tire une carte de son jeu. 286
XLII. Comment et par qui un évêque peut être influencé 289
XLIII. Suite des notes. — La réputation que je dois à
Monseigneur et aux prêtres qui cherchent à
lui être agréable. — Comment je suis en ré-
volte contre mon évêque. — M. le supérieur
du séminaire 306
XLIV. Suite des notes. — Le lépreux. — Mes confrères
par catégories. 319
XLV. *Infirma mundi elegit Deus ut confundat fortia*. 322
XLVI. Résignation et résolution 326
XLVII. Trente mois après. — Novembre 1885. . . . 329

Tours — Imp. Mazereau.